中共中央党校（国家行政学院）
马克思主义理论研究丛书

异化劳动与劳动过程

理论、历史与现实

ALIENATED LABOR AND THE LABOR PROCESS:
THEORY, HISTORY AND REALITY

毕照卿 ◎ 著

中国马克思主义研究基金会 资助

社会科学文献出版社
SOCIAL SCIENCES ACADEMIC PRESS (CHINA)

出版前言

马克思主义是我们立党立国的指导思想。马克思主义科学理论指导是我们党鲜明的政治品格和强大的政治优势。任何时候，我们都不能淡化这个政治品格，都不能丢掉这个政治优势；任何时候，我们都要彰显这个鲜明的政治品格，都要发挥这个强大的政治优势。

中共中央党校（国家行政学院）是党中央培训全国高中级领导干部和优秀中青年干部的学校，是研究宣传习近平新时代中国特色社会主义思想、推进党的思想理论建设的重要阵地，是党和国家哲学社会科学研究机构和中国特色新型高端智库，是党中央直属事业单位。在习近平总书记的亲自关怀下，全体教职工在校（院）委领导下正致力于将中共中央党校（国家行政学院）建设成为党内外公认的、具有相当国际影响力的中国共产党名副其实的最高学府，建设成为在党的思想理论建设特别是在研究宣传习近平新时代中国特色社会主义思想上不断开拓创新、走在前列的思想理论高地，建设成为人才荟萃、名师辈出、"马"字号和"党"字号学科乃至其他一些学科的学术水准在全国明显处于领先地位的社会科学学术殿堂，建设成为对党和国家重大问题研究和决策提供高质量咨询参考作用的国家知名高端智库。

中共中央党校（国家行政学院）马克思主义学院是党中央批准成立的。2015 年 12 月 11 日，习近平总书记在全国党校工作会议上强调："中央批准中央党校成立马克思主义学院，就是坚持党校姓

'马'姓'共'之举。"① 习近平总书记的重要讲话和中共中央党校（国家行政学院）"四个建成"目标的提出，为我们建设好马克思主义学院指明了方向。

为了展示中共中央党校（国家行政学院）马克思主义学院学者政治过硬、理论自觉、本领高强、作风优良、建功立业的学术风范和最新研究成果，学好用好习近平新时代中国特色社会主义思想，推动中共中央党校（国家行政学院）马克思主义学院建成一流的马克思主义教学基地、一流的马克思主义研究高地、一流的马克思主义思想阵地，努力在国内乃至国际上产生重要的政治影响力、学术影响力和社会影响力，我们编辑出版了"中共中央党校（国家行政学院）马克思主义理论研究丛书"。

第一批丛书献礼新中国成立70周年，共出版11册，包括《探求中国道路密码》《对外开放与中国经济发展》《国家治理现代化的唯物史观基础》《中国道路的哲学自觉》《历史唯物主义的"名"与"实"》《马克思主义中国化的理论逻辑》《发展：在人与自然之间》《马克思主义基本原理若干问题研究》《马克思人学的存在论阐释》《新时代中国特色新型城镇化道路》《比较视野下的中国道路》，社会科学文献出版社2019年出版。该丛书被中共中央宣传部推荐参加了庆祝新中国成立70周年大型成就展。

第二批丛书共12册，包括《马克思主义经典著作与当代中国》《马克思主义政治经济学与当代中国经济发展》《马克思早期思想文本分析——批判中的理论建构》《出场语境中的马克思话语》《当代资本主义新变化——金融化、积累危机与社会主义的未来》《当代马克思主义若干问题研究》《中国道路与中国话语》《历史唯物主义的返本开新》《新时代中国乡村振兴问题研究》《被遮蔽的马克思精神哲学》《论现代性与现代化》《青年马克思与施泰因：社会概念比较研究》，社会科学文献出版社2020年、2021年出版。

---

① 习近平：《在全国党校工作会议上的讲话》，人民出版社，2016，第8页。

　　马克思主义学院决定 2022 年继续组织出版第三批丛书。此批丛书共 6 册，包括《异化劳动与劳动过程：理论、历史与现实》《政党治理的逻辑——中国共产党治党的理论与实践研究》《身份政治的历史演进研究——以社会批判理论为视角》《西方马克思主义文化批判理论研究——"去经济学化"的视角》《马克思利润率趋向下降规律研究》《马克思恩格斯对黑格尔历史观的批判与超越》。

　　第一批、第二批丛书的顺利出版，得到了时任中共中央党校（国家行政学院）分管日常工作的副校（院）长何毅亭同志、李书磊同志和时任副校（院）长甄占民同志的大力支持。现在，第三批丛书将陆续出版，中共中央党校（国家行政学院）分管日常工作的副校（院）长谢春涛同志和副校（院）长李毅同志充分肯定本丛书的学术意义和社会价值，鼓励把它打造成享誉学界的品牌丛书。社会科学文献出版社社长王利民、该社政法传媒分社总编辑曹义恒及各册书的编辑也为丛书出版作出了重要贡献。在此一并感谢。

　　由于水平有限，错误之处在所难免，请读者批评指正。

丛书编委会
2022 年 8 月 26 日

前　言

　　本书以马克思主义理论中的"异化劳动"和"劳动过程"为线索，探究异化劳动理论与劳动过程理论共同发展的脉络，进而勾勒出异化劳动理论的逻辑线索，并将它运用于现当代资本主义劳动问题境况的分析。选择以异化劳动与劳动过程理论为本书的核心研究对象，主要出于如下考量。

　　首先，马克思异化劳动理论的形成与发展在思想史上呈现较为复杂的过程，并在学术界引发了较大争议。异化劳动概念曾在马克思多部重要著作中出现，但是在不同时期指向了不同的理论境界。在《1844 年经济学哲学手稿》中，异化劳动理论占据着重要位置：马克思从劳动产品的异化出发，指出了异化理论的四个方面，并探讨了异化劳动与私有财产、共产主义的关系等；在《雇佣劳动与资本》中，马克思直接使用雇佣劳动指称工人以自己的劳动与资本相交换的行为；在《1857—1858 年经济学手稿》等经济学手稿中，马克思仍然多次使用了异化这个概念，并在劳动价值论和剩余价值理论的基础上重塑了异化劳动理论，使得异化劳动理论具有与早期不同的视域；在《资本论》中，异化概念和理论的使用大幅减少。可以看出，马克思的异化劳动理论的形成不是一蹴而就的，而是经历了发展与转变的过程。不仅如此，马克思异化劳动理论在发展过程中呈现的复杂性使它在研究者中引起了较大争议。西方学者普遍肯定异化理论在马克思早期思想中的重要地位，但是在马克思 19 世纪

50 年代以后思想中的异化劳动的理论基础、思想内涵以及理论地位等问题上存在较大争议。由此，研究异化劳动理论具有重要理论意义，不仅能够以异化劳动为线索梳理马克思思想发展史，而且可为理论界关于异化劳动的学术讨论提供思路参考。

其次，马克思的劳动过程理论富有生命力，能够为理解劳动的发展状况提供重要理论依据。《新帕尔格雷夫经济学大辞典》将劳动过程视为马克思主义政治经济学的三大组成部分之一。事实上，马克思在 19 世纪 50 年代以后的政治经济学批判中重点通过劳动过程理论揭示了资本主义生产过程的本质与发展逻辑，指出资本主义生产过程正是劳动过程与价值增殖过程的统一，而异化劳动则是劳动在资本主义异化关系下表现出来的状态。马克思还建构了劳动过程理论与劳动二重性、资本积累等理论的内在连接，从劳动过程的结果、历史演变等角度刻画了资本逻辑与劳动异化的本质关系。遗憾的是，马克思逝世后，劳动过程理论在很长的一段时间内未被纳入主流视野，直到 1974 年布雷弗曼的《劳动与垄断资本——二十世纪中劳动的退化》的出版，这种状况才有所改变。布雷弗曼在《劳动与垄断资本——二十世纪中劳动的退化》中依据马克思的劳动过程理论分析了垄断资本下劳动过程的最新发展，指出了机械化、科学管理等对劳动过程的影响。在此之后，劳动过程理论引发了学界的持续关注，促使一系列学术争鸣的产生。由此可见，一方面，劳动过程理论富有张力，研究劳动过程理论可以为理解异化劳动以及批判资本主义提供重要思路；另一方面，劳动过程理论以其独有的研究价值为学界广泛关注，有着广阔的研究空间。

最后，以雇佣劳动为表现形式的异化劳动在当今资本主义国家仍然普遍存在并具有了新的形式和因素，研究资本主义国家劳动过程的发展进程具有重要现实意义。在马克思看来，异化劳动问题与资本相伴相生，即劳动在资本主义的生产关系下必然表现为异化的劳动，并随着资本主义的发展演化产生不同的异化形式。在马克思逝世后，资本主义的社会形态发生了极大改变，从自由竞争的资本主义演变为私人垄断资本主义乃至国家垄断资本主义、国际垄断资本主义——不同形态的资本主义生产关系使得创造价值的劳动也随之改变。这些劳动的新形式与马克思所处时代的劳动境况显然有着重大区别，但是在本质上仍然表现为异化的、不自主的劳动。因此，研究现当代资本主义的劳动过程，揭示劳动的异化和不自由的状况，是当下学习和运用马克思主义理论的内在要求。

出于上述理论、历史与现实的考量，本书主要讨论三个核心问题。

第一，异化劳动理论的发展脉络。异化劳动的使用在马克思思想发展过程中存在一次"断裂"，即异化概念集中出现在早期哲学经济学手稿和19世纪五六十年代的经济学手稿之中。在这两次理论批判与构建的过程中，马克思显然有着不尽相同的理论逻辑，表现在对劳动价值论、资本逻辑等问题的理解存在一定差异。不仅如此，马克思在考察劳动问题时使用了异化劳动、雇佣劳动等多种概念，而这些概念显然具有不同的理论指向。因此，本书尝试通过透视马克思在不同时期使用的劳动概念，分析概念背后的理论指向，探讨异化劳动理论的发展脉络。

第二，劳动过程理论的形成过程及其与异化劳动理论的关系。本书重点考察了在异化劳动理论发展过程中劳动过程理论的发展脉络，并通过劳动过程理论界定异化劳动理论在马克思50年代以后思想中的地位，以此建立了异化劳动理论与劳动过程理论的连接。不仅如此，探讨劳动过程理论时不可避免地涉及劳动二重性理论、剩余价值理论等政治经济学理论，因此本书也将尝试讨论异化劳动理论与马克思政治经济学批判重要成果的关系。本书将重点放在马克思19世纪50年代以后政治经济学批判时期的理论成果上，尤其关注马克思在伦敦时期的经济学手稿及《资本论》中的理论问题。通过文献的考察，本书将异化劳动理论与劳动过程理论相连接，试图从劳动价值论、剩余价值理论政治经济学批判成果入手分析异化劳动问题，以此勾勒马克思思想发展史中异化劳动理论与劳动过程理论的内在关系。

　　第三，异化劳动在现当代资本主义国家发展的理论与现实研究。资本主义在 20 世纪后发生了极大变化，尤其是第二次和第三次工业革命的开展极大地改变了资本主义的形态，生产过程与劳动过程亦发生了极大变革。因此，基于劳动过程变革的异化劳动的演变成为本书后半部分的逻辑主线。本书从科技引发的工业革命（机器中的动力系统的变革、工具机的演变等）所推动的劳动过程的改变入手探讨劳动形式的新变化，以及扬弃异化劳动和实现劳动解放的可能性。由此，通过分析第二次和第三次工业革命后劳动过程的变化，探究异化劳动在资本主义的发展状况。结合资本主义历史与现实分析当代劳动问题的现状，评价马克思主义异化劳动理论也是本书的重点之一。

目　录

第一章

马克思劳动理论的思想渊源

异化概念在西方思想史上源远流长，历久弥新。异化一词可以追溯到古希腊文化、中世纪神学思想，具有长久的词源历史。此外，异化概念被各界广泛使用，其内涵不断演化发展。马克思在多个层面使用异化概念进行批判，指向了宗教异化、政治异化、劳动异化等问题。可见，异化概念本身具有复杂的多层面的起源。因此，对马克思异化劳动理论的思源渊源有必要分层次进行考察，其中哲学、政治学和政治经济学领域的理论影响占据着重要地位。

第一节　哲学视域下劳动活动的思辨

黑格尔将哲学领域比喻为"厮杀的战场"，认为哲学的发展是建立在理论不断攻讦的过程中，马克思的异化劳动理论的形成也是浸染于西方哲学的长河之中。西方哲学的发展可以追溯至古希腊时期，而古希腊哲学家们开辟了哲学的基本问题，尤其是以亚里士多德为代表实现了对哲学问题的开创完善；步入近现代社会后，德国古典哲学实际上代表了哲学理论发展的高峰，尤其是以黑格尔为代表实现了对各类哲学问题的归纳统摄。无论是亚里士多德的开创，还是黑格尔的总结都在劳动问题上有所理论突破。

一　亚里士多德对人类活动的分析

作为"百科全书式"的理论家，亚里士多德是古希腊哲学家中被公认的集大成者。亚里士多德在数学、物理学等领域都有着极大的成就，并且传承苏格拉底、柏拉图对"是者"的思考，将古希腊哲学推至高峰。以研究古希腊哲学为博士论文的马克思自然对古希腊哲学有着独特的见解，而马克思就曾称亚里士多德为"古代最伟大的思想家"。在这一系列赞誉的背后，实际上反映了古希腊哲学对西方文化传统的始基性作用，尤其是亚里士多德的哲学奠定了众多西方哲学命题的基础。探究劳动问题有必要追溯到亚里士多德的哲思。

古希腊时期，人类未能将哲学和科学完全分开，亚里士多德则是将人类探究本质的思想依据不同的原因分为三类："全部思想分为实践的、创制的和思辨的。"① 这三种思想也就对应于三种科学，即实践科学、创制科学和思辨科学，人类的活动也就对应于实践、创制和思辨三种。首先，就实践科学而言，亚里士多德认为"只有那种目的寓于其中的活动才是实践"②。在亚里士多德看来，实践与理论的区别在于，理论以追求真理为目的，但是实践以行动为目的，而且实践更加偏向当前的现实事物，是一种求善的行为。因此，政治学和伦理学被亚里士多德划入了实践科学领域。在此意义上，实践活动便包含伦理与政治行为。其次，就创制科学而言，亚里士多德将创制活动指向了生产性的劳动，即生产创造其他事物的活动，这便包括了捕鱼、农耕、狩猎、工匠等活动，涉及人类的日常生产劳动方面。最后，就思辨科学而言，亚里士多德认为"物理学显然属于某种思辨领域，数学同样是思辨的……如果存在着某种永恒、

---

① 〔古希腊〕亚里士多德：《形而上学》，苗力田译，中国人民大学出版社，2003，第120页。
② 〔古希腊〕亚里士多德：《形而上学》，苗力田译，中国人民大学出版社，2003，第183页。

不动和可分离的东西，很显然它们的应该是思辨科学"①。可见，亚里士多德将物理学、数学和研究永恒的第一性原因的神学划入了思辨科学领域。

虽然亚里士多德将人类的思想和活动分为三类，但是这三类事物显然有着高下之分。在亚里士多德看来，以思辨科学为代表的思辨活动占据了最高地位，代表了人类对世界本原、对不动者的思考，是思想的最高境界。其次则是实践活动和科学。实践的知识更多源于经验，而且指向了特殊的存在，因而相较思考一般的思辨具有较低的位置。换言之，思辨理论探讨的是"存在"，而实践则指向了"善"的问题。最低等级的自然便是创制活动，因为创制活动更多地由奴隶承担——奴隶从事物质生产劳动供给奴隶主生活享受。亚里士多德在其著作《政治学》中还探讨了劳动分工的问题，指出在劳动分工下，生产在满足自身需要之外有剩余时，便产生了使用价值之间的交换。

总之，亚里士多德论述的劳动问题与其所处的奴隶制时代密不可分。一方面，亚里士多德将人类的活动分为三类正是对应了城邦之中不同阶级的人的不同活动。在亚里士多德所处的奴隶制时代，正是由于奴隶日常从事的劳动供养了公民的生活，城邦之中的公民才有大量闲暇时间从事精神性活动。亚里士多德将奴隶制当作自然分工的结果，并且认为奴隶应该成为奴隶。另一方面，以亚里士多德为代表的哲学家仅仅从事精神性劳动，故将奴隶从事的创制活动贬低为最低等级的活动，也就是将物质生产劳动置于活动的低端。亚里士多德哲学中有关劳动问题的思考仍然可被称为西方文化探讨劳动问题的重要起点。马克思通过分析古希腊的历史与理论实际上看到了人类社会中存在的精神劳动和物质劳动的分工问题，指出物质生产才是决定人类历史的真正力量，从而恢复了被亚里士多德认为是最低端的创制活动的地位，开启了对劳动和生产问题的关注。

---

① 〔古希腊〕亚里士多德：《形而上学》，苗力田译，中国人民大学出版社，2003，第120页。

二 黑格尔对劳动辩证法的剖析

作为德国古典哲学的集大成者，黑格尔的著作虽然以精神哲学的形式呈现，但是其内容包罗万象，囊括了社会生活乃至自然界众多方面。黑格尔更是多次从哲学的层面剖析劳动问题，涉及劳动的外化、异化等多方面内容。洛维特曾总结道："黑格尔有三次以劳动为主题：在耶拿讲演中，在《精神现象学》中和在《法哲学原理》中。"① 其中，黑格尔的《精神现象学》被马克思称作"黑格尔哲学的真正诞生地和秘密"，这部著作中有关劳动的分析更是直接影响了马克思在《1844 年经济学哲学手稿》中的批判路径。总体而言，《精神现象学》从如下方面阐释了黑格尔的"劳动辩证法"。

首先，黑格尔从"主奴关系"中界定劳动问题。黑格尔将《精神现象学》中涉及劳动问题的"主人与奴隶"一节安排在了"自我意识"部分，认定"主奴关系"在从意识到自我意识的演化中占据着重要地位。具体而言，黑格尔认为在"意识"阶段，意识仍然是以外在的他者为对象，进而产生了感性确定性、知觉和知性的作用。在意识上升为"自我意识"时，意识在这个阶段以意识本身为对象，实现了对自己本身的认知，这也意味着人与人之间的关系成为意识舞台的主角。

在"自我意识"的发展阶段中，自我意识逐渐认识到了"生命"，进而也产生了"欲望"，生命也就成为欲望的对象，特别是产生了否定对方的欲望。与此同时，自我意识也发现单纯地通过欲望否定生命无法保存自我，因为"自我意识只有在一个别的自我意识里才获得它的满足"②。由此便产生了一个自我意识对另外一个自我意识的问题，从而引发了"主奴关系"。"主奴关系"意味着："其

---

① 〔德〕洛维特：《从黑格尔到尼采》，李秋零译，生活·读书·新知三联书店，第 358 页。

② 〔德〕黑格尔：《精神现象学》上卷，贺麟、王玖兴译，商务印书馆，1979，第 121 页。

一是独立的意识，它的本质是自为存在，另一为依赖的意识，它的本质是为对方而生活或为对方而存在。前者是主人，后者是奴隶。"① 在主奴关系中，主人统治着奴隶，统治的方式便是通过锁链的中介使奴隶成为奴隶。奴隶同时也是主人和物相连的中介，意味着主人通过奴隶间接地与物发生关系，运用奴隶对物进行加工改造进而享受这种物。黑格尔指出，在主人与奴隶的关系中奴隶的自我意识表现为恐惧，是对死、对主人的恐惧。但是，在主人统治奴隶的过程中，由于奴隶获得了主人让渡的支配物的权利，奴隶在改造物的过程中逐渐实现了自身的独立，成为自为的存在。在这一过程中，劳动的重要性被凸显："因此正是在劳动里（虽说在劳动里似乎仅仅体现异己者的意向），奴隶通过自己再重新发现自己的过程，才意识到他自己固有的意向。"② 通过劳动，奴隶最终意识到自己本身是自为自在的存在。

其次，通过辩证性的主奴关系，黑格尔巧妙地展现了劳动的重要意义。黑格尔指出，"劳动是受到限制或节制的欲望，亦即延迟了的满足的消逝，换句话说，劳动陶冶事物"③。通过劳动的陶冶，主体在对物的加工，并在对劳动对象的改造中实现了一定意义上的自由。但是这种自由仍然停留在自我意识阶段，要达到自我实现的程度仍然是不够的。在此意义上，劳动陶冶事物是通过否定和外化对象的方式实现内在的持久与独立。不过，黑格尔在这里提出的通过劳动达到自为自在的存在仅仅表现为精神的自由，仍然只是通过劳动达到的自我意识异化的一个环节，即未能进入客观的外在现实世界，这也反映了黑格尔"精神现象学"的主旨与逻辑。

最后，通过劳动概念的引入，黑格尔涉及了人与人之间的关系。

---

① 〔德〕黑格尔：《精神现象学》上卷，贺麟、王玖兴译，商务印书馆，1979，第127页。
② 〔德〕黑格尔：《精神现象学》上卷，贺麟、王玖兴译，商务印书馆，1979，第131页。
③ 〔德〕黑格尔：《精神现象学》上卷，贺麟、王玖兴译，商务印书馆，1979，第130页。

黑格尔在自我意识发展的更高阶段——"实践的理性"阶段出发，认为"个体满足它自己的需要的劳动，既是它自己的需要的满足，同样也是对其他个体的需要的一个满足，并且一个个体要满足它的需要，就只能通过别的个体的劳动才能达到满足的目的。——个别的人在他的个别的劳动里本就不自觉地或无意识地在完成着一种普遍的劳动"①。换言之，黑格尔在这里承认了人的社会性，指出个人的行动具有满足他人需要的性质，也就是从社会联系的角度考察了人与人之间的关系。不仅如此，黑格尔还将财富概念与劳动连接在了一起，指出财富"既因一切人的行动和劳动而不断地形成，又因一切人的享受或消费而重新消失"②。

由上可见，黑格尔虽然是在精神哲学领域阐述劳动问题，但是其中蕴含了深刻的劳动辩证法，同时也映射着非常现实的劳动问题，即指向了社会中人与人之间的关系、财富形成等问题。这些理论思考的背后，毫无疑问暗含着社会现实的投影，也反映了处于上升阶段的资产阶级在社会发展中的地位和作用。当然，这些理论也启示了马克思对于劳动以及异化劳动的思考。

第二节　政治学视域下劳动权利的探讨

异化概念最早出现于步入近代的欧洲社会。从十七八世纪的欧洲思想进程来看，一些政治学学者将异化概念应用于国家、权利问题的探讨。格劳秀斯最早在《战争与和平法》中以异化概念指向权利让渡的问题。之后的启蒙学者则多次强调了作为权利让渡的异化概念。其中，英国的学者洛克以《政府论》奠定了自由主义的理论基础，其所提出的自然法、劳动财产权等思想引发了后世的极大关

---

① 〔德〕黑格尔：《精神现象学》上卷，贺麟、王玖兴译，商务印书馆，1979，第234页。

② 〔德〕黑格尔：《精神现象学》下卷，贺麟、王玖兴译，商务印书馆，1979，第46页。

注。法国著名的启蒙运动家卢梭采取了与洛克相反的道路，他否定了基于私有制的社会组织问题，突出强调了人类从自然状态到社会状态发展过程中的异化问题。

一 洛克对劳动财产权的阐释

欧洲社会进入中世纪后，哲学精神为神学吟唱所取代，对神的研究占据了首要位置。随着资本主义的萌芽以及资产阶级的崛起，近代哲学翻开了崭新篇章。笛卡儿、莱布尼茨、休谟、卢梭等理论家崭露头角，反映了资产阶级在上升时期所提出的系列要求。

作为自由主义思想的重要开创者，约翰·洛克的思想充分反映了资产阶级的意愿，引发了人们对于社会发展中的劳动、财产权等问题的思考。

作为洛克理论的代表，《政府论》实质上从破与立两个方面阐述了洛克的政治思想：上篇批判了封建王权的君权神授等观念，下篇阐述了资产阶级议会制的理念等。有关劳动财产权的内容主要体现在《政府论》的下篇，涉及自然状态、自然法、社会契约、劳动等思想，主要目的在于宣扬政府要保护私有财产，确保新兴的资产阶级能够保护自己的权利和财富。

《政府论》下篇首先从自然状态入手。在洛克看来，人类所处的自然状态是一个平等、自由的社会。在这个社会中，人们受着自然法的统治，而理性就是自然法。理性的自然法存在使得全人类都能够平等和独立地相处。但是，在自然状态的社会中，"为了约束所有的人不侵犯他人的权利、不互相伤害，使大家都遵守旨在维护和平和保卫全人类的自然法"①，人们便选择让渡出部分权利，通过社会契约建立一个"市民社会"。在市民社会中，人们仍然享受着自然法的一切权利和利益，但是社会将保护成员的生命、自由和财产，并且惩罚犯罪行为。其中，洛克特别看重财产权的保护，指出"人们

---

① 〔英〕洛克：《政府论》下篇，瞿菊农、叶启芳译，商务印书馆，1996，第7页。

联合成为国家和置身于政府之下的重大的和主要的目的，是保护他们的财产；在这方面，自然状态有着许多缺陷"①。可见，从自然状态过渡到市民社会主要是为了解决自然状态下权利受到侵犯的问题，即通过社会契约建立政府以达到保护权利，尤其是达到保护财产权的目的。要言之，私有财产成为构建社会关系的根本动因。

既然政府的目的在于保护公民的财产，这便牵涉到财产界定的问题。在《政府论》下篇的"论财产"中，洛克确认了是上帝给予人类世界万物，认为原初状态下，土地、低等动物等是为人类所共有的。在确立私有财产的方式方面，洛克提出用"掺进劳动"的方式界定财产，认为"他的身体所从事的劳动和他的双手所进行的工作，我们可以说，是正当地属于他的"②。此外，洛克还承认了仆人的劳动成果也是主人财产的一部分，实际上间接承认了剥削关系的合理性。在此基础上，洛克确认了劳动对于创造财富的重要意义，但也强调人类生活的状况取决于自己的劳动，在取得财产时应以不造成浪费为限，否则就违反了自然法而应受到惩罚。

通观洛克的劳动财产权理论，其理论中混杂着许多矛盾之处，实则反映了从封建社会向资本主义社会过渡时期的思想纠葛。一方面，洛克赞扬劳动对于财产形成的作用，却又希冀"不浪费"，希望公民在获得财产时保持一定限度。另一方面，洛克所描述的劳动形成财产的过程充满着混沌，简单的劳动混合难以确证财产权的所有问题。不过，洛克从劳动确认私有财产的出发点确实构成了近代资产阶级理论的重要支撑点。

二　卢梭对权利让渡的详解

作为解放思想、宣告理性时代来临的启蒙运动深刻地改变了欧洲社会的精神文化面貌，其中又以法国的启蒙运动影响最大，形成了庞大的、彻底的社会思潮，并直接影响和推动了法国大革命。卢

---

① 〔英〕洛克：《政府论》下篇，瞿菊农、叶启芳译，商务印书馆，1996，第77页。
② 〔英〕洛克：《政府论》下篇，瞿菊农、叶启芳译，商务印书馆，1996，第19页。

梭正是法国启蒙运动的重要代表人物,以其《论人类不平等的起源和基础》《社会契约论》等著作为人类社会留下了宝贵的精神财富。其中,卢梭对于异化问题的理论见解不仅开启了对资本主义走向反面的异化批判,而且深刻地影响了后世理论家对现代性的反思。

首先,卢梭考察了自然状态下的人类社会,认为自然状态下的人类是平等和自由的。卢梭承袭了自然法学派的观点,认为在自然状态下"人与人之间本来都是平等的,正如各种不同的生理上的原因使某些种类动物产生我们现在还能观察到的种种变型之前,凡属同一种类的动物都是平等的一样"①。由此,卢梭认为要判断人的自然状态必须回到最初的人类状态,从人类的起源角度进行考察。从人类的生理方面看,卢梭认为自然人以野蛮人的形式呈现,野蛮人几乎如同动物一样为了生存而活。从人类精神方面看,卢梭认为人与动物的重要区别在于动物的行为完全受自然支配,而人类有其精神状态。人类的精神状态包括对死亡的认识与恐惧以及自爱心和怜悯,而这里的自爱心是卢梭认为的人类所拥有的唯一的自然美德,也就是保存自我生存的本能。由上可知,卢梭确认了自然状态下人类的社会状态,即没有善恶之分,只有自爱和怜悯,过着孤独的自给自足的生活,因此也是几乎没有不平等的社会。

其次,卢梭指出了人类社会在文明状态下形成不平等的原因正在于私有制。卢梭认为,人类结束原始人状态步入文明社会是一个过程,也就是确认"这是我的"需要下述条件。一是人的自我学习能力,即人在生存之中学会了战斗、使用武器、克服自然障碍等。二是人类心中产生了对于关系的知觉,并通过语言来表达。三是人类拥有了生产资料和生活资料,表现为"第一次变革的时代,这一变革促进了家庭的形成和家庭的区分,从此便出现了某种形式的私

---

① 〔法〕卢梭:《论人类不平等的起源和基础》,李常山译,商务印书馆,1962,第63页。

有制"①。四是在群居中社会关系的结成，道德观念深入人类生活中。五是冶金术和农业技术的发明造成了重要变革。在以上前提下，卢梭特别指出，人类在智力、体力方面天生所具有的自然的不平等在生产技术的进步下被不断放大，即"自然的不平等，不知不觉地随着'关系'的不平等而展开了"②。由此，在区分"你的和我的"，即私有制的催化下，人类之间的不平等不断被放大，乃至形成了富人和穷人，并且富人会努力维护自己的财富，进而奴役穷人，由此形成了富人和穷人两方的战争状态。可见，卢梭实际上确认了人类社会总存在两种不平等，一是自然的或生理上的不平等，二是精神上的或政治上的不平等，而从第一种不平等到第二种不平等的发展过程中私有制是重要原因。

最后，卢梭提出为了消除不平等需要订立社会契约，由此引发了作为权利让渡的异化问题。在《社会契约论》中，卢梭首先提出了核心论点："人是生而自由的，但却无往不在枷锁之中。自以为是其他一切的主人的人，反而比其他一切更是奴隶"③，而且他强调这种状态的形成根源于通过约定形成的权利。在卢梭看来，在原始社会状态下，人类生而自由和平等，但是为了自己的利益才会转让自己的自由。可见，人类社会有为了利益转让权利的基础。当人类在自然状态下形成了对于人类生存的障碍时，人类社会需要通过公约的方式缔结社会，而这种社会公约的本质在卢梭看来既能保护个人的人身和财富，又能实现以往的自由。因此，这种公约就是"每个结合者及其自身的一切权利全部都转让给整个集体"④，由此"我们每个人都以其自身及其全部的力量共同置于公意的最高指导之下，

---

① 〔法〕卢梭：《论人类不平等的起源和基础》，李常山译，商务印书馆，1962，第115页。
② 〔法〕卢梭：《论人类不平等的起源和基础》，李常山译，商务印书馆，1962，第124页。
③ 〔法〕卢梭：《社会契约论》，何兆武译，商务印书馆，2003，第4页。
④ 〔法〕卢梭：《社会契约论》，何兆武译，商务印书馆，2003，第19页。

并且我们在共同体中接纳每一个成员作为全体之不可分割的一部分"①。通过社会契约的签订，个人让渡了部分权利给集体，由此产生了所谓"公共人格"，也就是城邦、共和国等政治体。更为重要的是，卢梭突出了财产权与共同体的关系，认为共同体保障了个人的财产所有权，而且个人的财产所有权属于共同体所赋予的权利之一。因此，卢梭认为尽管人类在自然条件下存在力量和智力的不平等，但是通过社会契约的订立反而是"以道德的与法律的平等来代替自然所造成的人与人之间的身体上的不平等"②。

第三节　经济学视域下劳动价值的揭示

异化除了被表述为权利异化、意识异化外，在马克思那里更多地被强调为异化的劳动，即异化问题与劳动紧密结合在了一起。可见，政治经济学对劳动问题的分析亦不可忽视，而古典政治经济学的重要理论建树之一在于对劳动价值的分析。在劳动价值论的发展过程中，亚当·斯密首次系统地论述了劳动价值论，大卫·李嘉图则在破解斯密理论中的二元论基础上发展了劳动价值论，约翰·穆勒则总结了古典政治经济学在劳动价值论上的看法。

一　斯密对劳动价值论的开创

亚当·斯密被称为"现代经济学之父"。其代表性著作《国民财富的性质和原因的研究》（以下简称《国富论》）在运用丰富的经济资料基础上，总结了经济发展的一般现象，深刻揭示了经济运行的基本规律。斯密的理论也影响了马克思构建理论的方式：马克思在早期的著作中大量摘录了斯密的观点并对其加以评述，以批判性的方式建构了早期的理论框架。其中，斯密关于劳动问题的观点深刻影响了马克思对异化劳动问题的看法。具体而言，对劳动问题斯

---

① 〔法〕卢梭：《社会契约论》，何兆武译，商务印书馆，2003，第20页。
② 〔法〕卢梭：《社会契约论》，何兆武译，商务印书馆，2003，第30页。

密有如下看法。

第一，斯密确认了劳动是财富的源泉，并提出增进财富的两种手段。斯密在《国富论》的开篇就强调："一国国民每年的劳动，本来就是供给他们每年消费的一切生活必需品和便利品的源泉。构成这种必需品和便利品的，或是本国劳动的直接产物，或是用这类产物从外国购进来的物品。"① 可见，任何物品都是直接劳动所得或者通过间接劳动换来的劳动产物。劳动财富的富有程度在斯密看来除了一国的地理基本要素外，还取决于两个因素：一是劳动的数量、技巧和判断力；二是所谓有用劳动和非有用劳动的从业人口比例。前者指向劳动的生产率，即通过分工提升的劳动生产率，后者则指向生产劳动和非生产劳动。

第二，分工是劳动最大的改良。斯密指出，国民财富的源泉在于劳动，而增加国民财富的重要条件在于分工，即通过劳动分工提高劳动生产率以便生产更多的财富。斯密认为，分工之所以能够提高劳动生产率在于三个方面原因。一是分工使得劳动者可以专注于某种工作，以便改进技巧、提升劳动的熟练度和能力。二是减少劳动和劳动之间所需传递的时间，在不延长工作时间的情况下减少与生产直接相关的时间损失。三是分工后的工人专注于某些特定劳动，更容易改变或者发明机械，而这些机械的发明可以直接提高劳动生产率，使得一个人能够完成许多人的作业。不仅如此，斯密还分析了分工的原因以及分工的限制性条件，并在分工的基础上展开了对商品价值、交换价值本质的分析。

第三，斯密区分了生产劳动和非生产劳动。在斯密看来，"有一种劳动，加在物上，能增加物的价值；另一种劳动，却不能够。前者因可生产价值，可称为生产性劳动，后者可称为非生产性劳动"②。

---

① 〔英〕亚当·斯密：《国民财富的性质和原因的研究》上卷，郭大力、王亚南译，商务印书馆，1972，第 1 页。
② 〔英〕亚当·斯密：《国民财富的性质和原因的研究》上卷，郭大力、王亚南译，商务印书馆，1972，第 303 页。

换言之，斯密将生产劳动定义为生产价值的劳动，非生产劳动也就是不能增加价值的劳动。按此定义，斯密将家仆的劳动看作不能增加价值的劳动，制造业工人的劳动才是生产劳动。不仅如此，斯密还认为生产劳动可以将劳动固定在商品上，非生产劳动的产物则是"随生随灭"，不可保存和固定。斯密对生产劳动和非生产劳动的划分引发了马克思的思考和批评，也成为马克思理解劳动的内涵以及雇佣劳动的重要基点。

第四，劳动是交换价值的尺度。遵循劳动是国民财富源泉以及分工提升国民财富的观点，斯密指出："劳动是衡量一切商品交换价值的真实尺度。"[①] 斯密认为，物品的真实价格是获取物品的辛苦和麻烦，无论是交换还是占有都是用劳动购买的结果，因此劳动是第一性的价格，是一切货物的代价。在此意义上，劳动是一切商品的价值，而且是交换价值的决定性因素。斯密还区分了商品的名义价格和真实价格，前者指的是报酬劳动的一定数量的货币，后者指的是报酬劳动的一定数量的生活必需品和便利品。换言之，斯密所言真实价格即商品的价值，也就是由劳动耗费所决定的价值，包括劳动者的牺牲等。由上可见，斯密在承认劳动是价值的尺度时混淆了商品的价格、价值、交换价值等概念，进而造成一定程度上的理论混乱，引发了马克思的批判。

综合斯密对劳动问题的看法，斯密的理论实际上反映了从工场手工业到机器大工业时代过渡的时代精神，凸显了工场手工业时期的生产发展对其理论的影响。具体而言，斯密在承认劳动是财富的源泉基础上，一方面强调分工对增加财富总量的意义，另一方面强调创造物质商品的生产劳动的意义。这些观点毫无疑问反映了其所处时代的生产发展的最新状况，也深刻影响了马克思对劳动问题的判断。

---

① 〔英〕亚当·斯密：《国民财富的性质和原因的研究》上卷，郭大力、王亚南译，商务印书馆，1972，第26页。

二　李嘉图对劳动价值论的发展

作为英国古典政治经济学的完成者，大卫·李嘉图深刻总结资产阶级古典政治经济学。李嘉图在批判继承斯密观点的基础上，扬弃并发展了斯密劳动价值论的内容，深化了古典政治经济学有关劳动问题的思考。马克思就此指出："作为古典政治经济学的完成者，李嘉图把交换价值决定于劳动时间这一规定作了最透彻的表述和发挥。"[①]

第一，李嘉图批判了斯密在价值理论中的二元论，指出了斯密理论的模糊矛盾之处。李嘉图赞成斯密对于价值的区分，即从使用价值和交换价值的角度理解价值问题。就交换价值而言，李嘉图认为效用虽然是不可缺少的，但是不能成为交换价值的尺度。其原因在于商品的交换价值是从两个方面得到的：一是稀有性；二是获取时必需的劳动量。具体而言，稀有商品是劳动不能增加数量的商品，包括罕见的艺术品、古籍、特殊的葡萄酒等。它们的特征在于其价值与生产所必需的劳动量无关。稀有商品在市场交换中所占比例极少，而人类所交换的绝大部分劳动产品都是通过劳动获得的。因此，商品的交换价值完全取决于消费在商品中的劳动量。在此基础上，李嘉图批判了斯密的二元论，指出斯密在承认劳动价值论的基础上，又提出了别的价值尺度，有时将谷物作为尺度，有时又将劳动作为尺度。但在李嘉图看来，斯密将耗费劳动与购买劳动混为一谈，混乱的根源在于生产商品的劳动量与交换获得的劳动量之间存在不对等性，由此表现为购买劳动与价值源泉的二元对立。

第二，李嘉图坚持了劳动决定商品价值的原理，并着重分析了价值量的问题。在扬弃斯密的观点基础上，李嘉图提出："商品的价值或其所能交换的任何另一种商品的量，取决于其生产所必需的相

---

① 《马克思恩格斯全集》第13卷，人民出版社，1962，第51页。

对劳动量，而不取决于付给这种劳动的报酬的多少。"① 可见，李嘉图坚持认为商品价值的大小取决于劳动耗费量的多少。不仅如此，李嘉图反对从劳动的性质和报酬分析商品的价值量。在李嘉图看来，各种不同性质的劳动在市场上很快便能实现对劳动的估价，即撇去具体劳动的评估。另外，李嘉图注意到了商品价值还受生产商品的劳动所使用的劳动器具、机器及其他固定资本的影响。可见，李嘉图在坚持商品价值由劳动所决定的基础上，深入分析了影响价值量的多方面因素。

第三，李嘉图在对劳动价值量的分析基础上探讨了劳动的分类。李嘉图在探讨价值量的决定时，从两个方面探讨了劳动的分类。一是简单劳动和复杂劳动的问题。李嘉图指出，"为了实际目的，各种不同性质的劳动的估价很快就会在市场上得到十分准确的调整，并且主要取决于劳动者的相对熟练程度和所完成的劳动的强度。估价的尺度一经形成，就很少发生变动"②。这里也就是承认了简单劳动和复杂劳动在产生的价值量上的不同，即复杂劳动较简单劳动能够生产出更多的价值。二是直接劳动和间接劳动。直接劳动指在商品生产时直接耗费的劳动，间接劳动则是指在生产商品时所消耗的生产资料。李嘉图的贡献在于，指出了以劳动工具为代表的间接劳动对于商品价值量形成的重要影响。

总之，李嘉图在继承和批判斯密的劳动价值论基础上，指出了斯密理论中存在的二元论，并坚持了劳动对价值的决定性影响。其中，李嘉图区分了劳动耗费和劳动购买，批判了斯密所认为的交换商品成本包含工资、利润和地租等观点。这些理论一定程度上发展了劳动价值论，并启发了马克思进一步思考价值背后的劳动问题的原因和结果。

---

① 〔英〕彼罗·斯拉法主编《李嘉图著作和通信集》第 1 卷，郭大力、王亚南译，商务印书馆，1962，第 7 页。
② 〔英〕彼罗·斯拉法主编《李嘉图著作和通信集》第 1 卷，郭大力、王亚南译，商务印书馆，1962，第 15 页。

三　穆勒对劳动价值论的总结

约翰·斯图亚特·穆勒是 19 世纪英国著名的古典政治经济学家。其父詹姆斯·穆勒也是一名英国资产阶级经济学家，同时是忠实的李嘉图学派的信徒，著有为李嘉图理论辩护的《政治经济学要义》。受其父亲指导，约翰·穆勒在少年时代便阅读了亚当·斯密和大卫·李嘉图的经济学著作。在综合古典经济学的基础上，约翰·穆勒以亚当·斯密和大卫·李嘉图的理论为基础，吸收了包括马尔萨斯、萨伊、西尼尔等经济学家的观点，形成了一个调和与折中的经济学体系，并就劳动问题有了新的推进和总结，实现了对古典政治经济学的综合。

第一，穆勒对劳动生产力的要素进行了分析。穆勒在《政治经济学原理》的开篇便指出生产要素分为两种：一是劳动，二是适当的自然物品。劳动在这里包含了体力和脑力两方面活动，因为穆勒认为劳动不仅有肌肉的运动，还有在劳动中思考所付出的精神力。另外，自然物品不是指天然的物品，而是经过人力实现某种程度上的转化后满足人类需要的物品。因此，自然界不仅仅提供经过人力转化的原料，还提供风力、水力等动力。

第二，穆勒从直接劳动和间接劳动的区别出发，细分了间接劳动的多种形式。穆勒指出，人类的劳动可以分为直接施加于物品上的劳动和用于预备性生产的劳动。具体而言，前者指的是劳动过程中劳动者的劳动。对于后者穆勒从多个角度进行了细分：一是生产劳动所需口粮的劳动；二是用于生产原料的劳动；三是用于制造工具的劳动；四是用于保护劳动的劳动，即工业用的建筑物的搭建、维护社会秩序的劳动等；五是用于产品运输和分配的劳动；六是人的生产；七是发现和发明的劳动。穆勒通过这些劳动形式的区分，实际上为深入理解劳动的表现形态奠定了重要基础。

第三，穆勒推进了关于生产劳动和非生产劳动的讨论。在穆勒看来，劳动生产的不是物品，而是效用。穆勒吸收了萨伊的学说，认为生产效用的劳动才是生产性劳动。具体而言，这种效用又可以分为三种：一是固定在外在物体之中的效用，也就是为了使得外物满足人的需求；二是固定在人身上的效用，这里包括使人成为人的劳动，即教育、政府官员、医生等劳动者的劳动；三是并未固定在物体上而是存于服务之中的劳动。在此基础上，穆勒强调部分生产效用的劳动是生产性劳动，但是生产性劳动只能是生产固定在物体中的效用的劳动。换言之，穆勒所谓财富也就是物质财富，生产性劳动也就是为了创造这种财富的努力，其他的劳动无论何种效用只能被归入非生产性的劳动。

综上而言，异化劳动理论在哲学、政治学和政治经济学上的思想渊源深刻影响了马克思思想进程。如果说西方哲学文化传统引起了马克思对于劳动问题的关注，近代政治学则启示了劳动与私有制之间的关系，强调了作为异化的权利让渡；德国古典哲学更是将关注点转移至异化与劳动结合的哲学问题之思上。这些思想元素共同引发了马克思早期从政治、哲学视角所进行的异化批判。更进一步，古典政治经济学直接启发了对劳动的内在机理的考察，即从劳动价值论的角度揭示异化劳动的形成原因和结果。其中，斯密较为全面地探讨劳动价值论，李嘉图则是深化了斯密的讨论，而穆勒实现了对古典政治经济讨论的总结。可以说，古典政治经济学中有关劳动价值、生产劳动和非生产劳动的讨论，引发了马克思对资产阶级经济学家所认定的劳动过程的非历史性的批判，从而开始站在历史性和社会性高度思考劳动过程和异化劳动的内在关联。

第二章

异化劳动理论的转变与劳动过程理论的形成

回顾马克思早期思想发展历程，马克思在批判继承德国古典哲学和英国古典政治经济学的基础上，不断推动着术语革命与理论发展，展现出了一条思想史的发展脉络。异化理论方面尤能反映出该时期思想发展特点，表现为马克思探讨异化问题时理论深度、广度和基础的变化。在早期著作中，马克思从宗教异化、政治异化转入劳动异化的分析，并在分析异化劳动的四个规定和交往异化问题时初步涉及了劳动过程概念。随着唯物史观框架的构建以及对劳动价值论态度的转变，马克思实现了对异化劳动的突破性理解和把握，开始站在生产力与生产关系矛盾运动的历史高度上审视异化劳动。不仅如此，马克思逐渐区分了劳动过程与生产过程，其劳动过程理论随着异化劳动理论的发展而萌芽。本章从马克思早期著作入手，转入唯物史观构建以及早期政治经济学批判时期的理论著作，试图展示该阶段马克思异化劳动框架下劳动过程理论的发展线索。

第一节 异化劳动理论的形成及主要内容

马克思晚年回顾自己的思想历程时说道："1842—1843年间，我作为《莱茵报》的编辑，第一次遇到要对所谓物质利益发表意见的难事。"① 在对物质利益发表意见的过程中，马克思产生了一系列苦恼和困惑，写下了《黑格尔法哲学批判》《论犹太人问题》《〈黑格尔法哲学批判〉导言》等著作。这些著作表明马克思试图从政治异化和宗教异化入手，从对宗教、国家与市民社会的关系入手探寻人类解放。马克思随后发觉理解现实问题不能仅仅着眼于表层的社会关系，而是必须从"市民社会"的黑箱入手。在移居巴黎之后，马克思扎进了政治经济学的研究之中。在此过程中，马克思认真阅读了当时重要的经济学著作，通过研究政治经济学的方法与理论，不断尝试打开"市民社会"的黑箱。可见，伴随着理论视域的转变，马克思批判的重点不再是社会关系层面的政治异化和宗教异化，而是深入更加基础性、根本性的劳动异化问题，进而构筑了较为完整的异化劳动理论。因此，马克思的异化理论虽然多样且内涵丰富，涉及了政治异化、宗教异化、意识形态异化等，但笔者重点考察的是最为基础的劳动异化问题，尝试梳理马克思的异化劳动思想的发展史。

《巴黎手稿》是马克思早期思考的产物，也是他深入异化劳动研究的最初成果。与异化劳动理论直接相关的两个手稿为《1844年经济学哲学手稿》以及《詹姆斯·穆勒〈政治经济学原理〉一书摘要》（简称《穆勒摘要》）②，两个手稿的劳动异化和交往异化理论共同构成了异化劳动人道批判的重要成果，即马克思在这些手稿中初步构建了异化劳动理论。需要注意的是，马克思此时未能掌握完整的劳动价值论，也不能从劳动二重性的角度理解异化劳动的产生与发展，只能说《巴黎手稿》包含了劳动过程的因素，表现为劳动过

---

① 《马克思恩格斯文集》第2卷，人民出版社，2009，第588页。
② 实际上有关两个手稿的编排问题一直是学界争论的重点，即《1844年经济学哲学手稿》中的三个笔记本和《穆勒摘要》的写作顺序问题。国外学者的代表性说法有：苏联学者尼·伊·拉宾认为顺序为"笔记本Ⅰ→《穆勒摘要》→笔记本Ⅱ→笔记本Ⅲ"；英格·陶博特则认为顺序是"笔记本Ⅰ→笔记本Ⅱ→笔记本Ⅲ→《穆勒摘要》"；尤尔根·罗扬则认为《穆勒摘要》写于笔记本Ⅱ之前。笔者在这里不涉及有关编排顺序的具体文献学讨论，仅仅探讨两份文献中的有关异化问题的理论。

程理论的萌芽。

一　作为出发点的国民经济事实

在《1844 年经济学哲学手稿》中，马克思在序言中便指出："我的结论是通过完全经验的、以对国民经济学进行认真的批判研究为基础的分析得出的。"① 无论是英国、法国和德国的社会主义者的著作，还是费尔巴哈的理论著作，都对马克思所进行的理论批判产生了重要影响。不仅如此，从同时期的笔记可以看出，马克思阅读了斯密、李嘉图、穆勒等当时重要经济学家的著作。可见，马克思紧随时代理论前沿，从当时理论界的热点出发进行理论批判。基于充足的理论准备，"我们且从当前的国民经济的事实出发"②，马克思从资本主义社会下三大经济事实——工资、资本的利润和地租出发揭示了异化劳动的秘密。

第一，马克思从工资出发揭示了工人的悲惨命运。马克思指出了工人阶级在与资本家斗争的过程中必定失败的事实，认为无论是社会的繁荣稳定还是社会的衰落，工人阶级总是遭受着最沉重的痛苦。在社会处于衰落的状况下，工人阶级也会成为受到影响最大的阶级，并且承受最沉重的苦难。与此相对，在社会处于对工人最有利的状况下，即社会财富增长的状况下，工资的提高会引发工人过度劳动，挣钱的欲望驱使工人从事的奴隶般的劳动直接缩短了工人的寿命。另外，资本造就了更加丰富的积累并扩大了劳动分工，分工在促进劳动生产力的同时也使得工人劳动愈加狭隘，意味着工人仅能够从事专门的劳动工作，使得工人愈加依附于资本家。不仅如此，资本家的竞争必然导致部分小资产阶级沦为工人阶级，造成工人人数的增加，从而导致工人之间更加激烈的竞争。总而言之，在对工人最有利的社会状况下，"工人的结局也必然是劳动过度和早死，沦为机器，沦为资本的奴隶（资本的积累危害着工人），发生新

---

① 《马克思恩格斯文集》第 1 卷，人民出版社，2009，第 111 页。
② 《马克思恩格斯文集》第 1 卷，人民出版社，2009，第 156 页。

的竞争以及一部分工人饿死或行乞"①。可见，无论是社会的繁荣还是衰落，马克思始终认为工人阶级都承受着悲惨命运。在此基础上，马克思已经意识到工人的工资"只得到他不是作为人而是作为工人维持生存所必要的那一部分，只得到不是为繁衍人类而是为繁衍工人这个奴隶阶级所必要的那一部分"②。马克思感叹道，在资本主义社会下，劳动仅以增加财富为目的会招致灾难，也会导致工人阶级的贫困，因为劳动仅仅是工人阶级的"谋生活动"。可见，此时的马克思虽然未能充分掌握工资理论，认识到工资理论与资本逻辑的内在关联，但是已经认清工资仅能够维持工人的生存以及受工资支配的劳动的悲惨状况。

第二，马克思从资本的利润角度考察资本与劳动的关系。马克思指出，"资本是积蓄的劳动"③，也就是储存起来的劳动。劳动一旦储存为资本，资本便拥有了对他人劳动产品的私有权，即对他人劳动产品的占有权。由此，资本成为对劳动及其产品支配权力的象征。马克思还从资本的利润、资本家对劳动的统治、资本家的动机以及资本的积累与竞争等角度，揭示了资本聚集下劳动者的悲惨命运。

第三，马克思从斯密的地租理论入手，考察了现实关系中地租问题的形成，揭示了地租与社会利益的关系。马克思指出，地租在数量上取决于土地的肥力程度以及土地的位置，这也是决定地租的自然属性。除去自然属性外，地租的社会属性也对地租产生重要影响。马克思认为，地租"是通过租地农场主和土地所有者之间的斗争确定的"④。通过地租的确立，地租参与到了商品的价格因素中，并成为工资和利润之外决定商品价格的重要因素。在此基础上，马克思指出，土地所有者会想方设法榨取社会的一切利益，因而与整

---

① 《马克思恩格斯文集》第 1 卷，人民出版社，2009，第 121 页。
② 《马克思恩格斯文集》第 1 卷，人民出版社，2009，第 122 页。
③ 《马克思恩格斯文集》第 1 卷，人民出版社，2009，第 130 页。
④ 《马克思恩格斯文集》第 1 卷，人民出版社，2009，第 144 页。

个社会利益相敌对。但是，地产的发展会导致封建地产的消失以及资本家和土地所有者之间差别的消失，最终造成社会上仅剩下两个阶级：工人阶级与资本家阶级，地产也就成为资本。

由上可见，马克思从国民经济学的重要范畴和规律出发，使用了劳动、资本、利润、地租、工资、分工、竞争等概念，最后得出劳动、资本和地产的相分离只能导致人的贬值的结论，即整个社会分化为有产者与无产者两大阶级，以及工人阶级必然沦落的事实。马克思从工资、资本的利润以及地租的演变中得出一个重要结论，即劳动的异化。

二　异化劳动的四个基本规定

马克思确认了在其所处时代的国民经济的事实是普遍的异化劳动。这种异化劳动直接表现为"工人生产的财富越多，他的生产的影响和规模越大，他就越贫穷"[①]，即作为世界财富的物的增加与作为工人阶级的人的贬值同时存在。马克思由此出发，阐释了异化劳动的四个基本规定。

第一，从劳动产物来看，表现为人与劳动产品相异化。马克思首先区分了劳动的对象化与劳动的异化，指出劳动的对象化也就是劳动的物化，即人类通过劳动将自己的劳动固定在某个对象化的产品之中，这也被称为劳动的现实化。但是，劳动的对象化表现为"非现实化"，即劳动的异化。马克思从劳动的结果——劳动产品出发，指出通过异化劳动的作用，劳动产品一经生产便脱离了劳动者的掌控，成为"异己的存在物"，进而与劳动相对立，即在对象化基础上表现为对象的丧失与被奴役。达成这种异化的前提条件正是生产资料和生活资料的丧失。具体而言，工人，也就是劳动者，被剥夺了生活资料的同时也丧失了劳动的生产资料。工人在被剥夺了生产资料后便不能直接获取生活资料，只能通过接受资本的统治进而

---

① 《马克思恩格斯文集》第1卷，人民出版社，2009，第156页。

换取生活资料，以便维持肉体的存在和自己的生存。不仅如此，劳动者生产的劳动产品越多，工人愈加受到劳动产品的统治。因此，劳动产品成为与人相异化的存在。

第二，从劳动本身来看，表现为人与劳动活动相异化。在马克思看来，劳动应是人的自由自觉的活动，属于人的本质的发挥，也是人的需要所在。但是，异化的劳动不再使人在劳动中感到被需要以及实现自我，反而是在劳动中感到被否定与不幸，也就是在劳动中折磨摧残肉体与精神。不仅如此，劳动表现为强制的劳动，意味着劳动不再是人的目的，而是沦为生存的手段。因此，工人对待劳动则是如同瘟疫一般，只要有机会停止，必将逃避一切劳动。马克思指出，工人只有在实现自己的动物属性时才感觉到所谓自由活动，才能感觉到自我的存在与人的实现。总而言之，对于工人而言，劳动成为外在的东西、不属于工人的活动，也并非自主和自愿的活动，即异己的活动、异化的劳动。在此意义上，马克思感叹道，在现实世界中，"劳动为富人生产了奇迹般的东西，但是为工人生产了赤贫。劳动生产了宫殿，但是给工人生产了棚舍。劳动生产了美，但是使工人变成畸形。劳动用机器代替了手工劳动，但是使一部分工人回到野蛮的劳动，并使另一部分工人变成机器。劳动生产了智慧，但是给工人生产了愚钝和痴呆"①。

第三，从劳动结果来看，表现为人与人的类本质相异化。马克思在这里沿用了费尔巴哈的"类"的概念，认为人是类存在物，即不仅在实践上而且在理论上都是以类的方式群居和对待他人。在此意义上，人类呈现出有生命的类存在者，而且是普遍的、自由的存在物，即人类的本质在于自由自觉的活动。但是在异化劳动下，劳动的异化直接导致了类的异化，即"异化劳动把类生活变成维持个人生活的手段"②。马克思在双重意义上批判了类本质的异化：一方面，马克思认为人的类本质的确认需要经过对象化活动，即在实践

---

① 《马克思恩格斯文集》第 1 卷，人民出版社，2009，第 158 ~ 159 页。
② 《马克思恩格斯文集》第 1 卷，人民出版社，2009，第 161 ~ 162 页。

创造和改变对象世界中确认自己的存在与意识。但是异化劳动剥夺了人类的生产对象，使得确证人类存在的对象世界被剥夺，也就是劳动对象被剥夺。另一方面，人类的劳动不再是自由自觉的活动，人的自主活动、自由活动成为维持人的肉体生存的手段，人也失去了确证自我的类生活。由此，人的类本质便成了异己的本质，成为生存的手段。

第四，从劳动关系来看，表现为人与人之间关系相异化。马克思从人与劳动产品、劳动活动以及类本质的异化中推得了第四种异化，即人同人相异化。由于人的"类"的本性，人在与自身对立的时候必然与他人相对立，也就是人与劳动产品、劳动活动以及类本质的异化关系渗透至人与人之间的关系。可见，人与人之间关系的异化是以上三种异化所必然带来的结果。

由上可见，马克思此时已经形成较为完备的异化劳动理论框架，并从四个方面揭示了异化劳动的表现。与之相对的是劳动过程理论仍然处于萌芽之中，马克思此时仍未能形成劳动过程的概念，但是在揭示异化劳动的四个规定时不可避免地涉及了劳动过程的内涵。具体而言，马克思在《1844 年经济学哲学手稿》中指出："我们从两个方面考察了实践的人的活动即劳动的异化行为。第一，工人对劳动产品这个异己的、统治着他的对象的关系。这种关系同时也是工人对感性的外部世界、对自然对象——异己的与他敌对的世界——的关系。第二，在劳动过程中劳动对生产行为的关系。这种关系是工人对他自己的活动———种异己的、不属于他的活动——的关系。在这里，活动是受动；力量是无力；生殖是去势；工人自己的体力和智力，他个人的生命——因为，生命如果不是活动，又是什么呢？——是不依赖于他、不属于他、转过来反对他自身的活动。这是自我异化，而上面所谈的是物的异化。"① 这段话正反映了马克思在分析劳动异化时已经将劳动过程的概念纳入了讨论之中，

---

① 《马克思恩格斯文集》第 1 卷，人民出版社，2009，第 160 页。

但是仅仅将其当作劳动对生产行为的关系进行分析，即从生产过程的角度探讨劳动问题，从而把劳动过程当作人的活动来分析。不仅如此，马克思所分析的异化劳动的四个规定充分展现了异化劳动的多重结果，既发现了从劳动结果表现出的类本质的异化，又注意到了人与人关系的异化。

三　私有财产与异化劳动的历史性关系

除了考察异化劳动中的主体——工人，马克思还注意到了"非工人"方面，即作为异化劳动结果的私有财产，并从异化劳动与私有财产的关系入手，解析了异化劳动与私有财产的历史性生成逻辑。

首先，马克思指出私有财产的形成是异化劳动的必然结果。马克思在这里将外化的劳动与异化的劳动相等同，认为在外化的劳动中，工人会生产出一个同劳动相分离的关系，即私有财产。在此基础上，马克思认为国民经济学的一切范畴都是这两个基本因素的展开与表现，异化劳动与私有财产的概念也就成为马克思进行经济批判的基础性概念。需要指出的是，马克思在这里考察的是私有财产而非私有制，表明马克思还未能认识到私有制对异化关系形成的重要作用，仅仅关注到了现实存在的私有财产。

其次，马克思从私有财产的历史沿革中考察了劳动与资本的对立。通过对现实经济的分析，马克思指出私有财产的关系"潜在地包含着作为劳动的私有财产的关系和作为资本的私有财产的关系，以及这两种表现的相互关系"①，即资本与劳动的矛盾运动。这展现为"劳动"的人的活动的生产和作为"资本"的人的活动的生产。从二者发展的历史性过程来看，马克思以地租为例，指出"由现实的发展进程（这里插一句）产生的结果，是资本家必然战胜土地所有者，也就是说，发达的私有财产必然战胜不发达的、不完全的私有财产"②，即从不发达到发达的私有财产的发展进程。不仅如此，

---

① 《马克思恩格斯文集》第 1 卷，人民出版社，2009，第 172 页。
② 《马克思恩格斯文集》第 1 卷，人民出版社，2009，第 176 页。

马克思还注意到了私有财产关系中，资本与劳动的对立统一。马克思认为，资本与劳动的关系必经的运动分为三个阶段：一是二者直接的或间接的统一，即最开始资本与劳动的结合；二是资本与劳动的对立，工人与资本家尖锐的对立与斗争，达到了最大限度的对立；三是二者同自身对立。这意味着，资本以积累的劳动的形式与劳动达成了统一，即劳动成为资本的要素。

最后，马克思揭示了扬弃私有财产的历史进程。在私有财产的发展进程中，资本与劳动的对立显然是其中的核心问题。在扬弃私有财产时，劳动与资本的对立不可能仅仅表现为无关紧要的对立，必须以对立的最高形式呈现。这意味着"自我异化的扬弃同自我异化走的是同一条道路"①，消灭私有财产必须使这种异化达到顶峰，并以这种异化为基础才能推动异化的扬弃。在消灭异化之后，马克思确认了共产主义的实现与私有财产的扬弃之间的重要连接，认为共产主义是对私有财产的积极扬弃的表现。马克思还对扬弃私有财产之后的共产主义进行了细致描摹，提出了共产主义在不同阶段所具有的不同性质。在共产主义最高阶段，马克思认为，它"是对私有财产即人的自我异化的积极的扬弃，因而是通过人并且为了人而对人的本质的真正占有，因此，它是人向自身、也就是向社会的即合乎人性的人的复归"②。此时的共产主义等于完成了的自然主义，也是人道主义，是对人与自然、人与人之间矛盾的彻底解决。同时，马克思也强调，共产主义不是人类发展的目标和人类社会的最终形态，而是将来的必然的形态和原则。在如何扬弃异化劳动、实现共产主义的路径方面，马克思重申了工人解放的重要意义，指出就私有财产的扬弃与人的解放而言，必须以工人解放的政治形式完成，即工人的解放包含普遍的人的解放，原因在于社会一切奴役关系都是工人的生产关系的变形，因此工人的解放是更加基础与彻底的解放。

---

① 《马克思恩格斯文集》第 1 卷，人民出版社，2009，第 182 页。
② 《马克思恩格斯文集》第 1 卷，人民出版社，2009，第 185 页。

四　从劳动异化到交往异化的拓展

马克思不仅在《1844 年经济学哲学手稿》中探讨异化劳动问题，而且在《穆勒摘要》中从货币异化的现实出发，探讨了作为异化劳动的现实，并最终深入交往关系异化的问题，展现了社会普遍异化的现实。

首先，马克思分析了作为交换中介的货币的异化现实。马克思从穆勒关于货币的概念出发，指出货币是交换的中介这一观点极好地概括了货币的本质。马克思指出，作为交换的中介，货币的本质应首先在于人的产品相互补充的中介活动，而不在于财产转让的中介。由于人的劳动的异化，尤其是人的劳动产品与人相异化，作为劳动产品交换的中介的货币便获得了人之外的物质属性，成为"某种在人之外的、在人之上的"活动，因而是"异己的中介"。在这样的情况下，货币异化表现为"真正的权力""真正的上帝"，货币作为人类的产物反而成为人类崇拜的对象。通过异化的货币的作用，货币与商品的关系发生了颠倒：本是货币通过代表商品才能够实现作为中介的价值，现在则是"只有在这些物代表这个媒介的情况下这些物才有价值"①。换言之，人的生产活动的属性转移至作为中介的货币，货币进而实现了自身独立的价值，一跃成为价值的代表。在此意义上，货币与人呈现出了异化关系，即"这个媒介富到什么程度，作为人的人，即同这个媒介相脱离的人也就穷到什么程度"②。

其次，马克思从货币异化延伸至交往关系异化，展现出社会关系异化的图景。马克思指出，"人的本质是人的真正的社会联系"③，因此人在实现自己的本质的过程中自然会创造和生产人的社会联系。另外，无论是生产中的交换，还是产品的交换都是类活动，也是社会的活动。在此意义上，作为交换中介的货币所呈现的关系也表现

① 《马克思恩格斯全集》第 42 卷，人民出版社，1979，第 19 页。
② 《马克思恩格斯全集》第 42 卷，人民出版社，1979，第 19 页。
③ 《马克思恩格斯全集》第 42 卷，人民出版社，1979，第 24 页。

为社会关系的一部分。由于人同自身相异化以及类本质的异化，人的本质发挥的社会联系必然以异化形式出现。由此，"人自身异化了以及这个异化的人的社会是一幅描绘他的现实的社会联系，描绘他的真正的类生活的讽刺画"①。

最后，马克思从交往异化回到了作为原因的劳动异化，重申了劳动异化直接表现为谋生劳动。不仅仅落脚于社会关系异化的现象，马克思追溯到社会交换关系的前提，即表现为直接谋生的劳动。马克思指出，异化劳动这种关系在社会交往关系上达到了顶峰：一方面由于谋生劳动并非为了满足劳动者的需要，从而丧失了与劳动的需要和使命的直接联系；另一方面是因为劳动产品的购买者不直接从事生产，只是通过交换获取别人生产的产品。要言之，劳动者的劳动仅仅表现为谋生劳动，从而丧失了与消费和需要的关系。因此，谋生的劳动内在包含着主体的异化、劳动对象的异化、社会需要的异化、劳动本身的异化。从异化劳动、谋生劳动出发便能理解劳动分工下产品交换的中介，也就是作为劳动直接结果的异化的货币。

《穆勒摘要》实际上反映了马克思从劳动异化进入交往异化的路径。交往异化突出的是劳动异化已经渗入人与人之间的关系之中，最终造成劳动异化产生于人与人之间。通过这种关系的固定，劳动异化将作为再生产的结果持续不断地重现于社会之中。这种社会关系的异化不仅表现为作为中介的货币的异化，而且再次将劳动确认为直接谋生的劳动。

有学者认为此时马克思的批判仍然带有费尔巴哈"人本学"的痕迹，即认为马克思仍然延续了费尔巴哈的概念范畴。虽然是概念的沿用，但是马克思并不是从抽象的人出发，而是着眼于国民经济中异化的事实把握异化劳动，即马克思确认了在该时期研究异化劳动的出发点正是"国民经济事实即工人及其生产的异化。我们表述了这一事实的概念：异化的、外化的劳动。我们分析了这一概念，

---

① 《马克思恩格斯全集》第 42 卷，人民出版社，1979，第 25 页。

因而我们只是分析了一个国民经济事实"①。从该经济事实出发，马克思通过私有财产与异化劳动的内在关联，描述了资本与劳动关系的历史发展进程，并指出了扬弃私有财产，解决异化劳动问题的路径、方式与结果，初步探索了共产主义社会的原则和形态。在此基础上，马克思还从劳动异化推至社会层面上的交往异化，展示了社会关系普遍异化的图景，提供了有关异化劳动丰富的现实材料。可以说，这一理论框架不仅展现出对费尔巴哈理论的超越，而且开启了异化劳动批判的理论范式。但是，马克思此时没能接受劳动价值论，也没有劳动二重性理论，实际上不能理解劳动作为价值增殖过程的特殊规定性，即不能从价值形成与异化的角度理解劳动异化形成的根本原因。因此，在《巴黎手稿》时期，马克思通过对工人乃至人类社会普遍异化状况的观察，得出了劳动异化与交往异化存在的重要结论，并以异化劳动理论为切入点建立了与私有财产、资本乃至共产主义的理论关联。更重要的是该时期的理论暗含了劳动过程理论的萌芽与开端，因此可以说《巴黎手稿》仅包含了劳动过程的因素。

第二节　理论立场的转变与理论范式的构建

随着马克思理论基础的转变，他考察异化劳动问题的出发点与逻辑也在发生改变。1845年前后是马克思思想转变的重要时刻：无论是"包含着新世界观的天才萌芽的第一个文献"② 的《关于费尔巴哈的提纲》，还是"情愿让原稿留给老鼠的牙齿去批判"③ 的《德意志意识形态》都表明马克思和恩格斯思想发展到了新阶段。在此阶段，马克思和恩格斯初步构建了历史唯物主义的基本框架，并把

① 《马克思恩格斯文集》第1卷，人民出版社，2009，第164页。
② 《马克思恩格斯文集》第4卷，人民出版社，2009，第266页。
③ 《马克思恩格斯文集》第2卷，人民出版社，2009，第593页。

它运用于社会历史的分析，展现了较为完整的理论逻辑。在构建历史唯物主义理论的同时，马克思逐步从劳动价值论的质疑者转为赞成者，接受并把劳动价值论用于对经济事实的分析。得益于历史唯物主义以及劳动价值论，马克思着手以历史运行的规律以及历史发展的阶段性理解异化劳动生成的特殊性，也正是在此过程中，马克思逐渐走向了自觉使用异化劳动、劳动过程和生产过程的概念的理论发展阶段。

一 历史唯物主义理论的构建

在《关于费尔巴哈的提纲》中，马克思初步阐述了作为解释和理解世界的重要前提——"实践"，并从实践入手对费尔巴哈的唯物主义进行了深刻批判。《关于费尔巴哈的提纲》虽然只有十一条，却是历史唯物主义形成过程中的重要宣言。在《德意志意识形态》中，马克思和恩格斯二人共同阐释了历史唯物主义的理论框架，在生产力和交往关系矛盾运动中从分工问题切入，分析了异化劳动的历史性发展过程。

首先，马克思确认了现实的人以及人的物质生产是历史的前提，遭遇异化的主体也正是"现实的个人"。对历史进行分析时不可避免地会遇到关于"历史前提"的前置性问题。在唯心主义对历史前提的解释中，上帝或者是某种精神性的存在成为逻辑根据与现实前提。其中最有代表性的学说就是黑格尔的"精神现象学"，黑格尔从绝对精神自我演化的历史出发，展示了一套绝对精神"异化—复归"的历史逻辑。针对唯心主义错误的历史前提，马克思和恩格斯在《德意志意识形态》中直指"全部人类历史的第一个前提无疑是有生命的个人的存在"[①]，确认了历史的前提是现实的个人。这里的"现实的个人"不再是抽象的、想象中的个人，而是现实的有血有肉的个人，即"从事活动的，进行物质生产的，因而是在一定的物质的、

---

① 《马克思恩格斯文集》第 1 卷，人民出版社，2009，第 519 页。

不受他们任意支配的界限、前提和条件下活动着的"①。这样的人不是处于离群索居的状态，而是在现实中可以通过经验观察和描绘的人。马克思在这里一方面针对唯心主义对历史主体精神性想象进行批判，另一方面反对一般唯物主义者所幻想的抽象、静止的个体。不仅如此，马克思还特别强调了物质生产在历史乃至人的形成中的重要作用。马克思指出一旦人类从事生活资料的生产，人便与动物区别开来，因为在生产生活资料的同时，人类间接地生产着物质生活本身。此外，生产也直接决定了个人以何种形式在历史中出场："他们是什么样的，这同他们的生产是一致的——既和他们生产什么一致，又和他们怎样生产一致。因而，个人是什么样的，这取决于他们进行生产的物质条件。"② 换言之，物质条件的生产方式和生产结果成为决定人成为什么样的人的关键因素。由此，现实的个人在生产中的遭遇决定他们在历史中的状态，而作为异化主体的现实的人正是在物质生产的过程中逐渐被异化的。

其次，马克思从"与私有制是相等的表达方式"的分工刻画了异化形成过程，揭示了生产力的"异己力量"。在确认了历史前提是从事生产的个人后，马克思具体分析了生产的四种形式。一是为了满足生活需要所进行的生产，也就是物质生活的生产，而这种生产满足了人们的直接需要。二是得到满足的需要引起的进一步需要所带来的生产，这意味着之前的活动引起了新的需要。三是人的生产，也就是"繁殖"。通过人的生产，人类社会创造了家庭等社会关系。四是社会关系的生产。人在生产之中必然会与他人结成社会关系、产生物质联系，伴随着生产的推进，社会关系的生产也必然进行。

从此出发，马克思揭示了异己的分工的形成过程。马克思指出，起初分工是性行为方面的分工，后来在天赋、需要等偶然性因素的影响下逐渐形成新的分工，最终只是在物质劳动和精神劳动分离的时候才真正可以称为分工。伴随着物质劳动和精神劳动的分工，享

---

① 《马克思恩格斯文集》第 1 卷，人民出版社，2009，第 524 页。
② 《马克思恩格斯文集》第 1 卷，人民出版社，2009，第 520 页。

受和劳动、生产和消费之间的分工也不断成为现实，使得分工在社会层面上不断实现。随着分工的发展还产生了"单个人的利益或单个家庭的利益与所有互相交往的个人的共同利益之间的矛盾"①。为了弥合这种矛盾，须尽力消除特殊利益与共同利益之间的矛盾，国家应运而生。国家以共同利益的方式构建了一种虚幻的共同体，并认为自己代表了社会整体普遍的利益。在个体层面，人类始终受限于劳动分工，仅仅能从事分工所赋予的特定的劳动。在此意义上，马克思称之为"一种异己的、同他对立的力量，这种力量压迫着人，而不是人驾驭着这种力量"②。可见，伴随着社会生产的发展，分工在社会和个人层面上展开，形成了全面性的系统分工。这种分工由于不是源于自愿，因而表现为压迫着人类的异己的、异化的分工。

最后，马克思从消灭分工出发提出了扬弃异化以及向自主活动转换的观点。从分工的发展进程来看，马克思指出："在大工业和竞争中，各个人的一切生存条件、一切制约性、一切片面性都融合为两种最简单的形式——私有制和劳动。"③ 在大工业下，私有制意味着分工，即无论是劳动条件还是劳动结果必然有所分工，由此造成资本与劳动之间的矛盾伴随着分工的发展不断变得尖锐，分工的异己性不断凸显。在这样的情况下，"单个人隶属于分工是同类的现象，这种现象只有通过消灭私有制和消灭劳动本身才能消除"④。换言之，马克思强调必须通过消灭分工的办法来扬弃异化。具体而言，马克思提出了无产阶级必须消灭所面对的生存条件：既包括消灭劳动的分工，也指向了扬弃国家、消灭虚假的共同体。伴随着劳动和私有制的消灭，马克思认为劳动必将向能够实现自己的自主活动转换。自主活动的实现意味着生产工具不再归属个人，而是属于全体，同时也将实现个人的联合，从而消灭私有制、充分占有全部生产力，

---

① 《马克思恩格斯文集》第 1 卷，人民出版社，2009，第 536 页。
② 《马克思恩格斯文集》第 1 卷，人民出版社，2009，第 537 页。
③ 《马克思恩格斯文集》第 1 卷，人民出版社，2009，第 579 页。
④ 《马克思恩格斯文集》第 1 卷，人民出版社，2009，第 570 页。

使得每个人的职业成为"偶然"。

通观《德意志意识形态》，马克思、恩格斯仍然使用了异化概念，并且强调异化是"哲学家易懂的话"①。与《1844年经济学哲学手稿》所不同的是，在《德意志意识形态》中，他们以人作为历史前提的出发点，从现实的人的物质生产活动出发，阐释了生产力发展中形成的分工演化历史。"生产力表现为一种完全不依赖于各个人并与他们分离的东西，表现为与各个人同时存在的特殊世界，其原因是，各个人——他们的力量就是生产力——是分散的和彼此对立的，而另一方面，这些力量只有在这些个人的交往和相互联系中才是真正的力量。因此，一方面是生产力的总和，生产力好像具有一种物的形式，并且对个人本身来说它们已经不再是个人的力量，而是私有制的力量，因此，生产力只有在个人是私有者的情况下才是个人的力量。"② 要言之，生产力在私有制下成为与人相异的事物，使得劳动成为手段，即劳动失去了自主活动的性质，沦为维持生命却又摧残人的活动。在如何扬弃异化的问题上，《1844年经济学哲学手稿》强调了私有财产与异化劳动的历史与逻辑关系，并以人的本质的复归作为历史发展的动力；《德意志意识形态》突出了两个前提：一方面是生产力巨大增长和高度发展，另一方面是人们的普遍交往的确立，通过这两个条件最终实现世界范围内普遍性的共产主义，即站在历史进程中看待异化问题，突出在历史发展进程中解决异化问题。

可以看出，《德意志意识形态》对异化劳动的理解建立在全新理论基础——历史唯物主义的架构之上。具体而言，历史唯物主义从直接生活的物质生产出发，表述了生产力与交往关系运动的发展进程。在此背景下，异化劳动的产生与"消灭劳动"（消灭资本主义私有制统治下的异化劳动）具有了现实和历史的基础。从生产力和交往关系矛盾发展的角度解释异化的演变过程实际上考虑到了劳动

---

① 《马克思恩格斯文集》第1卷，人民出版社，2009，第538页。
② 《马克思恩格斯文集》第1卷，人民出版社，2009，第580页。

的历史和社会关系，实现了在历史发展和社会关系运动中理解异化
劳动的理论新进展。

二　从质疑到赞同劳动价值论

要探讨异化劳动问题，劳动价值论是绕不开的话题。在马克思
思想发展历程中，对劳动价值论的态度转变是其中的重要节点，突
出表现为马克思从质疑到赞同劳动价值论的过程。其中，马克思对
李嘉图的政治经济学思想的态度成为转变过程中的线索之一，同时
这又涉及了错综复杂的政治经济学的争论。

在马克思早期研究政治经济学的过程中，恩格斯的影响显得极
为重要，《国民经济学批判大纲》中有关劳动价值的论述深刻影响了
马克思的看法。《国民经济学批判大纲》是恩格斯研究和批判政治经
济学的初步成果。该著作涉及了诸多问题，包括政治经济学理论发
展的来源、历史以及多个基本范畴，还批判了马尔萨斯、萨伊、李
嘉图等人的观点，并站在受压迫者的立场批判资本主义制度。在谈
及商品价值问题时，恩格斯既否定了萨伊的效用决定论，也不赞成
李嘉图的劳动价值论。在恩格斯看来，竞争关系渗透于全部的社会
关系中，每个人都处于竞争状态之中，进而造成了人们之间的相互
奴役。恩格斯突出强调了竞争关系对商品价值的影响，认为"由竞
争关系造成的价格永恒波动，使商业完全丧失了道德的最后一点痕
迹。至于价值就无须再谈了。这种似乎非常重视价值并以货币的形
式把价值的抽象推崇为一种特殊存在物的制度，本身就通过竞争破
坏着一切物品所固有的任何价值，而且每日每时改变着一切物品相
互的价值关系"①。换言之，恩格斯认为竞争的波动会影响商品的价
值，从而造成商品价值的波动和变化，这也就否认了商品价值的不
变因素，也不能建立起劳动与商品价值的内在关联。

在《1844 年经济学哲学手稿》的序言中，马克思称赞恩格斯的

---

① 《马克思恩格斯文集》第 1 卷，人民出版社，2009，第 75 页。

《国民经济学批判大纲》是内容丰富且具有独创性的著作，并在
《巴黎笔记》中详细摘录了《国民经济学批判大纲》的内容。具体
而言，马克思接受了恩格斯对于李嘉图的批判，仍然对李嘉图的劳
动价值论持有异议。首先，就李嘉图的劳动价值论而言，马克思注
意到了劳动收入问题。马克思在《大卫·李嘉图〈政治经济学和赋
税原理〉一书摘要》中总结了李嘉图和萨伊关于价值问题的看法，
指出"在价值规定中，李嘉图仅仅抓住生产费用，萨伊仅仅抓住效
用（有用性）"①，而效用在萨伊看来实际为竞争，代表着生产费用。
此时的马克思虽然已经注意到了李嘉图劳动价值论中劳动对于价值
生成的作用，并且称赞其为"卓越的""出色的"，但他是从工人通
过劳动获得劳动产品的角度得出的结论，仅仅指出了工人没有因为
生产力的提高赢得任何东西。要言之，马克思更加关注劳动的付出
与回报的问题。其次，马克思批判了李嘉图抽象的政治经济学研究
方法。在《大卫·李嘉图〈政治经济学和赋税原理〉一书摘要》
中，马克思认为李嘉图在研究中撇开了现实问题，通过抽象研究忽
略了现实的竞争，也就是"当他谈交换价值时总是指自然价值，而
撇开他称之为暂时或偶然原因的竞争的偶然性。国民经济学为了使
自己的规律更严密和更确定，必需把现实当作偶然的，把抽象当作
现实的"②。同样在《詹姆斯·穆勒〈政治经济学原理〉一书摘要》
中，马克思从李嘉图理论的研究者詹姆斯·穆勒的视角出发，重申
了"穆勒——完全和李嘉图学派一样——犯了这样的错误：在表述
抽象规律的时候忽视了这种规律的变化或不断扬弃，而抽象规律正
是通过变化和不断扬弃才得以实现的"③。最后，马克思提出了自己
对于价值的看法，认为价值"取决于生产费用同需求（竞争）和供
给的关系，取决于生产费用同其他商品的数量或竞争的关系"④。马

---

① 《马恩列斯研究资料汇编（1980）》，书目文献出版社，1982，第32页。
② 《马恩列斯研究资料汇编（1980）》，书目文献出版社，1982，第34页。
③ 《马克思恩格斯全集》第42卷，人民出版社，1979，第18页。
④ 《马克思恩格斯全集》第42卷，人民出版社，1979，第20页。

克思从生产费用在竞争的作用下不断波动的视角出发分析了价值的来源。此时的马克思在方法论上更加看重"国民经济的事实"，强调对经济事实的动态把握，而这个经济事实正是早期资本主义发展过程中存在的激烈的市场竞争。由此可见，马克思在《巴黎笔记》时期虽然已经注意到了李嘉图的劳动价值论对价值与劳动之间关联的考察，但是马克思此时还未能站在劳动价值论的立场上说明价值的来源问题。

随着马克思研究的深入，尤其是 1845 年前后历史唯物主义理论框架的建构，马克思对劳动价值论的看法也不断转变，实现了从质疑者到赞同者的转变。到了 1847 年，《哲学的贫困》标志着马克思已经接受了劳动价值论，对李嘉图的理论达到了赞扬的地步。《哲学的贫困》本是针对蒲鲁东《贫困的哲学》的批判作品，而在批判的过程中马克思承认并借用了李嘉图的经济理论对蒲鲁东的理论展开批判。马克思多次称赞李嘉图是英国杰出的经济学家，认为"李嘉图的价值论是对现代经济生活的科学解释；而蒲鲁东先生的价值论却是对李嘉图理论的乌托邦式的解释"[①]。

在方法论层面，马克思批判了蒲鲁东先验的研究方法，强调了观念范畴的"历史性"，确立了"有决定意义的论点"，即生产力和生产关系的辩证法。在《德意志意识形态》中，马克思、恩格斯强调了社会发展的历史性，指出必须从物质生产和交往关系的发展中理解社会。在考察意识的产生与意识形态的变化时，他们总是将一定阶段的理论或者思想关系还原到一定的物质生产，实现从"天国"到"人间"的转换。由此，随着物质生产的发展与社会形态的改变，意识形态总是表现为阶段性、历史性的特征，因此没有所谓永恒的社会意识形式，只有历史的社会意识形式。通过运用这一观点于政治经济学的分析之中，马克思在《哲学的贫困》第二章的七个说明中直接批评了蒲鲁东将一定经济范畴、思想认定为永恒的经济范畴

---

① 《马克思恩格斯全集》第 4 卷，人民出版社，1958，第 93 页。

的方法论。马克思强调蒲鲁东是从"纯理性的运动中去找寻这些思想的来历"①，即如同黑格尔主义般通过理性的剪裁将这些政治经济学的原理、范畴和抽象的思想随便编排次序与形成逻辑公式，因而只是在头脑中的排列和改组。这种做法忽略了这些经济关系的真正发源地和形成情况，是对现实经济运动的置若罔闻。在马克思看来，经济范畴的真正发源地"只不过是生产方面社会关系的理论表现，即其抽象"②。社会关系与生产力密切相关，随着生产方式的改变而不断改变。因此，通向真理之路必定是从物质生产出发，探究这些政治经济学原理、观念和范畴背后依据物质生产所建立的社会关系。在此意义上，观念和范畴呈现出历史的、暂时的特征，总是表现为与一定社会关系相对应。

由此可见，马克思在《哲学的贫困》中已经形成了较为完整的生产力和生产关系辩证运动的理论。在马克思看来，生产关系与生产力密切相连，并且随着生产力变革而不断变化。马克思指出："这些一定的社会关系同麻布、亚麻等一样，也是人们生产出来的。社会关系和生产力密切相联。随着新生产力的获得，人们改变自己的生产方式，随着生产方式即谋生的方式的改变，人们也就会改变自己的一切社会关系。手推磨产生的是封建主的社会，蒸汽磨产生的是工业资本家的社会。"③ 可以看出，马克思在这里明确使用了生产的社会关系，并将生产关系的发展与生产力、生产方式建立了连接，指出生产力的发展直接决定了不同时代的生产关系和社会关系。同时，马克思在对经济范畴本质的揭示中，指出生产过程的两方面内容。马克思指出，生产过程不仅指物的生产过程，而且包含了生产关系的生产。只有从物的生产与生产关系的生产两个方面才能理解生产过程的内容。因此，要理解经济范畴的发展必须认真考察基础

---

① 《马克思恩格斯全集》第 4 卷，人民出版社，1958，第 140 页。
② 《马克思恩格斯全集》第 4 卷，人民出版社，1958，第 143 页。
③ 《马克思恩格斯文集》第 1 卷，人民出版社，2009，第 602 页。

性的生产关系。

在关于价值根源的问题上，马克思在批判蒲鲁东"构成价值"的观点中，肯定了李嘉图的劳动价值论。马克思指出，蒲鲁东虽然从劳动时间中得出了产品的构成价值，但是蒲鲁东错误地将构成价值认定为"体现在产品中的劳动时间所构成的价值"①。通过构成价值理论的构造，蒲鲁东得出结论，认为"一定的劳动量和同一劳动量所创造的产品是等价的"，"任何一个劳动日和另一个劳动日都是相等的……交换是在完全平等的基础上实现的"②。对此，马克思一方面指出所谓等价交换是不存在的，仅仅是一种假定，因而"蒲鲁东先生的谬误是由于他把至多不过是一种没有根据的假设看做结果"③。另外，马克思认为劳动日并非等价的。由于存在复杂劳动和简单劳动的问题，单个劳动日便存在价值生产的不同，因此每个劳动日并非简单等同。虽然劳动日的价值并非相等，但是价值仍然可以用劳动时间来衡量，衡量的关键在于确定衡量的尺度——竞争。在二者基础上，马克思提出"一种东西的价值不是由生产它的时间来确定，而是由可能生产它的最低限度的时间来确定，而这种最低额又是由竞争来规定"④。此时的马克思已经承认了劳动价值论，开始依据劳动时间判断产品的价值。马克思还注意到了生产劳动产品所需要的劳动时间的社会性问题，初步考察了竞争对个体劳动时间的影响，涉足了社会必要劳动时间等概念。虽然马克思未能深入且清晰地表述劳动价值论，完整地展现劳动价值论在质上的分析，但马克思已经初步接受了劳动价值论，承认了劳动对于劳动产品的价值形成的决定性因素，这为马克思在50年代以后的政治经济学的批判中理解异化劳动奠定了重要基础。

---

① 《马克思恩格斯全集》第4卷，人民出版社，1958，第88页。
② 《马克思恩格斯全集》第4卷，人民出版社，1958，第93页。
③ 《马克思恩格斯全集》第4卷，人民出版社，1958，第96页。
④ 《马克思恩格斯全集》第4卷，人民出版社，1958，第107页。

综上而言，从《德意志意识形态》到《哲学的贫困》较为清晰地展现了马克思在异化劳动理论和劳动过程理论方面的发展与突破。在异化劳动理论方面，马克思依托于历史唯物主义的建构，开始在生产力与生产关系运动的层面上理解异化产生的原因及其发展过程。在劳动过程理论方面，马克思将劳动过程置于生产力层面，表述了劳动的异化事实；从生产力与生产关系的角度理解生产过程，以此实现了劳动过程和生产过程理论方面的突破。仍然需要指出的是，马克思未能清晰地表述劳动过程与生产过程概念之间的关系。但是哲学理论层面上历史唯物主义理论框架的构建以及政治经济学层面上劳动价值论的初步形成互相印证，共同支撑起马克思的理论大厦，为异化劳动理论与劳动过程理论的发展奠定了坚实基础。

第三节　雇佣劳动的历史性批判 与劳动过程的一般性分析

随着新世界观的构建，马克思开始以新视野和新理论考察经济事实，而 1847 年马克思在布鲁塞尔德国工人协会所作的《雇佣劳动与资本》的演讲充分展现了马克思对新理论的运用成果。1849 年，《雇佣劳动与资本》以社论的形式连载于《新莱茵报》。不同于之前的理论批判，马克思开始公开地从正面阐述其经济理论研究的观点。其中，《雇佣劳动与资本》以工人直接相关的工资等问题入手，充分展现了劳动与资本对立下雇佣劳动的形成和发展的理论史与经济史。马克思的演讲手稿——《工资》则补充了《雇佣劳动与资本》中的部分观点。以这两部手稿为依托，马克思在区分了劳动过程与生产过程的基础上，指出了雇佣劳动的历史特殊性。

一　工资与"劳动商品"形成的历史过程

由于是面向工人等公众的演讲，《雇佣劳动与资本》体现了马克思尝试用通俗易懂、简单明了的语言风格进行表述。考虑到面向工人的直接性，马克思首先从工人最熟悉的工资入手，试图探究"什么是工资？它是怎样决定的？"① 等问题。在马克思看来，工资实质就是购买工人劳动的货币量，也就是工人通过出卖劳动与资本家交换获得的货币，因此，工资就是所谓"劳动的价格"。工资的出现，意味着工人的劳动如同其他商品一样明码标价成为商品之一，也就是雇佣工人出卖给资本的一种商品。劳动本是工人实现生命的重要活动，为什么要出卖自己的劳动给他人呢？马克思指出，这是工人为了获取生活资料延续自己生命迫不得已的选择。通过出卖劳动，马克思坚持了早期关于异化劳动的观点，认为异化劳动会使得人类活动的目的发生改变，而且劳动的产物也将不再归工人所有而是被资本家占用。在此情况下，工人的劳动表现为异化的存在，仅仅是为了自己生存需要而被迫从事的劳动。

通过分析工资统治下的劳动现状，马克思提出"劳动力并不向来就是商品。劳动并不向来就是雇佣劳动"②。从历史上看，奴隶社会下，奴隶并非出卖自己的劳动给奴隶主，因为奴隶从属于奴隶主，奴隶的劳动也为奴隶主永久拥有。换言之，奴隶社会下根本不存在雇佣劳动，因为劳动者本身就不是商品而是奴隶主的所有物，所以根本不存在工资、劳动交换的问题。封建社会下，农奴也不是向土地所有者出卖劳动，而是在一定生产资料下劳动，得到劳动产品后向土地所有者上缴赋税。这表明封建社会下，土地所有者并不直接组织劳动、占有劳动产品，农奴并非通过向土地所有者领取报酬的方式出卖劳动，土地所有者是通过生产资料的占有向农民收取地租。那么，在什么情况下才会有雇佣劳动、劳动的商品化呢？马克思指出，在工人不隶属于所有者、不从属于土地，即在实现了"自由"劳动且不占有劳动生产资料的情况下，工人只能将劳动出卖给资本家，也就是实现了劳动的商品化。此时的工人必须通过出卖劳动换取生活资料以便延续自己的生命。如果工人不出卖自己的劳动，他

---

① 《马克思恩格斯文集》第 1 卷，人民出版社，2009，第 712 页。
② 《马克思恩格斯文集》第 1 卷，人民出版社，2009，第 716 页。

不可能获得任何收入，等待他的只有死亡。以此方式，工人"不是属于某个资产者，而是属于整个资产阶级，即资产者阶级"①，因为工人必须将劳动出卖给资产阶级的某一成员。

虽然劳动不向来都是商品，但在资本主义社会下，工人的劳动成为商品。更进一步的问题演化为作为商品的工人劳动的价格是如何决定的？在回答这个问题之前，马克思从市场中不断变动的价格的现象入手，首先解决了商品的价值问题。在马克思看来，商品的价格是"由买者和卖者之间的竞争即需求和供给的关系决定的。决定商品价格的竞争是三方面的"②。这三方面的竞争包括：一是卖者之间的竞争；二是买者之间的竞争；三是买者和卖者之间的竞争。这些频繁多样的竞争会造成商品价格的上涨和下跌，呈现出某种相互补充、相互抵消的高价和低价。在此背后，马克思揭示真正决定商品价格的是其生产费用。商品的价格表现为高于或者低于生产费用，而且价格是由生产费用决定的。进一步而言，生产费用决定价格。马克思指出，构成生产费用的是"（1）原料和劳动工具的损耗部分，即产业产品，它们的生产耗费了一定数量的工作日，因而也就是代表一定数量的劳动时间；（2）直接劳动，它也是以时间计量的"③，因此商品的生产费用（进一步表现为价格）是由商品生产的劳动时间所决定的。

同样，工资如同商品价格在市场中的表现一样，呈现出上下波动的态势。马克思认为，这是由资本家和工人之间的竞争所决定的必然现象。在手稿《工资》中，马克思进一步分析了生产力的提高、工人和企业家之间的竞争以及工人彼此之间的竞争对工资的影响。但是，归根结底，"劳动的价格是由生产费用即为创造劳动力这一商品所需要的劳动时间来决定的"④。在这里，创造劳动的劳动时间指

---

① 《马克思恩格斯文集》第 1 卷，人民出版社，2009，第 717 页。
② 《马克思恩格斯文集》第 1 卷，人民出版社，2009，第 717 页。
③ 《马克思恩格斯文集》第 1 卷，人民出版社，2009，第 721～722 页。
④ 《马克思恩格斯文集》第 1 卷，人民出版社，2009，第 722 页。

的是维持工人生命，并且把工人训练成工人的费用。有的工厂不需要特殊的训练，只需要保持生命的存在即可。在此意义上，工人劳动的价格直接等同于必要生活资料的价格。总而言之，"简单劳动力的生产费用就是维持工人生存和延续工人后代的费用"①——工资总是表现为最低工资额。在此意义上，马克思在手稿《工资》中注意到了最低工资额形成的条件，尤其是最低工资的国别差异，指出了生产力水平、国家的赋税等对于最低工资额变动的影响。

综上而言，马克思在劳动价值论的基础上，展示了劳动商品的历史形成过程，并且对作为购买劳动商品的价格的工资进行了深入分析，揭示了工资的本质及其现实表现。通过工资的方式，资本家实现对工人阶级的控制，不仅在宏观层面上使得工人阶级隶属于整个资本家，而且在微观层面上使得本为表现生命活动的劳动成为异化的、不自由的劳动。要言之，马克思在这部分突出了一个问题，即雇佣劳动的形成有其历史阶段性，也就是在特定发展阶段下的劳动的表现形式，即生产过程的历史性的问题。进一步地追问所要面临的问题是：什么使得劳动在此阶段表现为雇佣劳动？马克思对此的回答指向了资本。

二　资本概念的多重层次

采取商品生产条件下的雇佣劳动形式，是资本的经济实质，也是资本保持活力的原因。在分析了雇佣劳动与工资历史现象之后，马克思从现象深入本质，揭示了作为更深层形成原因的资本及其本质，并从资本的现实表现与本质相结合的角度展示了资本的现实特性。

首先，马克思批驳了以往经济学家关于资本问题的错误看法。马克思指出，经济学家们通常从人与自然关系角度理解资本，认为资本是积累起来的劳动，是原料、劳动工具和生活资料等，进而认

---

① 《马克思恩格斯文集》第 1 卷，人民出版社，2009，第 723 页。

为人类社会中的生产资料都是资本，从而将资本视为超越历史的事物。就此而言，马克思强调："黑人就是黑人。只有在一定的关系下，他才成为奴隶。纺纱机是纺棉花的机器。只有在一定的关系下，它才成为资本。脱离了这种关系，它也就不是资本了，就像黄金本身并不是货币，砂糖并不是砂糖的价格一样。"[1] 要言之，必须从人与人之间的社会关系的历史发展角度理解资本的本质。

其次，马克思强调了资本真正的本质在于社会生产关系。得益于历史唯物主义理论的新进展，马克思从物质生产领域出发而又不停留于物质层面，指出人们在生产中必然发生联系和关系，即生产者通过生产活动结成了生产关系。马克思指出，生产之中必然形成一定社会生产关系，并且它是随着"物质生产资料、生产力的变化和发展而变化和改变的"[2]。以此出发，马克思得出了"资本也是一种社会生产关系"[3] 的重要结论。在马克思看来，无论是生活资料、劳动工具、原料，还是资本主义社会下的商品，它们都是在资本主义生产关系下生产出来，并进一步用于资本主义生产。无论物质的具体形态如何，只要处于资本主义关系中，服务于资本主义生产过程，它们都会成为资本的一部分。可以看出，通过这种生产关系的作用，资本主义社会下各类物质资料、劳动产品、价值都具有了特殊的属性。马克思通过本真的考察，剥离了繁复多样的物质载体表象，得出了资本作为生产关系的本质。

最后，资本的本质在于社会生产关系，但是在现实的经济运行中通常有三种表现形式。第一，从资本的物质属性而言，资本是已经资本化的生产要素。各类生产要素天生不是资本，但是后天转化为了资本。由于资本投入生产时必须购买用于物质生产的各种要素，因此原料、工具等表现为资本经过交换而得的物质资料。在此意义上，资本表现为物质产品，且必然以具有使用价值的物质要素为载

---

[1] 《马克思恩格斯文集》第1卷，人民出版社，2009，第723页。
[2] 《马克思恩格斯文集》第1卷，人民出版社，2009，第724页。
[3] 《马克思恩格斯文集》第1卷，人民出版社，2009，第724页。

体。资本的物质形式天然包含两个方面内容：一方面，原料、劳动工具等共同构成了物质生产资料，这是生产劳动所必需的客观的生产资料；另一方面，劳动者的劳动是由生活资料交换而来，生活资料成为资本的物质形式之一，也是实现生产的关键物质形式。由此可见，资本主义社会中的原料、劳动工具、生活资料等这些日常所见的物质资料，都成为资本，呈现为资本的物质载体。总结而言，这些物质资料并非天然是资本，而是在资本主义社会下成为资本，即处于资本主义生产关系之下。

第二，从资本的价值属性而言，资本表现为交换价值的总和。无论是生活资料，还是生产工具和原料，都首先表现为商品，并且是能够与别的产品交换的产品。通过剥离出价值属性，资本不仅仅指向物质层面，而且上升到价值层面。也就是说，商品必然以一定的交换价值体现出来，即体现为一定量的货币，从而具有了价格规定性。正如马克思指出的，"资本的躯体可以经常改变，但不会使资本有丝毫改变"①。价值的抽象性，使得资本可以游离于各项物质资料之中，同时又能保持自己的属性。在此意义上，马克思强调，资本是"社会定量的总和"，也就是交换价值的总和。由上可见，无论是资本作为物质载体还是价值总和，实际突出了资本主义生产关系在现实中表现出的二重性，即作为使用价值和交换价值的集合体。

第三，从资本的占有属性而言，资本是使用活劳动的私人积累起来的劳动。与资产阶级经济学家从单纯物质属性角度定义生产资料与资本不同的是，马克思强调了从人与人的关系角度考察生产资料。在马克思看来，无论是具有什么物质形式的产品，都是人类的劳动产物，即劳动产品。但是，作为资本的物质资料，其表现为"积累"起来的劳动，即实现了原有劳动产品的保存。不仅如此，劳动产品的保存"只是由于积累起来的、过去的、对象化的劳动支配直接的、活的劳动，积累起来的劳动才变为资本"②，即资本是对象

---

① 《马克思恩格斯文集》第 1 卷，人民出版社，2009，第 725 页。
② 《马克思恩格斯文集》第 1 卷，人民出版社，2009，第 726 页。

化劳动积累起来的成果。换言之，资本在其现实上表现为具有支配关系的积累起来的劳动。在此关系下，积累起来的劳动具有了新的作用手段与能力：一方面，积累起来的劳动成为活劳动从事新生产的手段，确保了劳动的持续进行与活劳动的使用；另一方面，从价值本质而言，当积累起来的劳动成为资本时，它便成为活劳动的吸收器，通过与活劳动相交换保持自己的价值，并不断实现自身价值的扩大。要言之，积累起来的劳动在使用活劳动的过程中，不仅保存了价值，还增加了交换价值。在此意义上，资本是积累起来的劳动并被用来支配活劳动，也就是以劳动产物为载体的经济权力。可以说，马克思利用劳动价值论研究的重要成果，开始从劳动与价值的内在关系上探讨资本的本质，从价值问题回归到更本质的劳动问题。

三　劳资对立下的劳动嬗变

马克思在揭示了资本主义社会下雇佣劳动与资本的内涵与本质之后，紧接着转入了对资本与劳动关系问题的探讨，并就生产资本发展情况下劳动的改变与工人的异化做出了准确判断。

马克思指出，工人与资本家交换的关键在于生活资料。工人通过出卖劳动向资本家获取生活资料，资本家则通过生活资料换取劳动，并利用工人的劳动创造新的产品。此时的马克思已经注意到了劳动产物的剩余问题，认为"工人通过这种创造力量不仅能补偿工人所消费的东西，并且还使积累起来的劳动具有比以前更大的价值"[1]。这表明，工人为了换取生活资料向资本家出卖劳动便失去了最宝贵的生命活动，从而成为资本扩大自身的工具。

由于资本为了保持生产必须获取劳动、劳动为了获取生活资料也必须向资本出卖劳动，资本与劳动的关系便成为"资本以雇佣劳动为前提，而雇佣劳动又以资本为前提。两者相互制约；两者相互产生"[2]。换言之，资本与雇佣劳动之间既对立又统一。就二者的统

---

① 《马克思恩格斯文集》第 1 卷，人民出版社，2009，第 726 页。
② 《马克思恩格斯文集》第 1 卷，人民出版社，2009，第 727 页。

一性而言，资本的增加意味着雇佣工人数量的增多、工人阶级范围的扩大；雇佣工人人数的增加也就是资本的扩大，二者之间呈现出相互支撑的关系。就二者的对立性而言，在完成资本与劳动的交换后，工人通过劳动换取工资，资本通过劳动实现利润。利润与工资共同构成了积累起来的劳动。在这对关系范畴内，马克思指出，利润与工资尖锐对立："工资和利润是互成反比的。资本的份额即利润越增加，则劳动的份额即日工资就越降低；反之亦然。利润增加多少，工资就降低多少；而利润降低多少，则工资就增加多少。"① 因此，在资本与雇佣劳动的生产关系内，"资本的利益和雇佣劳动的利益是截然对立的"②。

在确认了资本与雇佣劳动对立的关系后，马克思进一步指出了在资本不断扩张和发展的情况下劳动异化的现状。马克思指出随着生产资本的不断扩大，生产劳动不断发生如下变化。一方面，为了提高劳动生产率，资本不断推动着生产分工。生产分工使一个工人能够工作得更有效率，甚至完成更多人的工作，从而迫使工人必须竞争。不仅如此，分工的细化后，单个工人的劳动愈加简单："工人的特殊技巧失去任何价值。工人变成了一种简单的、单调的生产力，这种生产力不需要投入紧张的体力或智力。他的劳动成为人人都能从事的劳动了。"③ 可见，分工的发展加剧了工人之间的竞争、导致工资的降低，还通过劳动的分化使得再生产一个合格的工人的成本降低——工人的工资无可避免地降低。另一方面，机器在生产中的运用也直接影响了工人的劳动。机器的使用大量地替代了工人的劳动，使得工人被排挤出生产部门，更进一步加剧了工人之间的竞争。无论是分工还是机器的使用，都使得劳动愈加不能给人以劳动的乐趣，而是让工人越发厌恶劳动。

由上可知，马克思此时已经在概念上区分了劳动过程与生产过

---

① 《马克思恩格斯文集》第 1 卷，人民出版社，2009，第 732 页。
② 《马克思恩格斯文集》第 1 卷，人民出版社，2009，第 734 页。
③ 《马克思恩格斯文集》第 1 卷，人民出版社，2009，第 739 页。

程，并确认了劳动过程的一般性、雇佣劳动的历史性以及资本主义生产过程的特殊性。首先，马克思承认劳动过程的一般性质，认为无论在什么社会，劳动总是一般性地存在于各个社会之中，因为劳动是人类生存和发展的基础。其次，劳动在资本主义社会下表现为雇佣劳动。马克思分析了作为商品的劳动的本质，指出了通过劳动换取工资的雇佣劳动的历史阶段性，得出了"劳动并不向来就是雇佣劳动"① 的结论。最后，马克思指出使得劳动表现为雇佣劳动的根源在于资本主义生产关系，即资本主义生产过程的特殊性。马克思指出，正如黑人在一定关系下才表现为奴隶，劳动在资本关系下表现为雇佣劳动，作为资本主义社会的生产关系，资本使得劳动过程具备了特殊性质。在此情况下，资本主义生产过程展现为特殊的生产方式，即资产阶级社会下通过雇佣劳动实现的生产。至此，马克思通过对异化劳动理论的挖掘，最终形成了劳动过程理论的雏形，确认了异化劳动是劳动过程在资本主义生产关系下的呈现形式。

---

① 《马克思恩格斯文集》第 1 卷，人民出版社，2009，第 716 页。

第三章

劳动过程视域下的异化劳动

1848 年席卷欧洲的革命爆发。由于直接投身革命事业，马克思中断了政治经济学研究。然而，欧洲的革命遭到了资产阶级残酷的镇压。严峻的现实使得马克思不断迁居，直至 1848 年 8 月抵达了他人生中的最后一站——伦敦。在英国这个当时资本主义生产最发达、资本主义经济关系发展最充分的国家，马克思恢复了他的政治经济学研究。从 1850 年开始，马克思在大英博物馆利用当时能够找到的各类政治经济学著作、经济发展数据、介绍科学技术的书籍等展开对政治经济学的思考、批判与理论构建。至 1853 年底，马克思已经撰写了 24 个笔记本的笔记，包括马克思读书时的摘录、评论等相关读书笔记，后称《伦敦笔记》。1856 年，有感于即将来临的资本主义危机，马克思在《伦敦笔记》研究的基础之上，抓紧投入政治经济学的研究，于 1857～1858 年撰写了共计 8 个笔记本的《政治经济学批判（1857—1858 年手稿）》。在该著作中，马克思提出了"五篇结构计划"①。作

---

① "五篇结构计划"是马克思在《政治经济学批判（1857—1858 年手稿）》的导言中按照抽象上升到具体的原则提出的对《政治经济学批判》著作的构想："（1）一般的抽象的规定，因此它们或多或少属于一切社会形式，不过是在上面所阐述的意义上。（2）形成资产阶级社会内部结构并且成为基本阶级的依据的范畴。资本、雇佣劳动、土地所有制。它们的相互关系。城市和乡村。三大社会阶级。它们之间的交换。流通。信用事业（私人的）。（3）资产阶级社会在国家形式上的概括。就它本身来考察。'非生产'阶级。税。国债。公共信用。人口。殖民地。向国外移民。（4）生产的国际关系。国际分工。国际交换。输出和输入。汇率。（5）世界市场和危机。"（《马克思恩格斯全集》第 30 卷，人民出版社，1995，第 50 页）

为该时期研究的重要成果，马克思在 1859 年 6 月出版了《政治经济学批判（第一分册）》。在该著作中，马克思公布了他的"六册结构计划"①，并按照"六册结构计划"进行政治经济学批判。在《政治经济学批判（第二分册）》的写作过程中，马克思不断扩充材料、整理思路，在 1861～1863 年写下共计 23 个笔记本的著作，即《政治经济学批判（1861—1863 年手稿）》。然而，在写作《政治经济学批判（1861—1863 年手稿）》时，马克思于 1862 年再度改变思路，决定以"资本论"为标题，将《政治经济学批判》作为其副标题："第二部分终于脱稿，只剩下誊清和付排前的最后润色了。这部分大约有 30 印张。它是第一分册的续篇，将以《资本论》为标题单独出版，而《政治经济学批判》只作为副标题。其实，它只包括本来应构成第一篇第三章的内容，即《资本一般》。"② 此时的马克思决定以"资本论"为标题进行写作，并在 1863～1865 年撰写了《资本论》的手稿。但是在马克思 1867 年出版《资本论》第一卷德文第一版时，没有将《资本论（1863—1865 年手稿）》中的第六章"直接生产过程的结果"收入其中，而这一章本是马克思写作《资本论》第一册和第二册之间的过渡章节。

在马克思研究政治经济学的过程中，尤其是在为写作《资本论》的准备过程中留下了上述丰富的政治经济学批判手稿。这些手稿与正式出版的著作不同，直接体现了马克思思想的痕迹，尤其在理论逻辑、表达术语等方面存在一定的差异。不仅如此，这些手稿蕴含着丰富的理论储备，尤其在异化劳动与劳动过程理论方面有着较大的理论进展，即马克思从资本逻辑出发充分展现了与早期思想不同的理论路径。其中，马克思的《政治经济学批判（1857—1858 年手稿）》和《政治经济学批判（1861—1863 年手稿）》对资本逻辑的考

---

① 马克思在《政治经济学批判（第一分册）》的序言中提出的政治经济学著作的"六册结构计划"为"资本、土地所有制、雇佣劳动；国家、对外贸易、世界市场"（《马克思恩格斯全集》第 31 卷，人民出版社，1998，第 411 页）。
② 《马克思恩格斯文集》第 10 卷，人民出版社，2009，第 196 页。

察具有相当程度的一致性，并在此过程中初步形成了劳动过程理论，强调了异化劳动与劳动过程的直接连接性。没有收入《资本论》的手稿"直接生产过程的结果"反映出马克思的逻辑思路已经出现转变，而这种逻辑转变在《资本论》中得到充分印证。本章试从这三个手稿入手，展示马克思对于劳动过程的分析，梳理马克思从劳动过程入手对异化劳动展开的政治经济学批判的理论发展路径。

第一节　资本与劳动对立下异化劳动的结构性批判

《政治经济学批判（1857—1858 年手稿）》是马克思思想发展中重要的"思想驿站"。马克思曾在 1858 年 11 月 12 日给斐迪南·拉萨尔的信中称：　"它是 15 年的即我一生中的黄金时代的研究成果。"[1] 在此时期，马克思确立了从货币到资本，资本与劳动交换的理论与现实发展进程，认识到特殊的资本主义生产过程下，对象化劳动与活劳动尖锐对立的事实。由此，马克思区分了资本主义生产过程的特殊性和作为物质生产承担者的劳动过程的一般性，并在劳动过程向资本主义生产过程发展的历史阶段中确认了异化正是"劳动的客观条件对活劳动能力的客观的漠不相干性即异己性"[2]。可以说，对异化劳动的持续关注引发了马克思对特殊的资本主义生产过程的分析，由此发掘了非历史性的劳动过程，进而形成了较为完整的劳动过程理论。

一　从货币到资本的逻辑转换

马克思在探讨资本的问题之前，首先描摹了货币的形成过程，并在此过程中深化了对劳动价值论的理解，初步探讨了商品二重性理论，为资本逻辑的构建奠定了初步基础。在此过程中，马克思多

---

① 《马克思恩格斯文集》第 10 卷，人民出版社，2009，第 167 页。
② 《马克思恩格斯全集》第 30 卷，人民出版社，1995，第 443 页。

次强调了他的叙述逻辑："有必要对唯心主义的叙述方式作一纠正，这种叙述方式造成一种假象，似乎探讨的只是一些概念规定和这些概念的辩证法。因此，首先是弄清这样的说法：产品（或活动）成为商品；商品成为交换价值；交换价值成为货币。"①

首先，马克思展示了从商品二重性理论推至交换价值的发展逻辑。《政治经济学批判（1857—1858年手稿）》从对达里蒙的《论银行改革》的货币理论谈起，批判了蒲鲁东主义从流通关系中消除资本主义危机、改进资本主义制度等错误看法，并深入分析了货币关系，揭示了货币关系的起源。在对货币进行分析的过程中，马克思提出了自己的价值理论，指出"一切商品（包括劳动）的价值（实际交换价值），决定于它们的生产费用，换句话说，决定于制造它们所需要的劳动时间。价格是这种用货币来表现的商品的交换价值"②。可见，马克思不仅仅局限于货币关系的分析，而是深入货币所表现的商品问题，即进入对商品本质的分析。马克思在坚持劳动价值论的基础上提出了商品生产的二重性理论，认为："只是由于商品取得了二重存在，除了它的自然存在以外，它还取得了一个纯经济存在；在纯经济存在中，商品是生产关系的单纯符号，字母，是它自身价值的单纯符号。"③ 商品在具有自身价值外，还获得了交换价值，而交换价值正是商品在实际交换中所必需的经济形式。由此，商品在交换中实际上展现出二重性：一方面是作为自然的产品具有价值，另一方面是作为社会产品具有交换价值。

其次，马克思从交换价值的发展中指出了货币的起源和属性。商品的属性决定了商品在交换中必先将其转换为交换价值才能与其他商品进行交换。因此商品的交换必须通过交换价值的形式决定，而"同各种商品本身相脱离并且自身作为一种商品又同这些商品并

① 《马克思恩格斯全集》第30卷，人民出版社，1995，第101页。
② 《马克思恩格斯全集》第30卷，人民出版社，1995，第84~85页。
③ 《马克思恩格斯全集》第30卷，人民出版社，1995，第90页。

存的交换价值，就是货币"①。货币的起源，在马克思看来，在于商品二重性存在的外化，也是交换过程内在矛盾发展的必然结果。在货币的发展过程中，货币与社会生产的发展和交换有着内在联系。马克思指出，随着生产发展，分工愈加广泛，普遍的交换日益成为现实，对交换价值和货币的需求也就越大，也就是马克思所说的："生产者在多大程度上依赖于交换，就使交换在多大程度上与生产者相对立而独立。"② 至于形成该关系的历史条件方面，马克思认为，一方面是人与人之间依赖关系的解体，另一方面则是生产者之间全面的依赖。这意味着人从原始共同体之中解放出来，并在生产中结成了普遍的依赖关系，使得生产日益成为社会性的事物。只有在生产分工的普遍社会化下，人自身需要的满足才会日益取决于他人的生产，人所从事的生产也逐渐依赖他人所生产的产品，即人与人之间的关系转化为以物为中介的人与人的关系。在此情况下，社会联系表现为交换价值，并进一步发展成为货币关系，也就是马克思所言的"他在衣袋里装着自己的社会权力和自己同社会的联系"③ ——货币关系也就成为人与人之间联系构建的重要节点。由上，马克思明确了从劳动产品到社会商品，从商品到交换价值，再从交换价值到货币转换的逻辑关系，而这理论逻辑毫无疑问与现实历史的发展相一致。这一点在马克思之后的著作中得到了更加详细的证明。

最后，马克思还从货币关系的发展中指出了货币向资本转换的必然结果。马克思指出，随着生产发展，交换价值日益成为社会生产的客观基础。以获取交换价值为目的的生产包含着对人的强制，它在流通领域所带来的平等与自由不过是一种理想化的纯粹观念，一旦进入生产领域就可以发现这不过是理想化的产物。可见，从流通到生产的发展是货币向资本转换的关键，而"在交换价值和货币

---

① 《马克思恩格斯全集》第 30 卷，人民出版社，1995，第 94 页。
② 《马克思恩格斯全集》第 30 卷，人民出版社，1995，第 101 页。
③ 《马克思恩格斯全集》第 30 卷，人民出版社，1995，第 106 页。

的简单规定中已经潜在地包含着工资和资本的对立等等"①。不仅仅停留在货币关系上，马克思还注意到了货币关系所蕴含的更高级的形式，指出"作为资本的货币是超出了作为货币的货币的简单规定的一种货币规定"②，即资本的发展是在价值形成后的结果，价值关系也就成为资本形成的前提，因为流通是形成资本的前提，只有在流通中货币积累起来才能够形成资本。因此，货币起源于流通并在流通中保存自己，进而在流通中不断实现交换价值的运动。在这一过程中，"资本交替地成为商品和货币"③。这里的商品并不是特殊的、个别的商品，而是商品总体。资本在运动中不断采取商品和货币形式，在特定形式的转换下实现并保存自身。因此，资本的特征即为："在流通中并通过流通保存自己，并且使自己永存的交换价值的规定性。"④

马克思在这里展示了资本运动过程中不断上升的资本逻辑，即从商品二重性出发，推至交换价值的产生与发展，并展示了从交换价值到货币再到资本的转变逻辑。此时的资本不仅包含了交换价值的规定性，还在更高层次上包含了商品和货币两种呈现形式，体现了作为交换价值最高形式包含的各类属性特征。

二 资本与劳动对立关系的形成

随着资本的形成与发展，资本以货币和商品形式为其交换价值。在此背景下，资本的对立面，即资本的否定、非资本的方面，且与资本的交换价值相对立的使用价值只能是劳动，由此便产生了资本与劳动的对立的问题，尤其表现为异化的、异己的对立关系。

马克思首先解释了与资本对立的只能是劳动的原因。第一，资本的形成标志着货币关系达到了顶峰：资本是超出了货币关系的货

---

① 《马克思恩格斯全集》第 30 卷，人民出版社，1995，第 203 页。
② 《马克思恩格斯全集》第 30 卷，人民出版社，1995，第 206 页。
③ 《马克思恩格斯全集》第 30 卷，人民出版社，1995，第 218 页。
④ 《马克思恩格斯全集》第 30 卷，人民出版社，1995，第 218 页。

币规定，因而是货币关系的最高形式。作为使用价值的商品也不再
与资本相对立，因为商品的形式和内容已经成为无关紧要的东西，
仅仅表现为一般商品，成为资本的表现形态之一。第二，资本的本
性在于追求价值增殖。马克思指出，作为有一定额度和数量单位的
货币，货币是可以计量的，而资本则是追求自身的无限扩大。另外，
货币在同商品交换时会失去自身的价值规定，而资本在同对象交换
时仍能保持自己的价值规定。因此，资本的有用性或其使用价值必
须表现为保存和增大资本。第三，资本会以商品形式出现，而商品
是对象化的劳动。马克思认为资本本身表现为"任何一种商品"，也
就是商品全体，因此资本与商品并不直接对立。由于商品是对象化
的劳动，资本则不可能与对象化劳动相对立，只能与非对象化的劳
动，即主体性的劳动相对立。马克思以时间和空间化的劳动解释了
这一问题，指出对象化劳动"即在空间上存在的劳动，也可以作为
过去的劳动而同在时间上存在的劳动相对立"①。这里在时间上存在
的劳动即为活的主体、劳动能力，它能够将劳动时间注入空间上存
在的劳动，制作出凝结着劳动价值的产品。由上，马克思确认了
"能够成为资本的对立面的唯一的使用价值，就是劳动〔而且是创造
价值的劳动，即生产劳动"②。

　　在确认了劳动与资本对立的必然结果后，马克思具体分析了资
本与劳动的交换方式。马克思指出，资本与劳动交换的过程可以分
解为两个形式和内容完全不相同的对立的过程。从工人的角度看，
工人出卖自己的劳动，将自己的劳动打包为商品，通过让渡给资本
获取一定的货币额。从资本的角度看，资本换取的劳动力是创造价
值的活动，即通过劳动使得资本保存自身并且实现了自身的增殖，
这也意味着资本将劳动纳入了资本的生产和再生产之中。为了进一
步揭示劳动与资本的交换的本质，马克思将其与简单交换作了对比。
马克思指出，上述两个过程在时间上并不是连续的，而且是不必同

---

① 《马克思恩格斯全集》第 30 卷，人民出版社，1995，第 230 页。
② 《马克思恩格斯全集》第 30 卷，人民出版社，1995，第 230 页。

时发生的。劳动与资本的交换一般先于资本使用劳动力，也就是工资的支付不必等到劳动的完成。在这里，"用货币交换来的东西的使用价值表现为特殊的经济关系，用货币交换来的东西的一定用途构成两个过程的最终目的"①。这正是资本与劳动的交换同简单交换的重要区别。在资本与劳动交换的两个环节上，只有第一个行为称得上交换，是属于流通范畴；第二个行为并不是交换过程，而是生产过程，因此并不能划入流通领域。

更进一步，马克思揭示了与资本交换的劳动的本质及发展进程。《政治经济学批判（1857—1858 年手稿）》的一个重要理论进展在于劳动价值论的突破。马克思指出，工人在这里通过交换所获的是作为铸币的货币，而工人会用这些货币购买生活资料。可见，工人交换的目的在于获取生活资料，而不是财富积累。在这场交换中，工人拿出来交换的东西正是一定时间内对劳动能力的支配权，即劳动力。劳动力的买卖可以重复进行，工人能够在生命期间不断进行此项交易，而资本家最大的愿望就是让工人尽可能不间断地使用这种生命力。在此基础上，劳动和资本的关系在交换中也不断改变着二者的关系。劳动和资本起初是简单的交换，即工人购买交换价值，资本家获取使用价值。但是，随着资本的运作，工人进行的是 W—G—G—W 的流通，即工人在流通中以自身为商品，并经货币中介最终获得了消耗的商品（生活资料）。资本则是相反的运动，采取了 G—W—W—G 的运动形式，即以商品为中介，最终创造了更大的价值。由此，劳动愈加从属于资本，资本依托劳动力的买卖实现了不断的增殖。

由此可知，马克思在讨论劳动与资本交换的确立时得出了关于资本主义生产过程的重要结论，指出资本与劳动的特殊关系赋予了资本主义生产方式特殊的形式："生产关系的即范畴的——这里指资本和劳动的——特殊规定性，只有随着特殊的物质生产方式的发展

---

① 《马克思恩格斯全集》第 30 卷，人民出版社，1995，第 233 页。

和在工业生产力的特殊发展阶段上，才成为真实的。"① 一旦资本和劳动对立完全确立，这种关系会使得生产方式发生改变，表现为劳动并入资本的生产过程。

三　对象化劳动与活劳动相异化的确立

一旦资本形成之后，与资本直接对立的便是劳动——资本与劳动的对立由此构成了资本主义发展的重要线索。在资本与劳动相交换的生产关系下，马克思从资本生产的物质生产承担者——劳动过程出发，揭示了异化劳动正是根源于对象化劳动对活劳动的吸收与统治。马克思指出，在交换价值向资本发展过程中，劳动过程尚未完全并入资本。资本在其物质条件上可以分为质上不同的部分：劳动材料、劳动资料和活劳动。劳动材料和劳动资料又被马克思称为"原料和劳动工具"，更重要的是表现为"对象化劳动"，因为原料和劳动工具都是"本身已经是对象化劳动，是产品了"②。活劳动则为工人生命力的表现，而劳动力的使用正是工人出卖自己劳动后在一定时间内展现出来的劳动。因此，资本在这里呈现出对象化劳动与活劳动的直接对立。

当劳动并入资本，资本主义生产过程逐渐形成时，对象化劳动和活劳动不断发生着关系。一方面，对象化劳动和活劳动等要素的"运动的统一"是劳动过程。这意味着劳动材料、劳动资料和活劳动共同加入了劳动过程本身，劳动过程本身可以分解为对象化劳动和活劳动之间的运动作用。另一方面，对象化劳动和活劳动的"静止的统一"是劳动产品，是劳动各个要素融合的直接结果。马克思在考察了对象化劳动和活劳动的关系之后得出了三个结论。第一，劳动被占有和并入资本，资本进入了生产过程。在这个生产过程中，活劳动与对象化劳动不断发生关系。第二，在简单流通中，商品和货币成为流通的中介。这意味着，商品和货币都是交换价值的直接

---

① 《马克思恩格斯全集》第 30 卷，人民出版社，1995，第 255 页。
② 《马克思恩格斯全集》第 30 卷，人民出版社，1995，第 257 页。

表现，在实际流通中不断交替出现，而此时出现的商品和货币形式与规定显得无关紧要，仅仅是资本运动中的环节和组成部分。第三，资本只是自在地表现该关系，并没有发展至更高层次的运行逻辑。异化，正是劳动的过程及其结果所带来的必然产物，而这正可以追溯到对象化劳动和活劳动的关系。

从"运动的统一"的劳动过程看，对象化劳动不断占有和使用活劳动，以至于二者产生强烈的异己性。首先，马克思指出，由于资本"把它的对象存在的一部分同劳动相交换，它的对象存在本身就在自身内部分为对象和劳动；两者的关系构成生产过程，或者说得更确切一些，构成劳动过程"①。与以往资产阶级经济学家不同，马克思区分了非历史性的劳动过程和历史性的资本主义生产过程，指出劳动过程先于价值出现，本是表现为纯粹的、一般的物质活动，因而存在于一切社会，但在资本主义生产关系下表现了资本主义生产过程。其次，在资本主导的生产下，社会生产力的发展只会使得支配劳动权力的增大。马克思指出，劳动对资本具有使用价值，成为资本价值增殖的中介活动；劳动对工人仅有交换价值，使得工人愈加受制于预先存在的交换价值。可见，劳动对资本和工人的意义截然不同，其结果只能是资本与工人的愈加对立。随着"社会生产力的一切增长，也可以说劳动本身的生产力的一切增长，如科学、发明、劳动的分工和结合、交通工具的改善、世界市场的开辟、机器等等所产生的结果，都不会使工人致富，而只会使资本致富"②，社会生产力与劳动的异己性愈加凸显。最后，资本的演化发展意味着对象化劳动力量的增强，对活劳动能力控制更加深入全面。不仅仅着眼于一般资本，马克思还注意到了资本在发展过程中采取的不同形式，如固定资本和流动资本的形式对劳动过程的影响。马克思指出，"固定资本的发展也表明财富一般发展的程度，或者说资本发

---

① 《马克思恩格斯全集》第30卷，人民出版社，1995，第263页。
② 《马克思恩格斯全集》第30卷，人民出版社，1995，第267页。

展的程度"①，而固定资本采取的"最后的形态"就是机器。机器的使用意味着对象化劳动采取了极致状态，它极大地提升了劳动生产力，但也最大限度否定必要劳动，使得劳动过程深入整合至机器的运作过程，进而活劳动彻底为对象化劳动所支配。

从"静止的统一"的劳动结果看，劳动产品是包含着剩余价值的产品，因为劳动过程还表现为价值增殖过程。马克思从具体的劳动过程入手，指出资本主义下"产品的价值 = 原料的价值 + 劳动工具已被消耗的部分的、即已转移到产品上的、扬弃了其原来形式的那一部分的价值 + 劳动的价值"②。马克思在这里首先假设了资本支付给工人的交换价值正好与工人通过劳动在生产中创造的价值相等的情况，指出在这种情况下，工人将会得到劳动创造出来的超过预存价值的部分，即工人得到工资，而资本家获取了产品。但是在实际情况中，资本在生产过程结束时产生了剩余价值，原因在于上述公式中价值的实现和分配出现了变化。其中，对象化在原料和工具中的劳动时间不变，对象化劳动的价值会被损耗或者转移至劳动产品上。问题的关键在于劳动的交换价值虽然是一定的，但是劳动在使用过程中会创造出大于其自身交换价值的价值。马克思举例说，如果维持工人一个工作日的生存需要一个工作日，那么资本将无法获利，因而不可能保持自身，更不可能实现自身的增殖。如果维持工人一个工作日的生存只需半个工作日，半个工作日自然构成了剩余价值，因为后半个工作日的劳动价值是资本家不需经过交换便直接获得的价值。在此意义上，后半个工作日就是强制劳动、剩余劳动。通过这种剩余价值的生产，资本家便无偿得到了双重的东西："第一，得到了增加他的资本价值的剩余劳动，第二，同时得到了活劳动的质，这种质使物化在资本的各个组成部分中的过去劳动得到保存，从而使原有的资本的价值得到保存。"③ 这意味着，资本的增

---

① 《马克思恩格斯全集》第 31 卷，人民出版社，1998，第 102 页。
② 《马克思恩格斯全集》第 30 卷，人民出版社，1995，第 272 页。
③ 《马克思恩格斯全集》第 30 卷，人民出版社，1995，第 333 页。

殖源于资本获得了创造一个超过等价物的价值，并在这种增殖中获得了自我保存。

综上而言，马克思在《政治经济学批判（1857—1858 年手稿)》已经形成了较为完整的劳动过程理论，并且对资本主义生产过程所导致的异化劳动的产生过程与特征有了准确的判断。首先，马克思区分了劳动过程的一般性与资本主义生产过程的特殊性。马克思指出，劳动过程具有抽象性和纯粹的物质性。这些性质是一切生产形式所共有的，也是价值产生的逻辑起点。随着价值的出现以及劳动与资本对立的确定，劳动过程不再仅仅具备单纯的物质形式，而是"又在资本内部表现为在资本的物质内部进行的过程、构成资本内容的过程"①，即一般的劳动过程在资本主义下表现为特殊的资本主义生产过程。由此，马克思确认了劳动过程与资本主义生产过程为一般与特殊的关系。其次，价值增殖的特性成为资本主义生产过程中的重要特征，这种特殊的生产关系使得资本在生产过程结束时具有剩余价值。与纯粹的劳动过程不同，资本主义生产过程中通过对象化劳动对活劳动的支配，实现了价值增殖，作为生产结果的剩余价值构成了价值增殖的主要内容。最后，异化就是在资本主义生产关系下劳动过程的必然结果。劳动异化在资本主义社会凸显为劳动过程中客体与主体的异化，也就是资本对雇佣劳动的关系中"劳动即生产活动对它本身的条件和对它本身的产品的关系所表现出来的极端异化形式"②。由此可见，马克思在《政治经济学批判（1857—1858 年手稿)》中仍然大量使用了异化概念，尤其强调了劳动过程中的劳动主客体的异化。可以说，正是在马克思对异化劳动理论和现实不断深挖的过程中，劳动过程理论逐渐成形；在劳动过程理论的范畴和逻辑上逐渐明确时，异化劳动理论也具备了更加坚实完整的理论基础——异化劳动理论和劳动过程理论因此密切联系在了一起。

---

① 《马克思恩格斯全集》第 30 卷，人民出版社，1995，第 263 页。
② 《马克思恩格斯全集》第 30 卷，人民出版社，1995，第 511~512 页。

第二节　劳动与资本关系的转变
及异化劳动的历史演进

在完成《政治经济学批判（1857—1858 年手稿）》的写作以及出版《政治经济学批判（第一分册）》后，马克思于 1861 年继续进行政治经济学的批判工作，并完成了 23 个笔记本的《政治经济学批判（1861—1863 年手稿）》。在异化劳动和劳动过程理论方面，《政治经济学批判（1861—1863 年手稿）》基本延续了《政治经济学批判（1857—1858 年手稿）》关于"资本一般"的思路，从货币转化为资本的视角探讨了资本逻辑的演变，并就劳动过程的变化作了重点论述。在《政治经济学批判（1861—1863 年手稿）》中，马克思第一次系统地论述了绝对剩余价值和相对剩余价值生产的理论，并结合资本主义历史中劳动对资本的关系问题，从历史和理论相结合的角度细致地描绘出劳动过程如何一步步依附和从属于资本的历史阶段。要言之，《政治经济学批判（1861—1863 年手稿）》与《政治经济学批判（1857—1858 年手稿）》在理论逻辑方面一脉相承，但是补充了有关劳动过程对资本的从属阶段的理论，从而完善了劳动过程理论。

一　绝对剩余价值和相对剩余价值生产

马克思坚持并重申了之前的经济学手稿中的观点，认为资本主义生产过程既是劳动过程又是剩余价值的生产过程。马克思首先用劳动时间衡量生产过程中对象化劳动与活劳动交换的比例，称工人保存自身、维持工人阶级所必需的劳动时间为"必要劳动时间"。必要劳动时间不仅对于维持工人阶级的存在是必要的，而且对于保存预付资本和资本的再生产都具有重要意义。与必要劳动时间相对应的是剩余劳动时间，也就是剩余价值。马克思在《政治经济学批判（1861—1863 年手稿）》中指出："计量劳动能力本身的交换价值的那一段劳动时间同劳动能力作为使用价值被使用的那一段劳动时间的这个差数是劳动能力在它的交换价值所包含的劳动时间之外劳动的时间，也就是高于劳动能力原先的价值而劳动的时间，作为这样的劳动时间就是剩余劳动——剩余价值。"① 简单而言，剩余价值即为工人超过必要劳动时间无偿为资本家劳动的劳动时间。可见，用于商品生产的劳动力所生产出来的、高于劳动的交换价值的价值，就是所谓剩余价值，劳动过程因而也就成为剩余价值的生产过程。马克思更进一步指出，"剩余价值的这种形式是绝对的。它存在于以阶级对立——一方是生产条件的占有者，另一方是劳动的占有者——为基础的一切生产方式中"②，即确认了剩余价值生产的普遍性。

在确立了资本主义剩余价值生产的普遍性之后，马克思系统分析了绝对剩余价值和相对剩余价值生产。与《政治经济学批判（1857—1858 年手稿）》从相对剩余价值入手不同，马克思在《政治经济学批判（1861—1863 年手稿）》中首先分析了绝对剩余价值的生产，并通过比较剩余劳动与必要劳动的比例进行了分析。在马克思看来，剩余劳动量或者剩余劳动时间是由劳动能力的保存情况决定的。资本家支配劳动力的程度在于保证劳动力不被破坏，而且通过一定的工资保持工人的再生产能力，因而劳动能力被消费的程度总有一定界限。马克思借用康德哲学的"二律背反"的概念形容使用劳动力时出现的矛盾：一方面劳动力出卖时，资本和劳动的关系内不会产生剩余劳动的界限；另一方面，劳动能力在保存和再生产时会产生自然界限。在现代工业中，资本的无限贪求只会延长工人的劳动时间，并且通过雇佣更多的工人扩大剩余价值的绝对值。因此，资本的可变部分会随着工人人数以及工作日的数量增长同比例地增加。由上，马克思指出绝对剩余劳动时间意味着资本所创造出来的价值的绝对增殖，而它在资本主义生产下仍然是基础性问题，同时也是占统治地位的形式，因其涉及的是资本主义生产中最普遍

---

① 《马克思恩格斯全集》第 32 卷，人民出版社，1998，第 98 页。
② 《马克思恩格斯全集》第 32 卷，人民出版社，1998，第 202 页。

和最一般的剩余劳动与必要劳动的关系问题。

除了延长剩余劳动所带来的绝对剩余价值外，剩余价值还以相对剩余价值的形式表现出来，即"它的相对量——用比例表示的剩余价值，或剩余价值率——则是由这种延长即这种流数同它的流动量即必要劳动时间的比例决定的"①。相对剩余价值的概念源于绝对剩余价值增长的极限，意味着在一定的条件，如劳动人口不变、不能通过延长总工作日等情况下，为增加剩余价值所采取的方法，也就是缩短必要劳动时间的方法。资本家在不能增加剩余劳动时间量的情况下，会选择通过缩短必要劳动时间的方式，改变补偿工资的劳动和创造剩余价值的劳动之间的比例。因此，提高相对剩余价值的方式有两种：一是压缩工资，降低工人的生活条件至正常水平以下；二是通过发展劳动生产力，提高劳动生产率进而压缩必要劳动时间。马克思指出，劳动生产率的提高表明在一定时间内能够生产出更多的使用价值，同时也意味着单个劳动力的价值下降、必要劳动时间的减少。在这样的情况下，总工作日中部分必要劳动时间将会游离出来并加入剩余劳动，从而实现剩余劳动的扩大。因此，马克思将本为工资的价值、现在融入资本家利润的部分称为相对剩余价值。

在揭示了相对剩余价值与提高劳动生产力的内在关联后，马克思具体分析了提高劳动生产力的主要方式为："协作、分工和机器或科学的力量的应用等等。"② 第一，协作是一般的、基本的形式，表现为许多工人在同一个空间内密集的协同行动。它是一切以提高劳动生产率为目的的社会组合的基础，无论是分工还是使用机器的生产都是协作的特殊形式——协作和分工、机器生产表现为一般和特殊的关系。作为协作的结果，劳动可以在短时间内生产出原本不可能的使用价值，也就是所谓集中力量在较少的时间内生产出较多的东西。第二，分工是"一种特殊的、有专业划分的、进一步发展的

---

① 《马克思恩格斯全集》第 32 卷，人民出版社，1998，第 264 页。
② 《马克思恩格斯全集》第 32 卷，人民出版社，1998，第 288～289 页。

协作形式"①。与协作相比，分工是生产同一种商品的不同部分时，在资本的指挥下对劳动进行的划分，而协作是在同一工作中采用多个工人的协同劳动。马克思进一步指出了两类分工，第一类分工是社会劳动分成不同劳动部门的分工；第二类分工是生产某个商品时在工厂内部的分工，这与工场手工业相对应。分工尤其是工场手工业的分工会缩短劳动时间，并在同一时间内生产更多的商品。第三，机器与体现在自然力和科学的应用（蒸汽、电、机械的和化学的因素）同样能极大促进生产力。马克思指出，机器的使用会摧毁工场手工业的基础，在不断扩大社会内部的分工中以简单劳动代替熟练劳动，从而把工资降低到平均工资以下，并且压缩采用机器的工厂中的工人的必要劳动时间，以及延长工人的绝对劳动时间。

二　劳动对资本的形式从属与绝对剩余价值生产

马克思在阐明了绝对剩余价值和相对剩余价值以及二者的联系之后，指出绝对剩余价值和相对剩余价值的发展有其历史阶段性，即绝对剩余价值的发展总是先于相对剩余价值。从事绝对剩余价值和相对剩余价值的生产都有相对应的劳动从属于资本的形式，通常来说第一种形式是第二种形式产生的先驱。虽然第二种形式更为发达，但是第二种形式有可能成为在新部门采用第一种形式的基础。这里所谓第一种与第二种形式即为劳动对资本的形式从属和实际从属。

与绝对剩余价值的生产相对应的是劳动对资本的形式上的从属。劳动对资本的形式上的从属的特征在于：第一，工人与资本家双方都是自由人，并不存在隶属性的、统治和从属的关系。二者之间的关系表现为劳动力的卖者和买者关系，工人仍然拥有自己的劳动力。第二，作为对象化劳动（劳动原料、劳动工具等）的劳动条件完全

---

① 《马克思恩格斯全集》第 32 卷，人民出版社，1998，第 301 页。

或部分为资本家所掌握，这也决定了资本和工人的对立。此时的劳动过程同过去几乎完全一致，但现在成为从属于资本的劳动过程，表现为在资本家监督和管理下完成的劳动。换言之，劳动对资本的形式从属代替了奴隶制、农奴制、家长制等从属关系，使得从属的形式发生了改变，也意味着原本生产过程中的独立性消失了，使得生产过程中的统治和从属关系成为主要形式。第三，就历史角色而言，资本家和雇佣工人的关系代替了行会师傅、帮工和学徒等关系。马克思指出，原来的行会师傅因其占有劳动工具和材料，并且能够享有劳动产品，故而成为资本家。

与过去使用劳动的方式不同，形式上从属于资本的劳动意味着使用的资本量增加了，从而能够同时雇佣更多的工人。随着资本量上的增长，资本家逐渐从工人群体中分离，成为领导工人的管理者，并且进行商品的交易。这意味着资本的量累积到了一定程度，并且直接掌握了生产。从历史发展的现实来看，马克思认为劳动对资本的形式从属并未涉及生产方式本身，主要表现为农业、家庭副业等转变为资本主义经营的劳动。

劳动对资本的形式从属对于生产的发展有着重要意义。第一，劳动对资本的形式从属意味着对剩余劳动压榨的加强，表现为对创造剩余价值的强制，并且严格控制了工人需要的产品量——一切都为了增加资本利润。第二，资本对劳动的形式从属还推动了劳动的连续性和强度的提高，促进了劳动能力和种类的发展，即使得劳动的分工愈加多样。换言之，劳动对资本的形式从属促进了劳动种类的多样性发展，产生了更多的劳动分工。第三，劳动资料的占有者和劳动者之间形成了新的隶属关系。这种隶属关系摆脱了家长制等政治性质的从属，呈现出相对自由的商品买卖关系。

《资本论（1863—1865年手稿）》中的第六章"直接生产过程的结果"对形式上从属的关系作了一些补充，指出了这种劳动对资本形式上的从属本质有两点。一是"剩余劳动占有者与剩余劳动提供者之间是纯粹的货币关系"①。这意味着劳动的买者和卖者之间仅有经济上的从属关系，而不是处于政治等社会意义的统治和从属关系，即使得生产者摆脱了政治范畴上的剥削关系。二是资本与劳动能力之间对立的确定。正如马克思所指出的，劳动与资本的对立直接表现为：工人劳动的"社会的东西""不仅作为异己的东西，而且作为敌对和对立的东西，作为对象化和人格化于资本中的东西，与工人相对立"②。资本通过内在包含生产资料和生活资料实现了与工人劳动的对立，作为工人劳动的产物的生产资料和生活资料反而成为异己性的存在，而这种对立促使工人被迫出卖自己的劳动换取部分生活资料。在劳动对资本的形式从属关系上，异化关系已经产生，表现为劳动条件和工人劳动的充分对立，而这种对立越发展越能为实际上的从属奠定基础，从而引出了在形式从属基础上发展出来的实际从属与相对剩余价值生产的问题。

三　劳动对资本的实际从属与相对剩余价值生产

劳动对资本的实际从属实际上是在创造相对剩余价值的过程中发展起来的。马克思特别提醒，在增加相对剩余价值的同时亦能够增加绝对剩余价值。劳动对资本的实际从属产生之后，生产过程将会产生如下变化：第一，劳动过程会发生重要改变。与之相对应的是劳动生产率的提高和生产规模的扩大，并且带来了工人与生产、资本关系的变革。第二，资本主义生产完全沦为了为了贸易而进行的生产。只有当资本的量成为生产的边界，资本才会不在意买者和卖者的需要和消费。第三，资本的积聚。为了使得单个商品所必需的劳动等于在平均条件下的必要劳动的最低额，资本家通过不断占有社会规模的生产资料使得资本不断积聚在个人手中，最终造成生产部门的最低资本额不断提高。

马克思进一步分析了劳动实际从属于资本后资本主义生产目的

---

① 《马克思恩格斯文集》第8卷，人民出版社，2009，第506页。
② 《马克思恩格斯文集》第8卷，人民出版社，2009，第505页。

和结果所引起的变化。一是资本主义生产不断追求更多的相对剩余价值。马克思分析了资本主义生产的矛盾之处，指出资本主义不断降低单个产品的最小价值，力图压低每个商品的价值。但是，产品的价值对资本主义显得无关紧要，追求更多的剩余价值才是其重要目标，而剩余价值的多少不是由单个商品的价值决定的，而是由剩余价值率决定的，即劳动力商品的价值与其创造的剩余价值的比例。因此，资本主义生产的目的并不在于单个商品价值，而是为了尽可能多地包含无偿劳动。二是劳动力价值的下跌。资本主义在追求更多剩余价值时，不可避免地降低了单个商品的价值。当这些商品作为生活资料进入工人的生活之中后将带动劳动价值的降低，因为保持劳动力再生产所需的价值降低。因此，资本主义生产的发展将进一步缩短必要劳动时间，降低有偿劳动时间和价值。

劳动从属于资本意味着生产过程中必定引入新的生产要素，如机器等科学技术的新应用。采用机器的劳动一方面延长了劳动的绝对工作时间，增加了绝对剩余价值，还使得劳动丧失了其独特性，乃至深刻融入生产过程，成为机器运作过程中的配件。另一方面，机器的使用降低了单个商品的价值，直接导致了劳动力价值的下降，为进一步提高剩余价值奠定了重要基础。马克思在《资本论》中指出，资本在追求"超额剩余价值"的过程中推动了生产技术的不断革新，因为超额剩余价值体现的是资本家个人所创造的价值和社会价值之间的差额，而超额剩余价值的获取是通过必要劳动时间的缩短以及剩余劳动的延长：前者与劳动生产力的提高、相对剩余价值生产相对应，后者则与延长剩余劳动时间、绝对剩余价值的生产相对应。正是这种差额的存在使得绝对剩余价值与相对剩余价值的生产实现了历史与逻辑的统一，在现实中表现为促使资本家不断使用新的科学技术推动生产的发展。但无论是绝对剩余价值还是相对剩余价值的增加，劳动对资本的实际从属毫无疑问深刻改变了劳动过程，使得劳动异化的程度不断加深。其中，科学和技术与追求剩余价值建立了紧密联系，科技的革新也成为推动生产发展的必然选择。

此时，"科学对于劳动来说，表现为异己的、敌对的和统治的权力"①，即科学在资本主义社会亦被异化了，成为加深对人的统治的工具。

总而言之，马克思认为劳动对资本的实际的从属展现出的生产方式具有肯定与否定两方面内容。从肯定的一面看，相对剩余价值的生产没有被预先决定的界限所束缚，因而总是试图突破生产的界限，最终客观上推动生产方式的变革与发展。从否定的一面看，这种生产方式造成了极大的对立，产生了深远的异化性质，直接表现为"对生产者的漠不关心"。马克思指出，由于生产是为了提高劳动生产率，也就是用最低限度的劳动获得最大限度的产品。在这种规律的作用下，生产目的进一步转化为使单个产品尽可能多地包含无酬劳动，"实际的生产者表现为单纯的生产手段，物质财富表现为目的本身。因此，这种物质财富的发展是与个人相对立的，是以牺牲个人为代价的"②。

由上可见，无论是绝对剩余价值的生产还是相对剩余价值的生产都必然加剧劳动与资本的对立以及推动劳动异己性的深化。在此意义上，由形式从属到实际从属的发展直接表现为资本主义社会下劳动愈加从属于资本的发展过程，也是劳动异化程度不断加深的发展进程。马克思正是通过对这段历史的回顾，在丰富和发展劳动过程理论的同时，使得异化问题还原到了历史发展阶段，实现了异化劳动问题历史与逻辑的统一。

第三节　直接生产过程的结果
与二重异化的确立

回顾"直接生产过程的结果"，这一手稿虽然未收入《资本论》

---

① 《马克思恩格斯文集》第 8 卷，人民出版社，2009，第 358 页。
② 《马克思恩格斯文集》第 8 卷，人民出版社，2009，第 519 页。

第一卷①，但是在理论上具有承上启下的重要作用：不仅延续了马克思在写作经济学手稿时期的研究思路，还围绕直接生产过程的本质与结果展开政治经济学批判，总结了《资本论》第一卷所讨论的资本主义生产，为开启第二卷对资本主义流通过程的讨论奠定了基础。从"直接生产过程的结果"的具体内容和结构设置来看，马克思在"直接生产过程的结果"的开头便指出了所要考察的三个问题：商品作为资本和资本主义生产的产物、资本主义生产是剩余价值的生产、资本主义生产是特殊资本主义生产关系的生产和再生产。② 这三个问题指向了马克思所探讨的主题正是"资本主义生产"，特别是以直接生产过程的结果——商品作为切入点，展示了与资本主义历史进程相一致的理论逻辑。其中，马克思特别指出，虽然都是"商品"，但是作为起点的商品和作为结果的商品显然有着重要区别，而对资本主义商品发展的历史性回顾正是打开关于资本主义生产"黑箱"的钥匙。

　　必须指出的是，"直接生产过程的结果"反映出马克思在此时已经改变了之前经济学手稿的思路，转变为从商品开始到商品结束的发展逻辑，强调了生产商品的劳动过程在不同历史阶段的特殊性，即关注到了不同资本主义形式作用下的劳动过程的特殊性。另外，马克思在伦敦时期写作的手稿以及"直接生产过程的结果"中仍然多次使用了异化概念，但是在正式出版的《资本论》第一卷中较少使用异化概念，二者的区别凸显了作为过渡阶段的"直接生产过程的结果"的重要地位。因此，从"直接生产过程的结果"出发能够更好地理解马克思从强调异化劳动到凸显劳动过程这一转变过程的缘由。

---

① 围绕该时期手稿的存留问题参见张钟朴的《〈1863—1865 年经济学手稿〉——〈资本论〉创作史研究之四》（见《马克思主义与现实》2015 年第 1 期），该文援引了苏联专家鲍尔迪列夫和米兹凯维奇的论文对该时期手稿的编写问题作了分析。

② 参见《马克思恩格斯文集》第 8 卷，人民出版社，2009，第 423 页。

一　直接生产过程与商品的生产

作为辩证逻辑应用的典范,《资本论》呈现出首尾呼应的基本结构。《资本论》开篇以商品为起点,指出"资本主义生产方式占统治地位的社会的财富,表现为'庞大的商品堆积',单个的商品表现为这种财富的元素形式"①。商品的原初形式,不仅构成了《资本论》的逻辑起点,还是资本主义生产形成的前提,是与资本主义发展历程相一致的历史起点。在此意义上,商品是作为逻辑与历史相统一的起点。换言之,无论是劳动过程还是价值增殖,直接生产过程最终必然以一定物的形式作为劳动的成果以及价值的载体。马克思指出,商品是资本主义生产的产物,也是资本的产物。作为直接生产过程的结果,商品从出发点运动至结果,并具有了新的特殊规定性,成为从生产到流通过渡的关键。

将商品视为逻辑起点是马克思在政治经济学理论批判与构建过程中的重要成果。在《政治经济学批判(1857—1858年手稿)》中,马克思从货币关系深入商品关系,分析了商品的二重性重要内涵,并从商品二重性的矛盾演化中再度回到货币现象之中,形成了完整的逻辑闭环。在"直接生产过程的结果"中,马克思改变了之前的思路,强调"商品,作为资产阶级财富的元素形式,曾经是我们的出发点,是资本产生的前提。另一方面,商品现在表现为资本的产物"②。从商品出发、再以商品为结果的逻辑,在马克思看来不仅表现为理论叙述的逻辑,更是与资本主义的发展相一致。马克思指出,历史上商品交换、商品贸易是资本主义产生的条件之一,但此时的交换和贸易仅仅是零星的存在,并非全社会的普遍形式。如上文所述,商品和货币都是资本的前提条件,但是商品和货币并不必然发展成为资本,只能说商品流通是资本主义产生的必要条件而非充分条件,因而仅仅是资本主义产生的"历史前提"。马克思指出了从商

---

① 参见《马克思恩格斯文集》第5卷,人民出版社,2009,第47页。
② 《马克思恩格斯文集》第8卷,人民出版社,2009,第423页。

品、货币转化为资本的充分条件：一是劳动能力商品化；二是商品贸易范畴的扩大。换言之，当劳动人口不再与劳动条件相关联，也不能出卖劳动产品时，劳动人口此时只能出卖自己的劳动能力，这也意味着商品生产的深度和广度将不断地拓展与扩大。与之相对应的现实表现为，资本在其发展过程中不断完成对农业的征服，使得农业产品成为生产资料，并且将劳动人口转化为雇佣工人。同时，随着资本主义的发展，商品交换形式必将被赋予一切产品，产品都会当作商品来生产，这也就是资本主义生产方式发展的必然结果。商品作为产品的必要形式确立后，便会达到马克思在《资本论》第一卷开篇指出的单个商品成为财富的元素形式的情况。可见，资本主义生产会带来大规模生产，使得产品不断堆积，同时也会呈现出片面性的特征。具体而言，产品虽然数量众多，但是产品的使用价值同实际生产者的需要之间展现出偶然的、片面的联系。由上，马克思得出了三条重要结论。一是资本主义生产使得商品形式成为一切产品普遍具有的形式。二是奴隶制、农奴制的解体使得劳动者与生产条件的分离构成从商品生产到资本主义生产的重要转变的前提。同时，这也意味着劳动力的商品化是转变的关键。三是资本主义生产扬弃了商品生产中孤立的交换，使得资本和劳动的交换变成了形式上的交换。

　　总而言之，作为"前提"的商品有着如下特征。

　　第一，从生产方式而言，作为"前提"的商品与商品生产过程对应。马克思指出，从资本的历史发展进程来看，资本产生之前紧密相接的历史可以称为资本的前史，是"资产阶级以前的社会形式"①。在此历史阶段，生产过程表现为"商品生产过程"，是劳动过程与价值形成过程的统一。② 商品生产过程并非资本主义生产过程，意味着商品生产的深度和广度仍然有限，即商品流通并非普遍形式，商品也不是一切产品的表现形式。这段时期仍然处于资本主

---

① 参见《马克思恩格斯文集》第 8 卷，人民出版社，2009，第 424 页。
② 参见《马克思恩格斯文集》第 5 卷，人民出版社，2009，第 230 页。

义的萌芽阶段，即马克思所言在十四五世纪的地中海沿岸零散地出现的资本主义萌芽。

第二，从价值规定而言，作为"前提"的商品仅包含一定量的社会必要劳动。商品生产过程内在包含简单的价值形成过程，而这决定了该时期的劳动产品仅仅包括由生产资料转移而来的物化劳动加上通过劳动过程凝结的劳动，此时"产品的价值等于预付资本的价值。预付的价值没有增殖，没有产生剩余价值，因此，货币没有转化为资本"[1]。因此，作为前提的商品的价值仅由物化其中的劳动量所决定，同时也是由生产该商品的社会必要劳动时间所决定。

第三，从存在形式而言，作为"前提"的商品表现为"单个的商品"。马克思强调，作为资本主义生产前提的商品因其通常由零星的、孤立的劳动过程生产而来，其劳动价值可以通过花费在单个商品上的劳动计算而来。此时的商品通常表现为"独立物品的单个商品"[2]，通常以"单个的商品"存在，具有生产、流通以及价值方面的独立性，仅仅是包含一定量的劳动时间、具有一定量交换价值的产品。

与开篇对应，原为《资本论》第一卷最后一部分的"直接生产过程的结果"特别强调："商品，作为资产阶级财富的元素形式，曾经是我们的出发点，是资本产生的前提。另一方面，商品现在表现为资本的产物。"[3] 作为"产物"的商品，同时也是直接生产过程的结果，更是经由资本主义生产而来，因而具有了一系列新特征。

第一，从生产方式而言，作为"产物"的商品与资本主义生产过程对应。伴随着商品生产深度和广度的不断拓展扩大，以及商品流通在全社会的普遍化，尤其是资本的形成与发展，这些共同赋予了商品生产以资本主义形式，形成了资本主义生产过程。马克思强调："作为劳动过程和价值增殖过程的统一，生产过程是资本主义生

---

[1]　《马克思恩格斯文集》第 5 卷，人民出版社，2009，第 222 页。
[2]　《马克思恩格斯文集》第 8 卷，人民出版社，2009，第 431 页。
[3]　《马克思恩格斯文集》第 8 卷，人民出版社，2009，第 423 页。

产过程，是商品生产的资本主义形式。"① 商品生产和商品流通是资本主义生产形成的历史前提。更进一步，资本主义生产又扩大了商品生产和商品流通，商品也就成为一切产品的一般形式。这就是所谓的资本"现代史"——马克思所言从 16 世纪开始的真正的资本主义时代。

第二，从价值规定而言，作为"产物"的商品包含有酬劳动和无酬劳动两部分劳动。马克思指出，作为"结果"的商品，不仅是对象化劳动产物，更是资本的产物。资本的属性决定了商品中对象化形成的劳动总额，一部分是由工资等价交换而来，另一部分则是被资本家额外占有。根本而言，资本主义生产以价值增殖为目的，改变了价值的划分部分，决定了商品价值、蕴含于商品之中的劳动可以被分为有酬劳动和无酬劳动两部分。

第三，从存在形式而言，作为"产物"的商品不再以"单个的商品"为存在形式。伴随着资本主义生产的扩大与发展，规模庞大的社会化生产得以形成，劳动分工也成为普遍形式。劳动的高度社会化，决定了作为结果的商品通常以资本的产物出现，表现为总产品、商品总体。因此，单个商品"不仅在物质上表现为资本的总产品的一部分，表现为资本所生产的大量产品的一个可除部分"②，即单个商品的劳动已经无法计算，其所蕴含的劳动仅仅是"观念上"进行估价的总劳动的"可除部分"。

通过作为前提和产物的商品的对比，马克思实际上明确了资本主义生产过程作为讨论的核心与主线。马克思通过总结资本主义生产的发展历史得出了三个重要结论。第一，资本主义生产使得商品成为一切产品的普遍的、一般的形式。商品在人类历史上由来已久，有着漫长的历史，但时间上的跨度并非意味着空间上的普遍存在："在资本主义生产以前，大部分产品不是作为商品来生产，没有成为

---

①　《马克思恩格斯文集》第 5 卷，人民出版社，2009，第 230 页。
②　《马克思恩格斯文集》第 8 卷，人民出版社，2009，第 431 页。

商品。"① 只有在资本主义历史阶段下，商品形式才能在更大范围的时空中实现，也就是成为产品最普遍的表现形式。第二，劳动力商品的形成是资本主义生产确立的关键。马克思强调，只有在工人出卖自己的劳动能力，也就是劳动力商品成为普遍的存在时，才构成了从商品生产到资本主义生产转变的关键条件。第三，资本主义生产一旦确立，将扬弃商品生产下孤立的生产和交换，彻底改变资本与劳动之间的关系。马克思强调，资本主义生产瓦解了商品生产的基础，特别是消解了生产和商品占有者之间的等价交换，使得资本和劳动力之间的交换仅仅是形式上的平等。

马克思通过对商品历史发展的回顾，在历史与理论的辩证统一中揭示了商品的本质，指出了商品在资本主义生产形成和发展中扮演的重要角色。其中，马克思强调商品的普遍化，特别是劳动力商品的形成，使得商品的本质发生重大变化，致使商品形成了新特性："这些商品同时是资本的承担者，它们是已经增殖的、孕育着剩余价值的资本本身。"② 内含剩余价值，是商品作为产物最重要的特征，而这正是源于占据主导地位的资本主义生产——不仅是生产剩余价值的生产，而且是生产资本的生产，还是资本关系的生产与再生产。③ 资本主义生产的确立，形成了新型的资本与劳动的关系，直接导致了异化的诞生与贫困的普遍化。

马克思分析确认了商品作为资本主义直接生产过程的结果和产物，指出它内在包含了预付价值以及剩余价值，从而具有了新的规定性，成为"作为资本的产物，实际上作为已经自行增殖的资本的转化形式"④。在此基础上，商品的内在本质和属性决定了它必须加入交换过程，其暗含了进入流通领域的要求，进而成为资本再生产的关键。因此，商品成为从生产领域到流通领域过渡的关键，也是

---

① 《马克思恩格斯文集》第8卷，人民出版社，2009，第430页。
② 《马克思恩格斯文集》第8卷，人民出版社，2009，第453页。
③ 参见《马克思恩格斯文集》第8卷，人民出版社，2009，第444页。
④ 《马克思恩格斯文集》第8卷，人民出版社，2009，第432页。

马克思从《资本论》第一卷转入第二卷"资本的流通过程"的关键要素。

二　直接生产过程与生产关系的再生产

直接生产过程不仅生产商品，还不断再生产着资本主义的生产关系，即"资本主义生产是使这个直接生产过程具有特殊资本主义特征的整个关系的生产和再生产"①。生产关系的再生产具有重要意义，它保证了资本主义生产接续进行。但随着资本主义生产关系的再生产，直接生产过程必然会"分裂为两极"，创造普遍的异化世界。然而，直接生产过程的结果也为新社会奠定了物质基础。

马克思指出，"分裂为两极"是直接生产过程的必然结果。在马克思看来，这两极分别指向了无产阶级的增加和资本的增长。对无产阶级来说，工人为了获取必要的生活资料不得不出卖自己的劳动能力，将支配自身劳动力的权利让渡给了资本。换言之，工人交出了创造价值的劳动能力，换取的仅仅是保存自己生命体征的价值，这意味着工人丧失了保存自身外额外创造的价值。对资本来说，资本在获得劳动力之后便转化为自行增殖的价值，并作为独立的力量与劳动相对立。不仅如此，资本通过工人的劳动保存自身，使得自己成为现实的资本，而且在这个过程中再生产了资本。结合无产阶级和资本两方面来看，直接生产过程就是资本吸收无产阶级的劳动，榨取无产阶级的剩余价值的过程。在此意义上，马克思感叹道："生产过程创造资本这件事，不过是生产过程创造了剩余价值的另一种说法。"②

资本生产出来的剩余价值又形成了新的、增大的资本，即所谓的"资本积累"。资本积累不仅保存了原先的资本，还创造出更大的资本。通过这部分资本，资本实现了雇佣更多的工人、支配了更多的劳动者，使得更大多数人隶属于资本。换言之，资本还不断生产

---

① 《马克思恩格斯文集》第 8 卷，人民出版社，2009，第 423 页。
② 《马克思恩格斯文集》第 8 卷，人民出版社，2009，第 543 页。

更多的工人。随着资本的增大和社会生产力的提高，"与工人相对立的已经积累起来的财富也作为统治工人的财富，作为资本，以同样的程度增长起来，与工人相对立的财富世界也作为与工人相异化的并统治着工人的世界以同样的程度扩大起来。与此相反，工人本身的贫穷、困苦和依附性也按同样的比例发展起来"①。资本在不断扩展和发展时实现了社会财富的增长，却也使得工人愈加贫困。在此意义上，马克思所指的"分裂为两极"意为"资本的增长和无产阶级的增加表现为同一过程的互相联系的、又是分裂为两极的产物"②，这也就是作为直接生产过程的结果之一的生产关系的再生产的本质。

"分裂为两极"的历史趋势再生产了不同的资本主义生产关系，使得新的生产关系与旧的资本主义生产关系不断区分开来。其中，"分裂为两极"的趋势中蕴含着"两个要素"，即"使这种关系本身作为资本主义生产过程的结果以越来越大的规模进行的再生产同最初的形式互相区别开来，这种最初的形式一方面是指历史上表现出来的最初形式，另一方面是指在发达的资本主义社会的表面上不断重新表现出来的最初形式"③。换言之，"两个要素"在形成新的且与最初不同的资本主义生产关系方面扮演着重要角色，因而是理解资本主义历史发展规律的核心要素。

第一个要素是发生在流通领域内的劳动力的买卖。马克思指出，单纯的商品买卖行为应是：商品的卖者交换体现在不同使用价值中的劳动，也就是抽象劳动之间的交换，因此是平等的交易。但是，资本主义生产过程下的劳动力的买卖表现为，工人通过出卖活劳动仅仅换回部分劳动产品。不仅如此，工人的劳动产品成为商品，商品又成为工人受资本支配的"中介形式"，而且这种中介形式通过货币关系掩盖了现实交易的本质。马克思通过对买卖劳动力商品本质

① 《马克思恩格斯文集》第 8 卷，人民出版社，2009，第 544 页。
② 《马克思恩格斯文集》第 8 卷，人民出版社，2009，第 544 页。
③ 《马克思恩格斯文集》第 8 卷，人民出版社，2009，第 545 页。

的分析揭示了这种依赖关系的"骗人的假象"，指出了其中所谓"平等的"真实情况，即强调了这种发生在流通领域内的引导关系实质上"表现为在资本主义生产中发生的对象化劳动对活劳动进行统治的内在要素"①。

第二个要素是资本关系出现的历史阶段和社会生产形式的变革。马克思强调，生产方式和生产关系呈现出一种"历史辩证法"："在这种已经改变了的关系的基础上，会发展起一种发生了特殊变化的生产方式"②，而生产方式的变革又会进一步创造出新的物质生产力，并以此为基础创造新的现实的条件，进而引发完全的经济革命。经济革命意味着一方面创造了资本统治劳动的现实条件和经济形式，另一方面生产关系的发展将为扬弃资本主义生产方式、实现新的生产方式创造条件。资本关系在不断的发展中必然引发经济革命，从而创造出扬弃资本主义生产方式的现实条件，也就是说，"历史地看，这种颠倒是靠牺牲多数来强制地创造财富本身，即创造无情的社会劳动生产力的必经之点，只有这种无情的社会劳动生产力才能构成自由人类社会的物质基础"③。

由上可见，马克思指出以上两个要素是资本主义生产关系引发革新的关键要素，即生产关系不断地生产成为生产过程更新的重要动力和结果。一方面，生产关系的生产确保了资本主义生产的再进行，保证了劳动过程持续处于价值增殖的异化过程，最终造成"分裂为两极"不断推高。"分裂为两极"推动资本增长的同时使得工人愈加陷入贫困之中。另一方面，"分裂为两极"的极端化将为新的生产关系的到来做好准备，即在生产关系的再生产中推动经济革命的加快实现。可见，生产关系与生产方式的矛盾运动构成了历史发展的一般动力，呈现出辩证上升的历史发展路径，最终却也产生了扬弃资本主义社会的生产关系。

①　《马克思恩格斯文集》第 8 卷，人民出版社，2009，第 546 页。
②　《马克思恩格斯文集》第 8 卷，人民出版社，2009，第 547 页。
③　《马克思恩格斯文集》第 8 卷，人民出版社，2009，第 469 页。

三　直接生产过程的二重性

作为《资本论》第一卷手稿的最后一章，"直接生产过程的结果"实质性地总结和概括《资本论》第一卷的主要内容。由于《资本论》第一卷是从理论上对资本的直接生产过程进行构建的过程，因此对"直接生产过程"内涵的解答也必须回到《资本论》第一卷的语境之中。

《资本论》第一卷德文第一版回答了何为"直接生产过程"。在马克思看来，探讨"直接生产过程"必然与流通过程相关联，因为资本的积累和再生产需要经过流通环节才能够延续至下一环节。不仅如此，剩余价值的生产不仅会进入流通领域和再生产，还会遭遇"剩余价值的瓜分"，即剩余价值在社会层面的再分配与瓜分。由于所面对问题的复杂性，马克思选择对问题聚焦和抽象。在这里，马克思"既不研究资本在流通流域里所采取的那些新形式，也不研究这些形式所包含的再生产的具体条件"①。马克思刻意抽象出资本流通的条件，并未具体研究生产之后商品的出售与流通环节，反而是忽略了商品出售阶段所隐含的剩余价值的实现问题。另外，马克思"把资本主义的生产者当做全部剩余价值的所有者"②，即不具体考虑剩余价值在实际资本运动中转化成的利润、利息、地租等形式，仅仅认为生产者占据了全部的剩余价值。在此意义上，"我们首先抽象地来考察积累，也就是把积累只看做直接生产过程的一个要素"③。换言之，马克思在假定条件时，特意缩小积累时所遇到的问题，将积累视为直接生产过程的简单环节，进而抽象地考察包含积累和再生产的生产过程，这也就是所谓"直接生产过程"。

从生产目的而言，直接生产过程的目的是获取剩余价值，"剩余价值的生产（包括原预付价值的保存），表现为资本主义生产过程的

---

① 《马克思恩格斯全集》第 42 卷，人民出版社，2016，第 581 页。
② 《马克思恩格斯全集》第 42 卷，人民出版社，2016，第 581 页。
③ 《马克思恩格斯全集》第 42 卷，人民出版社，2016，第 581 页。

决定目的、驱动利益和最终结果"①。马克思直接指出，资本主义生产的目的在于实现原有资本的扩张，也就是实现价值的扩大，而扩大的方式正是通过既定的价值加上剩余价值，即以剩余劳动的生产实现对无酬劳动的占有。因此，剩余价值成为资本主义生产的根本目的，也是驱动资本主义生产和再生产的根本动力。从组成部分而言，直接生产过程是劳动过程与价值增殖过程的直接统一。一方面，从商品逻辑而言，马克思从商品出发分析了生产过程的内在组成部分，指出商品是使用价值和交换价值的直接统一。商品不仅是生产过程的结果和产物，而且会随着资本的发展作为生产的构成要素加入生产过程。由此，与商品的二重性相对应，作为生产商品的生产过程必然表现为劳动过程与价值增殖过程的直接统一。可见，资本主义生产的二重性正是形成商品二重性的根源。另一方面，从资本逻辑而言，商品和货币最终都会转化为资本，整个生产过程表现为资本作为主体的运动。马克思指出，在直接生产过程内部进一步考察资本形态时，"资本就如同简单商品一样，具有使用价值和交换价值的二重形态"②。可以看出，资本的二重性与商品的二重性一致，都与资本主义生产的二重性相对应。更重要的是，资本逻辑成为生产过程中的主导逻辑，通过价值形式主宰了整个生产过程。

可见，在对"直接生产过程"的分析中，"直接生产过程的结果"中提出，"直接生产过程总是不可分的劳动过程和价值增殖过程，正像产品是使用价值和交换价值的统一即商品一样"③。更重要的是，资本主义生产是为了获取剩余价值的生产，这导致直接生产过程以货币表现的交换价值为起点，最终获得了变动的、增大的价值额，并以剩余价值呈现出来。在此意义上，资本的使命就是自身的增大，实现价值量的增加成为资本家的目的，剩余价值的生产即为资本主义生产的内在动力、驱动利益以及最终结果。因此，分析

① 《马克思恩格斯文集》第 8 卷，人民出版社，2009，第 455 页。
② 《马克思恩格斯文集》第 8 卷，人民出版社，2009，第 458 页
③ 《马克思恩格斯文集》第 8 卷，人民出版社，2009，第 429 页。

直接生产过程必须考虑到直接生产过程是以剩余价值为目标的生产，需要从劳动过程和价值增殖过程两个方面入手。

就劳动过程而言，马克思指出，为了获取剩余价值，价值或货币必须转化为生产过程的各要素，首先表现为实际劳动过程的各要素。在此意义上，资本在劳动过程中作为使用价值呈现出多种形态：一是生产资料；二是按照劳动过程性质划分成的客观劳动条件和主观劳动条件；三是与生产资料性质相适应的独特劳动能力。由此，马克思确认了劳动过程与资本的使用价值相对应后，指出"总劳动过程本身，在其客观要素和主观要素的活的交互作用中，表现为使用价值的总形态，即表现为资本在生产过程中的实在形态"①。

在对具体劳动过程的分析中，马克思得出了几个重要结论。第一，生产过程中使用的生产资料既是商品，又是资本，原因在于资本虽然采取了商品形式，但是商品形式仅是暂存的，它们在现实层面上仍然是执行扩大价值、实现价值增殖的资本。第二，资本家用预付货币购买的工人的劳动能力、活的劳动同作为资本存在的生产资料相对立。马克思指出，在实际的劳动过程中，劳动是工人的职能，也是资本家从工人那里取得的东西，因而天然与劳动客观条件相对立。换言之，生产过程中主观和客观劳动条件存在尖锐对立。不仅如此，由于生产资料对活劳动的吸收，以及"资本主义生产方式的发展（机器等变成活劳动的实际统治者）"②，二者的对立会更加突出。第三，由生产过程和劳动过程中划分出的生产资料和劳动能力与资本表现出的不变资本与可变资本相对应。马克思指出，一旦生产资料作为商品进入劳动过程，生产资料将表现为不变资本，并发挥着与其使用价值相符的属性。与劳动能力交换的资本则有着不同的表现，它是工人用于个人消费的生活资料，但是实际地转化为可变资本部分，表现为资本的可变量、流动的量、正在生成的量，也是创造价值的资本部分。

---

① 《马克思恩格斯文集》第 8 卷，人民出版社，2009，第 460 页。
② 《马克思恩格斯文集》第 8 卷，人民出版社，2009，第 462 页。

由上可见，马克思从多个方面指出了直接生产过程作为劳动过程的本质表现，并从劳动过程的多重维度考察了资本的多样形态。但是，直接生产过程不仅表现为劳动过程，还以价值增殖过程的形式呈现出来。

就价值增殖的层面而言，资本作为交换价值的意义逐渐凸显，表现为差额的变动、价值量的增加。这一过程中又可以进一步分解为旧价值的保存和新价值的增加两个方面。

从旧价值的保存看，马克思指出了保存价值的多个条件。一是生产过程中使用的生产资料的价值小于必需的数量。也就是说，资本家在实际的生产过程中必须始终控制生产资料的价值量，确保使用的原料、机器等具有适合的使用价值，保证在一定价值额内的使用性质。二是不变资本尽可能用于生产消费而不是浪费。浪费意味着凝结在对象化劳动的成果会消耗更多的生产资料，造成大于社会必要劳动时间的量的形成。在此意义上，资本家监督的作用更加凸显。三是劳动有秩序、有目的地进行。四是生产过程不被破坏和中断，能够形成稳定的产品供应，而这取决于资本主义生产的连续性。

就价值增殖的变量，即活劳动所体现的价值量的增大而言，需要如下条件：一是给生产资料追加上一个同工资价值一样大的劳动量，以此保存可变资本的价值；二是将超过工资所包含的剩余劳动加入产品中创造剩余价值。为了实现这些条件，资本家必须强制工人劳动，使得工人的劳动至少达到社会平均强度，并尽可能提高劳动强度。另外，资本家力图延长劳动过程，使得它超过补偿工资所进行的必要劳动的界限。在此意义上，资本主义生产的价值增殖的特性使得资本作为使用价值的形态也发生了变化："第一，生产资料不仅必须有足够吸收必要劳动，而且也必须有足够吸收剩余劳动的数量。第二，实际劳动过程的强度和外延量改变了。"[1] 直接生产过程一体两面的性质使得二者相互影响，尤其表现为价值增殖的目的

直接影响和改变劳动过程，使得劳动过程中出现新的特征和属性。马克思指出，生产资料本是劳动中工人使用的"劳动的传导体"，但从价值增殖的角度看，生产资料不再是工人使用生产资料，而是变为生产资料通过吸收工人的活劳动保存和增大自身，即主客体地位的颠倒。因此，"生产资料又在本质上与活劳动相对立而表现为资本的存在，而且现在表现为过去的死劳动对活劳动的统治"①。

通过资本主义生产的作用，对象化劳动转化为资本，成为支配和剥削活劳动的手段，实现了死劳动对活劳动的统治——直接生产过程中呈现出对象化劳动和活劳动的对立。在这一过程中，资本自行增殖的力量创造了新形式的异化。具体而言，对象化劳动和活劳动的区别在于："一个已经对象化在使用价值中，另一个正处在这种对象化的过程中；一个是过去劳动，另一个是现在劳动；一个是死劳动，另一个是活劳动；一个是过去对象化的，另一个是现在正对象化的。"② 作为生产过程的结果，也就是物对人的统治只会导致"人本身的劳动的异化过程。工人在这里所以从一开始就站得比资本家高，是因为资本家的根就扎在这个异化过程中，并且他在这个过程中找到了自己的绝对满足，但是工人作为这个过程的牺牲品却从一开始就处于反抗的关系中，并且感到它是奴役过程"③。马克思指出，这种牺牲工人的生产过程是异化的生产，但是确实创造了大量社会财富，同时也是劳动生产力发展的必经之路，并且为构建自由的人类社会奠定了重要物质基础。

可见，马克思证明并确认了生产过程是劳动过程和价值增殖过程的直接统一，而且是单一的、不可分的生产过程，即生产过程表现为在劳动过程中创造价值和剩余价值。在这种统一中，劳动过程仅仅是价值增殖的手段，价值增殖的过程必定建立在劳动过程的基础上，表现为剩余价值的生产，也就是无酬劳动的对象化过程。与

---

① 《马克思恩格斯文集》第 8 卷，人民出版社，2009，第 467 页。
② 《马克思恩格斯文集》第 8 卷，人民出版社，2009，第 473 页。
③ 《马克思恩格斯文集》第 8 卷，人民出版社，2009，第 469 页。

之前手稿不同的是，马克思在这里使用了死劳动和活劳动概念指称对象化劳动和活劳动，但结果仍然是一样的，异化正是源于死劳动对活劳动的统治。

由上可知，马克思在这里突出强调了直接生产过程的价值增殖的特性，也就是生产剩余价值这一突出特征。这个特征成为区分商品生产过程与资本主义生产过程的不同之处，构成了理解资本主义生产过程出现前后不同阶段内的"商品"区别的重要原因。可见，马克思实际上完善了劳动过程理论，即细分了劳动过程向资本生产过程转变过程的两个阶段，而这两个阶段的重要区别正是在于不同的生产关系——价值形成和价值增殖。

四　直接生产过程所导致的异化劳动

马克思从两个方面具体分析了劳动异化的状况。资本主义生产首先是"实际劳动过程"。马克思首先从资本作为使用价值在生产过程中的表现出发，指出"资本生产过程就其实际方面来考察——或者把它当做通过有用劳动用使用价值形成新使用价值的过程来考察——，它首先就是实际劳动过程"[1]。与资本的使用价值相关联的生产过程正是劳动过程，而劳动过程是创造新使用价值的过程，以及形成新的物质载体的依托。但是，在资本主义生产的作用下，劳动过程仅表现为价值增殖过程的手段，即为马克思所强调的"这是人本身的劳动的异化过程"[2]。可以从如下方面理解资本主义生产所导致的劳动异化。

第一，从劳动条件而言，工人与生产资料相异化。马克思指出，资本在生产过程中作为"使用价值"所表现的现实形态分为两种：一是生产资料，即客观劳动条件；二是劳动能力，即主观劳动条件。劳动条件主客观的分离，意味着现实的劳动者被剥夺了生产资料。生产资料的丧失，就等于生活资料的丧失。在此情况下，生产资料

---

① 《马克思恩格斯文集》第 8 卷，人民出版社，2009，第 460 页。
② 《马克思恩格斯文集》第 8 卷，人民出版社，2009，第 469 页。

和生活资料在资本化之后成为独立力量，从而与主观劳动条件，也就是与劳动者相对立。由此，劳动条件的颠倒与异化表现为：不是工人购买生产资料和生活资料，而是生活资料购买工人，并且把工人并入生产资料。这也就是马克思所强调的"为实现劳动所必要的物的条件对工人本身异化了"①。劳动条件与工人相异化，实际上表现为独立的劳动条件对工人本身的统治，由此引起了资本对生产过程的掌握和资本家对工人的统治，以及其他各类异化。

第二，从劳动过程而言，工人与劳动过程相异化。马克思从劳动过程的一般性和社会历史特殊性角度解释了，资本主义生产下工人与劳动过程相异化的形成原因。首先，在马克思看来，当撇开特定的社会形式考察劳动时，一般意义的劳动过程首先是人和自然之间的交互："是人以自身的活动来中介、调整和控制人和自然之间的物质变换的过程"②，也就是任何社会都共有的普遍的形式。其次，劳动力商品的形成深刻改变了劳动过程的一般形式。生产资料和生活资料与工人的对立，也就是劳动客观条件和主观条件相异化的状况，决定了工人为了获取生活资料必须出卖自己的劳动，即成为劳动能力的卖者，直接导致劳动力商品的形成。最后，资本家消费劳动力商品时形成了特殊的劳动过程的特点。劳动力商品的形成，意味着工人的劳动过程完全从属于资本家，形成了处于资本主义生产关系下特殊的劳动过程。在此情况下，工人必然作为资本的使用价值的组成部分，作为资本的现实存在和价值存在的组成部分进入生产过程。由此，劳动过程从属于资本家，并与工人相异化。马克思强调，在资本主义生产条件下，使用价值具有内在发展的转化形式，在其发展中体现为与生产资料性质相适应的独特劳动能力，即活的劳动能力。

第三，从具体劳动而言，工人与具体劳动相异化。马克思指出，从创造活动角度而言，劳动过程就是劳动本身。在资本主义生产的

① 《马克思恩格斯文集》第 8 卷，人民出版社，2009，第 483 页。
② 《马克思恩格斯文集》第 5 卷，人民出版社，2009，第 207～208 页。

作用下，劳动本身也与工人相异化。这是因为，劳动过程本身已经被并入资本，而追求剩余价值的资本则会不断压榨劳动，采取了包括监督劳动等一系列措施。不仅如此，资本主义生产中的分工、组织、生产资料的运用也会深刻改变着劳动过程。在此情况下，对劳动的监督等使用劳动的措施，使得劳动"变得更紧张，或者劳动过程的持续时间延长，劳动更具有连续性"[1]。为了创造更多剩余价值，尤其是追求相对剩余价值、超额剩余价值，工人的具体劳动不断被延长时间、加大强度，实际上与自身相异化。[2]

可以看出，马克思对资本主义生产中劳动异化的分析呈现出历史与逻辑相统一的特征。从历史发展来看，劳动异化首先表现为生产资料与劳动者的异化，并导致了特殊的、异化的劳动过程的生成，最终造就了异化的具体劳动。从理论分析来看，资本主义生产不外乎按照追求交换价值，特别是以追求剩余价值为目标使用劳动力，从而塑造乃至深刻改变了劳动过程的具体形态，导致在资本主义生产方式下异化劳动的普遍存在。

资本主义生产还是"价值增殖过程"。这是资本作为交换价值的直接体现，表现为劳动不断创造出价值，并以已有价值形成新的价值的过程。这一过程不仅是保存生产资料中的旧价值，实现价值转移的过程，更是通过劳动创造新价值的过程，呈现出资本自行增殖的特征。马克思特别强调，生产过程中的价值层面直接表现为"工人是把他所创造的价值同时作为与自身相异化的价值创造出来的"[3]。正如图加林诺夫指出的，"异化问题在很大程度上是一个价值问题"[4]。价值异化的实质表现为主体创造出来的价值成为客体性

---

① 《马克思恩格斯文集》第 8 卷，人民出版社，2009，第 501 页。

② 马克思在《资本论》第一卷第四篇第十三章《机器和大工业》中，已经详细论述了相对剩余价值的生产中，机器对工人的直接影响，包括劳动者的扩大、工作日的延长和劳动的强化（参见《马克思恩格斯文集》第 5 卷，人民出版社，2009）。

③ 《马克思恩格斯文集》第 8 卷，人民出版社，2009，第 468 页。

④ 〔苏〕图加林诺夫：《马克思主义中的价值论》，齐友、王霁、安启念译，中国人民大学出版社，1989，第 119 页。

的存在，并与主体相对立，具体表现在如下方面。

第一，从价值创造而言，价值异化表现为剩余价值的生产。马克思指出："价值增殖过程本身实质上是剩余价值的生产，即无酬劳动的对象化过程。"① 具体而言，价值增殖过程突出了抽象劳动在价值层面的特性，意味着此时的生产并非简单的价值形成过程，而是在创造一定量的价值之后延长了价值形成过程。形成的价值可以分为两部分：一部分是补偿劳动力的有酬劳动，另一部分则是为资本家无偿占有的无酬劳动。劳动分为有酬劳动和无酬劳动的根源在于劳动力商品，源于劳动力的交换价值在流通领域内是确定的，表现为一定的货币量、价值量，但是劳动力的使用价值在资本主义生产过程中，创造出大于其交换价值的价值，即带来了剩余价值。在此意义上，劳动力商品的消费，也就是工人的劳动过程，实际上就是不断为资本家生产剩余价值，不断将无酬劳动对象化，不断创造出异己价值的过程。

第二，从劳动过程而言，价值异化表现为通过劳动过程获取更多剩余价值。在价值增殖层面，资本作为交换价值的意义逐渐凸显，表现为价值差额的变动，体现为对更多价值的追求。价值额的变动主要分为旧价值的保存和新价值的增加两个方面。从旧价值的保存看，生产资料并不能带来新的价值，仅是价值的转移。马克思指出了保存和转移价值的多个条件，包括生产过程中使用的生产资料的价值小于必需的数量、不变资本尽可能用于生产消费而不是浪费，以及劳动和生产的有序推进等。从新价值的增加看，资本对于活劳动的榨取成为获取新价值的唯一渠道，尤其是通过将超过工资所包含的剩余劳动加入产品中创造剩余价值的方式。以此为目标，资本家必须尽可能提高劳动强度，使得工人的劳动至少达到社会平均强度；必须尽可能延长劳动时间，使得劳动时间超过补偿工资所必要劳动的界限。由此，为了追求更多的剩余价值，劳动过程仅仅表现

---

① 《马克思恩格斯文集》第 8 卷，人民出版社，2009，第 470 页。

为价值增殖过程的手段，价值增殖过程成为最终目的。

第三，从生产条件而言，价值异化表现为生产资料的对立与扩大。一方面，生产资料并入资本，成为价值生成的工具。随着资本的发展与扩大，生产资料成为资本的一部分，也是价值的表现形式之一。这就是马克思所言"劳动的物的条件，都天生是资本"①。在此情况下，对象化劳动（生产资料）与活劳动相对立，将活劳动视为保存和增大自身的手段。另一方面，通过价值的不断生成，生产资料不断扩大。在资本主义私有制下，资本掌握了价值创造的全部过程，从而占据了全部的剩余价值。价值再投入生产的资本积累，必然会追求更多的生产资料，从而使得不变资本不断增加，以及生产资料的持续扩大。

从上述马克思的分析与批判可以得出几点结论。首先，异化问题是一种社会历史现象。通过马克思对生产过程历史的分析可知，异化并不是黑格尔在《精神现象学》中描述的绝对精神的运动过程，而是资本主义生产过程所带来的社会历史问题，即现实的异化现象——劳动异化和价值异化。其次，二重异化源于资本主义生产过程的二重性。劳动异化和价值异化对应于生产过程中的劳动过程与价值增殖过程，并与资本的使用价值和交换价值相对应。最后，劳动异化和价值异化一体两面，但资本主义私有制凸显了价值异化问题的重要性。"所谓异化，就是劳动主体的创造物与劳动主体相脱离和相对立，并成为反对和奴役自身的工具，主体同他所创造的价值物之间存在着一种敌对的关系。"② 资本主义私有制下，劳动者创造的价值都被资本家所占有，造成了价值创造的异化，从而凸显了价值异化对于劳动异化形成的作用。综上而言，马克思展示了资本主义生产下的异化，而贫困问题正是与异化紧密联系，表现为同一事物的两个方面。

---

① 《马克思恩格斯文集》第 8 卷，人民出版社，2009，第 475 页。
② 袁贵仁：《价值学引论》，北京师范大学，1991，第 315 页。

五　异化的生成结构与两种贫困

在明确了资本主义生产中的二重异化后，马克思指出了异化背后的基本结构正是对象化劳动与活劳动的对立，乃至对象化劳动对活劳动的统治，并确认了在这一基本结构下所造成的两种贫困。

资本主义生产中目的与手段的颠倒，也就是价值增殖的目的性直接影响和改变了劳动过程，使得劳动过程中出现了新的特征和属性。一方面，从劳动过程的客体而言，生产资料占据了主体地位。马克思指出，生产资料本是劳动过程中工人使用的"劳动的传导体"，是客体性的存在。但在资本主义生产中，生产资料反而占据着主体地位，呈现出吸收工人的活劳动用以保存和增大自身的新特性。在这个意义上，"生产资料在这里不仅表现为实现劳动的手段，而且同样表现为剥削他人劳动的手段"①。另一方面，从劳动过程中的主体而言，活劳动演化为客体性的存在。在资本主义生产中，活劳动表现为创造价值，尤其是生产剩余价值的手段，即劳动过程成为价值增殖的手段。活劳动创造出来的全部价值不断转化为资本，成为资本不断扩大自身的工具。换言之，资本主义生产造就了新的资本与劳动的关系，使得劳动成为资本的附庸。

最终，劳动过程中主客体地位彻底颠倒，呈现出马克思所言"生产资料又在本质上与活劳动相对立而表现为资本的存在，而且现在表现为过去的死劳动对活劳动的统治"②。具体而言，对象化劳动（死劳动）和活劳动的区别在于，对象化劳动是已经存在的劳动，活劳动是正在实现和生成的劳动；对象化劳动是劳动的物的要素，活劳动是工人的直接生命支出。在资本主义生产的操纵下，对象化劳动转化为资本，成为支配和剥削活劳动的手段，进而实现了死劳动对活劳动的统治——资本主义生产中呈现出了对象化劳动和活劳动的对立。

---

① 《马克思恩格斯文集》第 8 卷，人民出版社，2009，第 499 页。
② 《马克思恩格斯文集》第 8 卷，人民出版社，2009，第 467 页。

在资本主义生产下，尤其是对象化劳动对活劳动的统治与作用下，劳动者的劳动被贬低而失去内容，呈现出马克思所言"劳动能力的贫乏化"①。劳动能力的贫乏化，即劳动能力的贫困，表现为劳动能力的退化等内容，而这正与资本主义生产中劳动异化密切关联，源于资本主义下的劳动过程。

劳动能力贫困表现在两个方面：一方面，在分工的不断发展下，劳动者独立的生产能力被破坏；另一方面，劳动条件，特别是机器的发展，一步步实现着对劳动的替代，使得劳动降为机器运作的一部分。伴随着生产条件的不断进步，劳动者逐渐沦为片面的、局部的人，劳动本身也不断破碎化、简单化，最终导致劳动者劳动能力的丧失。总而言之，在资本主义生产下，工人的劳动表现为雇佣劳动这一特殊性质，"所以雇佣工人对于自己劳动的内容，从而对自己活动的特殊方式都是无所谓的"②，最终造成工人劳动能力的贫困。

进一步而言，马克思从资本的发展过程、资本与劳动的关系以及对象化劳动与活劳动异化关系的发展中，分析了工人劳动能力愈加贫困的原因。一方面，从劳动组织而言，单个的劳动能力在强加的资本主义组织作用下不再属于劳动者本身。马克思指出，劳动组织的发展形成了资本主义"总工厂"，致使单个人的劳动能力不再属于个人，而是作为以总工厂为代表的总劳动能力的一个方面或局部职能。要言之，劳动的社会生产力的发展在资本的操控下与工人相异化，演化为资本使用劳动的方式和条件，并进一步加剧了工人劳动能力的贫困。工人的劳动在资本主义劳动组织的严密控制下丧失了独立性，沦为总劳动的部分和局部内容。另一方面，从劳动条件而言，劳动条件的发展增强了与工人劳动的对立性。马克思指出，随着资本主义生产方式的发展，劳动的客观条件改变了自身形态。第一，劳动条件的社会性增强，表现在规模与效果上，即生产资料的大规模共同使用不仅实现了劳动条件的节约，还促进了劳动的协

① 《马克思恩格斯文集》第 8 卷，人民出版社，2009，第 536 页。
② 《马克思恩格斯文集》第 8 卷，人民出版社，2009，第 515 页。

作与分工。第二，劳动条件的历史性发展，表现为以社会劳动为基础对科学、自然力和大量劳动产品的应用，包括机器的发明与运用等。这些劳动条件"都作为异己的、物的、没有工人参与而且往往排斥这种参与的预先存在的东西，单纯作为不依赖于工人而支配着工人的劳动资料的存在形式"①，因而与工人愈加对立。

由上可知，马克思深刻察觉了对象化劳动与活劳动的对立结构，并着眼于二者对立的异化关系进行了历史性的分析，指出了劳动组织、劳动条件的历史和社会的发展与工人劳动能力贫困之间的内在关联。

在资本主义生产下，对象化劳动与活劳动之间的螺旋发展，造成了活劳动不断被吸收与榨取，呈现出马克思所言"工人的贫乏化"②。工人的贫乏化，即人的贫困，表现为物质财富的贫困等内容，而这正与资本主义生产中价值异化密切关联，源于资本主义下的价值增殖过程。

物质的贫困直接表现为与工人相对立的财富不断积累，并且进一步发展为统治工人的资本，最终导致"与工人相对立的财富世界也作为与工人相异化的并统治着工人的世界以同样的程度扩大起来。与此相反，工人本身的贫穷、困苦和依附性也按同样的比例发展起来"③。这就是马克思强调的"分裂为两极"的必然趋势，即资本的增长与无产阶级的增加呈现为同一过程的两个方面。

"分裂为两极"源于资本积累成为资本主义再生产过程中的要素。首先，整个生产过程中对象化劳动与活劳动的关系实质是，以较少对象化劳动同较多活劳动相交换；对象化劳动榨取活劳动，使得活劳动再转化为对象化劳动和资本。由此，资本主义生产表现为对象化劳动借助活劳动实现不断扩大的过程。其次，对象化劳动产物，在不断积累的过程中实现了资本化，并与工人相对立。马克思

---

① 《马克思恩格斯文集》第 8 卷，人民出版社，2009，第 537 页。
② 《马克思恩格斯文集》第 8 卷，人民出版社，2009，第 544 页。
③ 《马克思恩格斯文集》第 8 卷，人民出版社，2009，第 544 页。

强调，对象化劳动在资本主义生产中不断实现使用价值和交换价值的增加："既增加一定量活劳动所保存的价值量，又增加它新生产出来的使用价值量。"① 不止于量的扩大，对象化劳动作为资本形式还实现了质的扩张，使得机器、科学的应用、发明等被纳入了资本范畴，即"在它们的这种异化形式中，被看做是必然的形式，从而所有这一切都被看做是资本的属性"②。最后，资本积累成为资本主义生产过程的内在要素。马克思指出，生产过程创造资本的实质就是剩余价值的生成与追加。资本借助生产过程中创造的剩余价值的接续追加，不断实现资本的创造与扩大，实现了规模上的再生产，创造出更为庞大的异己对象。这些意味着，资本通过生产过程不断实现扩张，扩张的越多则能够吸收越多的活劳动，与此相对的则是劳动者的增加、无产阶级的贫困。此时，"分裂为两极"也就成为必然趋势。

劳动能力的贫困与物质财富的贫困体现在劳动层面与价值层面，实际上与劳动异化和价值异化互为表里，表现为贫困与异化的一体两面，但其根本原因还是在于资本主义生产，源于资本主义生产所展现出的劳动过程与价值增殖过程的统一及其所产生的结果。

马克思还通过刻画劳动与资本关系从形式上的从属到实际上的从属的历史发展阶段，明确了劳动过程的发展历史，并就异化劳动的历史作用与未来趋势做出了深刻总结。从经济社会形态发展而言，资本与劳动"对立的形式是必须经过的……这是人本身的劳动的异化过程"③。马克思指出，建立在生产者普遍贫困化的基础上，生产效率与劳动方式却获得了巨大提升，客观上推动了社会生产力的极大发展与进步。异化与贫困实质上是通过强制牺牲多数人来创造财富，同时也是"创造无情的社会劳动生产力的必经之点，只有这种

---

① 《马克思恩格斯文集》第 8 卷，人民出版社，2009，第 540 页。
② 《马克思恩格斯文集》第 8 卷，人民出版社，2009，第 541 页。
③ 《马克思恩格斯文集》第 8 卷，人民出版社，2009，第 469 页。

无情的社会劳动生产力才能构成自由人类社会的物质基础"①。资本主义生产导致了异化与贫困，却也创造了庞大的物质基础，最终将为扬弃异化与贫困奠定客观基础。

综上所述，"直接生产过程的结果"所反映出的逻辑转换实际上凸显了马克思从写作政治经济学批判手稿到出版《资本论》时期的过渡状况。第一，马克思在写作《政治经济学批判（1857—1858年手稿）》和《政治经济学批判（1861—1863年手稿）》时期，对资本一般的考察仍然从货币入手，展现了从货币到资本的发展逻辑。但是，"直接生产过程的结果"与之前从货币入手不同，强调了从作为起点的商品到作为结果的商品的发展过程。第二，从商品到商品的发展实际上反映了马克思从商品生产的两个阶段的角度考察劳动过程的新思路。马克思指出，在资本主义生产确立之前便有商品，商品构成了产生资本主义生产方式的前提。与生产这种商品对应的生产即为商品生产过程，由此产生了商品生产过程与资本主义生产过程的区分。虽然商品生产过程与资本主义生产过程都生产商品，但是这两种商品显然具有不同的表现形式，突出的区别在于是否含有剩余价值，反映了资本主义生产过程使得劳动过程成为价值增殖过程的手段。第三，在考察资本主义生产过程的结果时，马克思大量使用了异化概念②，直接指出："因此资本家对工人的统治，就是物对人的统治，死劳动对活劳动的统治，产品对生产者的统治，因为变成统治工人的手段（但只是作为资本本身统治的手段）的商品，实际上只是生产过程的结果，是生产过程的产物……这是人本身的劳动的异化过程。"③ 与之前的手稿相比，马克思仍然使用而且是更加灵活地使用了与对象化劳动与活劳动相一致的概念（如死劳动和活劳动等）指向异化劳动，确认了资本主义生产过程在生成异化劳动中的基础性地位。第四，虽然马克思在这里仍然使用了异化劳动，

---

① 《马克思恩格斯文集》第8卷，人民出版社，2009，第469页。
② 参见《马克思恩格斯文集》第8卷，人民出版社，2009，第468、469、483、485页。
③ 《马克思恩格斯文集》第8卷，人民出版社，2009，第469页。

但是马克思已经将考察劳动问题的重点转移至对生产过程历史发展的解析，尤其是关注到了从商品生产过程到资本主义生产过程的转变。这种思路的转变突出地反映在《资本论》第一卷的逻辑进程中，即从商品、商品生产入手，转入作为劳动过程和价值增殖过程统一的资本主义生产过程。由此，劳动过程也就成为马克思理论的主轴，异化劳动成为劳动过程发展的必然结果。这或许是马克思在《资本论》较少使用异化概念的原因。可见，从写作政治经济学批判手稿到出版《资本论》时期正是异化劳动理论与劳动过程理论地位发生转变的重要时期。

第四章

资本主义生产过程批判下的
异化劳动

作为马克思政治经济学批判的光辉成果,《资本论》蕴含着丰富的思想资源。马克思曾在 1868 年写给恩格斯的信中总结了《资本论》的"三个崭新要素",指出"(1)过去的一切经济学一开始就把表现为地租、利润、利息等固定形式的剩余价值特殊部分当做已知的东西来加以研究,与此相反,我首先研究剩余价值的一般形式,在这种形式中所有这一切都还没有区分开来,可以说还处于融合状态中。(2)经济学家们毫无例外地都忽略了这样一个简单的事实:既然商品是二重物——使用价值和交换价值,那么,体现在商品中的劳动也必然具有二重性,而像斯密、李嘉图等人那样只是单纯地分析劳动本身,就必然处处都碰到不能解释的现象。实际上,对问题的批判性理解的全部秘密就在于此。(3)工资第一次被描写为隐藏在它后面的一种关系的不合理的表现形式,这一点通过工资的两种形式即计时工资和计件工资得到了确切的说明"①。要言之,劳动二重性、剩余价值理论及工资本质理论构成了《资本论》的三大理论创新。与《政治经济学批判(1857—1858 年手稿)》等经济学手稿相比,马克思虽然在《资本论》中没有那么高频地使用异化概念,

---

① 《马克思恩格斯文集》第 10 卷,人民出版社,2009,第 275~276 页。

但是上述三大理论创新都与劳动过程理论密切相关，而从劳动过程的演变理解异化劳动产生的必然性和过程正是马克思思路转变的重要成果。

进一步而言，马克思转变了以货币为切入点的思路，开始从商品生产中的商品入手，考察劳动过程从商品生产过程到资本主义生产过程的发展变化，并站在资本积累的角度探讨资本主义生产过程的产生、演变以及发展趋势。在《资本论》中，马克思仍然有限度地使用异化劳动概念，但此时的马克思是通过刻画劳动过程中劳动价值的形成、积累乃至异化等确认了资本主义生产过程的价值增殖的根本属性，以此揭示异化劳动的产生原因和重要特征。

第一节　劳动二重性向商品二重性转化的逻辑历程

《资本论》的开篇从商品进行分析实际上反映了马克思理论逻辑的转变。这里的商品是通过抽象形成的"商品一般"。商品一般内含使用价值和价值两个因素，由此关联到劳动二重性。在商品一般基础上，马克思分析了商品生产过程，指出商品生产过程是劳动过程和价值形成的统一。作为商品生产过程结果的商品并非作为直接生产结果的、含有剩余劳动的商品，因此也是简单商品。当"劳动力商品"出现时，商品生产过程开始向资本主义生产过程转变。

一　商品的两个因素

《资本论》第一卷的开篇是从商品开始分析。就理论层面而言，马克思将商品视为自己理论批判与构建的出发点，凸显了资本逻辑是以商品为起点，并从商品展开上升至资本的发展过程。就现实层面而言，"资本主义生产方式占统治地位的社会的财富，表现为'庞大的商品堆积'，单个的商品表现为这种财富的元素形式。因此，我们的研究就从分析商品开始"①。针对商品的本质，马克思首先从商品的有用性深入使用价值进行分析。马克思指出，商品反映的是通过自身某种属性满足人的需要，因而是一个可以从质和量两个角度考察的有用物。"物的有用性使物成为使用价值"② ——马克思将有用性和使用价值画上了等号。作为商品的使用价值具有如下重要属性：一是使用价值必须在使用中才得以实现；二是使用价值总是构成财富的物质内容；三是使用价值是交换价值的物质承担者。对此，马克思指出，商品的使用价值是其自然属性，且不是政治经济学的研究对象，应是商品学进行研究的对象。

由使用价值发现交换价值后，马克思从交换价值进入价值实体的质的分析。首先，就交换价值而言，"交换价值首先表现为一种使用价值同另一种使用价值相交换的量的关系或比例，这个比例随着时间和地点的不同而不断改变"③。虽然交换价值看似偶然，但是其背后隐藏着所谓必然的东西。换言之，商品的交换价值呈现出量上的比例，但这仅仅是其背后某种共同物的表现形式，因为能够相等必然隐含了某种等同的东西。这种"共同的东西"不可能是商品的天然属性，即有用性、使用价值，因为使用价值恰恰是异质性的，体现的是不同商品的不同性质。因此，在研究商品背后的本质时必须排除使用价值。排除使用价值后，商品只剩下一个属性，即作为劳动产品的属性。其次，马克思从商品作为劳动产品的属性指向了商品所凝结的人类劳动。马克思指出，商品抽掉了使用价值后，劳动产品的一切属性便消失了，同时也丧失了作为物的有用性质，所剩下的仅仅是相同的人类劳动，即抽象的人类劳动。因此，劳动产品所凝结的人类无差别的劳动构筑了社会实体层面上的价值，即商品价值。要言之，商品的价值就是凝结在商品中的抽象的人类劳动。总之，马克思运用从形式到本质的方法，从商品的交换价值发觉到

---

① 《马克思恩格斯文集》第5卷，人民出版社，2009，第47页。
② 《马克思恩格斯文集》第5卷，人民出版社，2009，第48页。
③ 《马克思恩格斯文集》第5卷，人民出版社，2009，第49页。

背后所共同蕴藏的商品价值，交换价值也就表现为商品价值的表现形式，商品价值成为价值的质的内容。

不仅仅着眼于作为商品的质的价值，马克思还考察了作为商品的量，即价值量。马克思指出，商品的价值量是由生产商品所耗费的劳动量决定的，但是这里的劳动量并不是个体的劳动量，而是由社会必要劳动时间决定的劳动量。具体而言，马克思运用抽象分析法，将形成价值实体的劳动视为相同的人类劳动，而且是将全部单个劳动力组合为一个社会的全部劳动力。此时的单个劳动力不再是个别的、孤立的劳动力，而是体现为社会平均的劳动力的性质。在此意义上，"社会必要劳动时间是在现有的社会正常的生产条件下，在社会平均的劳动熟练程度和劳动强度下制造某种使用价值所需要的劳动时间"①。社会必要劳动时间将单个商品视为商品的平均样品，从而直接构筑了使用价值的价值量。

马克思还注意到了商品价值量随着劳动生产力发生的变动。在马克思看来，商品的价值量取决于劳动时间的变化，而劳动时间会随着劳动生产力的发展缩减。劳动生产力取决于多种情况，包括"工人的平均熟练程度，科学的发展水平和它在工艺上应用的程度，生产过程的社会结合，生产资料的规模和效能，以及自然条件"②。随着劳动生产力的提高，生产某一物品所需劳动时间就会越少，这也意味着商品的价值量也越小——劳动生产力与商品的价值量成反比关系。

由上可知，马克思从资本主义社会"经济的细胞形式"的商品出发，从使用价值到交换价值最后分析得出商品的价值，层层递进深入商品本质的分析，体现了丰富的辩证法思想。在此意义上，商品表现为使用价值和价值对立统一体，二者的矛盾斗争也成为商品形式进一步发展的直接动力，为资本的形成奠定了重要基础。此外，马克思更进一步探究价值形成的原因，深入对劳动的考察之中。

---

① 《马克思恩格斯文集》第5卷，人民出版社，2009，第52页。
② 《马克思恩格斯文集》第5卷，人民出版社，2009，第53页。

二 从商品二因素到劳动二重性

由于商品呈现为对立统一的使用价值和价值二因素,创造商品的劳动必然也具有二重性。马克思由此实现了从商品二因素到劳动二重性的逻辑转换。劳动二重性的学说被马克思称为"理解政治经济学的枢纽"①,而且这一学说是由马克思首先批判证明的,并且解决了困扰古典政治经济学的理论难题,突破了斯密、李嘉图等人对劳动的单纯分析。由此,劳动二重性学说成为马克思主义政治经济学理论大厦的基石,也只有在此基础上才能建立科学的劳动价值论,解决剩余价值来源之谜,进而理解和把握不变资本和可变资本、资本有机构成等一系列理论问题。对劳动二重性的理解也应从形成使用价值的具体劳动和形成价值的抽象劳动两方面入手。

一方面,使用价值的形成与具体劳动相对应。首先,生产满足特殊需要的使用价值的具体劳动是由"它的目的、操作方式、对象、手段和结果决定的"②,即由有用劳动决定。因此,每个商品的使用价值体现为一定的生产活动、有用劳动、具体劳动。其次,有用劳动或具体劳动在质上的不同,构成社会分工的生成基础。具有不同种类的使用价值的商品意味着在其背后有着类别不同、种属各不相同的有用劳动,而这些迥异的劳动独立进行则会发展成一个多支的体系,即社会分工。在此基础上,社会分工成为商品生产的条件,而不能说商品生产是社会分工的存在条件。再次,具体劳动、有用劳动"是不以一切社会形式为转移的人类生存条件,是人和自然之间的物质变换即人类生活得以实现的永恒的自然必然性"③。换言之,具体劳动具有非历史性,它普遍存在于一切人类社会,反映的是人类改造自然、适应人类需求的基本活动。最后,具体劳动并非形成物质财富的唯一源泉。马克思指出,正如威廉·配第所言,劳

① 《马克思恩格斯文集》第 5 卷,人民出版社,2009,第 55 页。
② 《马克思恩格斯文集》第 5 卷,人民出版社,2009,第 55 页。
③ 《马克思恩格斯文集》第 5 卷,人民出版社,2009,第 56 页。

动是财富之父，土地是财富之母，劳动必须与生产资料结合才能够进行生产，进而创造出适合人类需要的产品，因此劳动生产离不开物质材料。

另一方面，商品价值形成与抽象劳动相对应。首先，马克思注意到了形式不同的劳动背后存在一个抽象的劳动，表现为人的脑、肌肉、神经、手等的生产耗费。在此意义上，抽象劳动即为"人类劳动力的耗费"①，即一般的人类劳动。要言之，去掉了劳动的具体特性，留下的仅仅是抽象的人类劳动，反映的是商品价值实体背后的存在根基。在此意义上，抽象劳动构成了商品的价值实体，即人类劳动形成了商品价值。其次，抽象劳动根据劳动的复杂程度可以划分为简单劳动和复杂劳动。马克思如此定义简单劳动："表现在交换价值中的劳动可以叫作一般人类劳动。一般人类劳动这个抽象存在于平均劳动中，这是一定社会中每个平常人所能完成的劳动，是人的筋肉、神经、脑等的一定的生产消耗。这是每个平常人都能学会的而且是他必须以这种或那种形式完成的简单劳动。"② 复杂劳动则是"自乘的"或者"多倍的"简单劳动。因此，复杂劳动可以还原为一定的简单劳动，但这种抽象化是由其背后的社会过程决定的。

结合两方面而言，劳动是具体劳动和抽象劳动的对立统一。一方面，"一切劳动，一方面是人类劳动力在生理学意义上的耗费；就相同的或抽象的人类劳动这个属性来说，它形成商品价值。一切劳动，另一方面是人类劳动力在特殊的有一定目的的形式上的耗费；就具体的有用的劳动这个属性来说，它生产使用价值"③。具体劳动和抽象劳动同时完成，二者并不可分，统一于劳动之中，而且劳动二重性正是商品二因素形成的根源。另一方面，具体劳动和抽象劳动呈现出对立的特征。第一，具体劳动凸显的是质的方面，强调的是怎样劳动、什么劳动；抽象劳动凸显的是量的方面，突出的是劳

---

① 《马克思恩格斯文集》第 5 卷，人民出版社，2009，第 52 页。
② 《马克思恩格斯全集》第 31 卷，人民出版社，1998，第 423 页。
③ 《马克思恩格斯文集》第 5 卷，人民出版社，2009，第 60 页。

动时间长度的问题，因其都是人类劳动而具有了可比性。第二，劳动二重性的矛盾会引起商品价值量和使用价值量的对立运动。劳动二重性的矛盾可以表现为，"随着物质财富的量的增长，它的价值量可能同时下降"[①]，即使用价值量的增加和商品价值量的减少同时发生。这种变化的根源在于劳动生产力的提高。劳动生产力仅仅与生产使用价值的具体劳动有关，反映的是单位时间内生产使用价值的能力。但是，同一劳动在同样的时间内生产的价值总量是相同的，体现的是抽象劳动在单位时间内所产生的价值总量。比较可知，由于生产力的提高，单位时间内价值总量不变，但是可以生产出更多的使用价值，这样单个使用价值所含有的价值量便会下降，同时这也意味着生产更多的使用价值所需时间可能更少，产生的价值量自然也会下降。

由上，马克思从劳动二重性探究了形成商品二因素的根源，科学地解释了劳动的性质和属性。劳动二重性理论也为理解劳动异化奠定了重要理论基础，即通过深入研究劳动的要素为异化劳动理论构建了坚实根基。

三　商品内在矛盾与拜物教的形成

劳动二重性实际是由商品一般抽象而来的结果。一旦商品进入交换领域，便引发了生产的私人性和社会性的矛盾。马克思站在社会发展的角度，从社会中普遍存在的商品拜物教的现象出发，探讨了劳动的私人性质与社会性质的区别，并借由私人劳动和社会劳动的矛盾破解了商品拜物教的秘密，进而揭示了商品价值的本质。

马克思指出，商品作为具有使用价值的劳动产品并不神秘，无论是它用以满足人类的需要，还是作为人类劳动产品的性质，它们都是普通的并且可以被感觉和认知的物。但是，一旦劳动产品作为商品具有了价值后，商品似乎成为"可感觉而又超感觉的物"，具有

[①]　《马克思恩格斯文集》第 5 卷，人民出版社，2009，第 59 页。

了独特的神秘性质，表现为"用头倒立着"。进一步而言，马克思认为商品的神秘性质不可能来源于使用价值，也不可能来源于规定价值的劳动，因为前者可以被感知，后者无论在质、量还是社会性上都不存在神秘性质。就其本质而言，商品的神秘性质只能是来源于商品形式本身，即"商品形式在人们面前把人们本身劳动的社会性质反映成劳动产品本身的物的性质，反映成这些物的天然的社会属性，从而把生产者同总劳动的社会关系反映成存在于生产者之外的物与物之间的社会关系"①。换言之，一旦劳动产品成为商品、具有商品形式后，本是劳动产品内在反映的劳动者之间的社会关系成为物品的内在属性，即通过物与物的关系遮蔽和掩盖了人与人之间的社会关系。因此，物本是人的创造物，也是人的本质力量的反映，现在却成为超越人的存在，对人的本质力量的崇拜也就转化为对物的崇拜。在此意义上，马克思通过宗教的比喻称之为拜物教，指出"劳动产品一旦作为商品来生产，就带上拜物教性质，因此拜物教是同商品生产分不开的"②。

马克思进一步分析了商品拜物教的根源及其产生的必然性。在马克思看来，商品拜物教的根源，正是生产商品的劳动的性质及其内在矛盾。马克思指出，劳动的私人性质源于私有制下个体的劳动总是表现为私人的劳动。与此同时，劳动因其交换属性还具有了社会性质。这意味着，劳动产品必须成为社会产品的、社会总劳动的一部分方可进入社会中交换。

在私人产物进行交换时，劳动产品取得了社会意义上的"价值对象性"，劳动产品也就分裂为有用物和价值物，具备了两种属性，即"从那时起，生产者的私人劳动真正取得了二重的社会性质"③，也就是社会有用性和等同性。一方面，私人劳动的社会有用性促使劳动产品必须有用，而且是对他人有用；另一方面，私人劳动的社

---

① 《马克思恩格斯文集》第 5 卷，人民出版社，2009，第 89 页。
② 《马克思恩格斯文集》第 5 卷，人民出版社，2009，第 90 页。
③ 《马克思恩格斯文集》第 5 卷，人民出版社，2009，第 90 页。

会等同性促使劳动产品具有了共同的价值性质。以此方式，商品完成了颠倒，使得社会属性成为劳动产品固有的物的属性，不仅如此，商品所具备的物的外壳以及价值规律等进一步增加了商品的神秘性。在此基础上，货币关系更加深刻地掩盖了商品的神秘性质。

由于商品的价值形式不断发展乃至采取了货币形式，商品拜物教也演化为货币拜物教以及资本拜物教。马克思在《资本论》第三卷中，指出"在生息资本上，资本关系取得了它的最表面和最富有拜物教性质的形式"①，即随着资本逻辑的发展，商品拜物教发展至货币拜物教。由于在商品交换中采取了货币的形式，资本运动的基本公式 G—W—G' 中起点和终点都以 G 为表现形式。这一公式会被简化为 G—G'，呈现货币自动创造出更多货币的现象，货币成为在一定期间内提供一定剩余价值的资本。在生息资本意义上，货币似乎具有了魔力，成为"自动的物神，自行增殖的价值，会生出货币的货币"②。创造价值和提供利息似乎成为货币的属性，进而引发了人们对货币的崇拜。由此诞生了所谓货币拜物教、资本拜物教。

由上可知，无论是商品拜物教，还是货币拜物教、资本拜物教，实际上都是人类劳动产物的异化，反映了人的创造物与人之间关系的颠倒，即从人的活动产物变成统治人类的产物。可见，拜物教实际上在商品生产过程中已经形成。具体而言，劳动的私人生产性质与社会交换性质产生了矛盾，由此赋予了劳动产品价值的内在意义。因此，劳动过程演化为商品生产过程，而商品生产过程也是价值形成的过程，正是在价值的不断形成中进一步产生了价值的颠倒，即拜物教的问题。要言之，马克思已经从抽象的劳动二重性理论，推至历史的商品生产过程，并在分析商品生产过程中揭示了价值形成与拜物教产生的内在原因。因此，拜物教产生的根源在于劳动二重性的矛盾之中，即从劳动过程的内在矛盾运动才能理解异

---

① 《马克思恩格斯文集》第 7 卷，人民出版社，2009，第 440 页。
② 《马克思恩格斯文集》第 7 卷，人民出版社，2009，第 441 页。

化的根源。

四　劳动力商品的形成与异化的确立

马克思在《资本论》第一卷第一篇中从商品入手，由商品深入劳动二重性，并从交换价值的发展中推演出货币的产生。随着资本主义的发展，货币最终向资本转化，而在这一转化之中，劳动力商品成为转化的条件。劳动力商品以其特殊的价值和使用价值成为资本形成的关键因素。不仅如此，劳动力商品还是劳动过程由商品生产过程到资本主义生产过程过渡的关键。正是通过占有和使用劳动力商品，资本完成了最终的进化，形成了独特的资本主义生产关系，使得整个劳动过程彻底成为资本主义生产过程。

马克思已经注意到，G—W—G'的资本总公式完成了货币的增殖，但是这个总公式蕴含着资本运动的矛盾，即在流通领域中究竟是如何实现资本的扩大和增殖。显然，货币转化为资本时的价值变化不可能发生在货币的交换之中，同样也不可能发生在商品向货币的转换之中。因此，解决该问题的关键在于 G—W 的转换过程中，也就是在此阶段发生了特殊的商品买卖。这种商品的使用价值"本身具有成为价值源泉的独特属性，因此，它的实际消费本身就是劳动的对象化，从而是价值的创造。货币占有者在市场上找到了这样一种独特的商品，这就是劳动能力或劳动力"①。要言之，劳动力商品的出现成为货币转化为资本的关键性条件，而劳动力正是劳动者在生产某种使用价值时运用的体力和智力的总和。

劳动力商品的出现有其特定的历史条件。一方面，劳动力所有者必须是自由的。这要求劳动者不属于其他任何社会关系，无论是奴隶制还是封建制下的人身依附关系。此时的劳动者可以支配其劳动力，并将它作为商品在市场上出售。因此，劳动者正是自己劳动能力的"自由所有者"，并能够在法律上保持平等地位且与货币占有

---

① 《马克思恩格斯文集》第 5 卷，人民出版社，2009，第 195 页。

者在市场上相遇。同时，劳动力所有者又不能一次性地全部出卖自己的劳动力，只能是在一定期限内让买者支配自己的劳动力。另一方面，劳动力所有者必须"自由得一无所有"，不再占有一切生产资料。劳动者与生产资料不再相关联后，劳动者也无法通过与生产资料的结合获取生活资料，这也使得他必须通过出卖自己的劳动力换取生存的生活资料。由上可见，马克思指出了劳动力商品出现的重要条件，即劳动者的"自由"的重要性。

劳动力商品作为商品的属性决定了它也有价值和使用价值两方面因素。从劳动力的价值层面看，"同任何其他商品的价值一样，劳动力的价值也是由生产从而再生产这种独特物品所必要的劳动时间决定的"①。由于劳动的生产以人的存活为基础，人为了维持自身的存在需要一定的生活资料，因此生产劳动力所必要的劳动时间就可以被归结为生产所需生活资料的劳动时间，即"劳动力的价值，就是维持劳动力占有者所必要的生活资料的价值"②。具体而言，所需的生活资料包括如下几个部分。一是维持劳动者个人正常生活状态的资料。劳动者所需生产资料存在着较大差异，这种差异源于劳动者所处地域的特殊性及其气候和自然特点差别。同时，生活资料还取决于一个国家的文化水平所决定的生活习惯和要求。由此，劳动力价值呈现出历史的和道德的属性。二是为了维持劳动力的繁衍，劳动力价值包括工人的补充者也就是工人子女的生活资料。通过这种方式，资本主义保证了工人的再生产，确保劳动力商品能够永续出现。三是培训和教育工人的费用。工人能够成为发达和专门的劳动力必须经过一定教育，这也可以换算成一定的商品等价物，而这种费用与劳动力的复杂程度相关联。总而言之，"劳动力的价值可以归结为一定量生活资料的价值。因此，它也随着这些生活资料的价值即生产这些生活资料所需要的劳动时间量的改变而改变"③——

① 《马克思恩格斯文集》第5卷，人民出版社，2009，第198页。
② 《马克思恩格斯文集》第5卷，人民出版社，2009，第199页。
③ 《马克思恩格斯文集》第5卷，人民出版社，2009，第200页。

劳动力价值虽然呈现出历史性的特征，但是总是表现为维持劳动力生存必不可少的最低生活资料的价值。

从劳动力商品的使用价值层面看，劳动力商品的特殊之处在于"力的让渡和力的实际表现即力作为使用价值的存在，在时间上是互相分开的"①。换言之，劳动力的价值在流通领域内是确定的，表现为一定的货币量、价值量，但是它的使用价值是在劳动过程中实现的，在于能够生产出一定数额的价值量。因此，考察劳动力的使用价值的表现必须将视角从流通领域转入生产领域。马克思指出，在生产过程或劳动过程内，通过劳动力商品的消费，反而能够生产出含有剩余价值的商品。换言之，劳动力的使用创造出了自身价值外更大的价值，从而为资本家带来了庞大的剩余价值。为此，马克思感叹道："劳动力的买和卖是在流通领域或商品交换领域的界限以内进行的，这个领域确实是天赋人权的真正伊甸园。那里占统治地位的只是自由、平等、所有权和边沁。"② 为了揭穿劳动力商品的秘密，必须将视角从流通过程转入生产过程，在劳动过程中一探究竟。

综上而言，马克思在《资本论》中从商品的二因素出发，分析了形成商品价值和使用价值的劳动二重性理论，由此揭示了劳动过程的两方面内容，即从具体劳动和抽象劳动的角度深入考察了劳动过程的本质。不止于此，马克思还进一步从劳动过程的发展角度指出，劳动二重性必然导致劳动私人性质和社会性质之间的矛盾，进而揭示了作为价值的社会关系形成的秘密，由此破解了拜物教的秘密。可见，马克思从一般性的劳动过程进入了特殊的商品生产过程的分析，但此时还未能发展至资本主义生产过程。由商品生产过程到资本主义生产过程转变的关键在于"劳动力商品"的出场。劳动力商品的出现使得生产过程不仅是价值形成过程，还表现为价值增殖的过程。

---

① 《马克思恩格斯文集》第 5 卷，人民出版社，2009，第 202 页。
② 《马克思恩格斯文集》第 5 卷，人民出版社，2009，第 204 页。

第二节　商品生产过程向资本主义
生产过程的转变历程

马克思已经指出，生产商品的劳动具有二重性，表现为具体劳动和抽象劳动的对立统一。随着资本主义的发展，劳动过程首先转化为商品生产过程，劳动过程中的二重性也随之转化为劳动过程与价值形成过程。伴随着劳动力商品的出现，商品生产过程转化为资本主义生产过程，劳动过程与价值形成过程转化为劳动过程和价值增殖过程的对立统一：资本主义生产过程既是劳动过程，又是价值增殖过程。从资本主义历史发展来看，劳动过程和价值增殖过程分别凸显了具体劳动和抽象劳动的异化过程，同时也是异化程度不断加深的过程。可见，马克思实际上是"从劳动过程的观点来考察生产过程"[①]，是从劳动过程的演变角度分析异化劳动的产生原因。

一　劳动过程的演变与异化

劳动力的使用即为劳动。在马克思看来，撇开特定的社会形式考察劳动可以发现，劳动首先是人和自然之间的交互，"是人以自身的活动来中介、调整和控制人和自然之间的物质变换的过程"[②]。当工人作为劳动力的卖者出现在商品市场时，劳动过程已改变了最初形式，成为专属于人的劳动，即不仅仅使得自然物发生改变，而且能通过这种改变展现自己的目的。

马克思把劳动过程的要素分解为三个重要组成部分：有目的的劳动、劳动对象和劳动资料。第一，劳动过程是有"目的性"的活动。马克思强调劳动是人运用自身的自然力在改变自然的同时改变自身的自然的过程。人类劳动的自然力的运用与动物的显著区别在于人的劳动有其目的，即在劳动开始前已经在头脑中形成了劳动的

---

① 《马克思恩格斯文集》第 5 卷，人民出版社，2009，第 359 页。
② 《马克思恩格斯文集》第 5 卷，人民出版社，2009，第 207～208 页。

目的，并通过劳动实现了观念上的目的。第二，劳动过程必有劳动对象。劳动对象可以分为两类：一类是未经人的参与，作为人类劳动的一般对象而存在的，如土地、水等。另一类是原料，即在劳动中使用和改造的东西，如开采出来的矿石等。因此，一切原料都是劳动对象，但是劳动对象并非都是原料。第三，劳动过程需要依靠劳动资料（劳动手段）完成。马克思指出，"劳动资料是劳动者置于自己和劳动对象之间、用来把自己的活动传导到劳动对象上去的物或物的综合体"①。劳动者通过直接使用工具、容器等劳动资料延长了他的活动器官，而劳动资料的使用具有重要意义，它将人类与动物直接区别开来，成为人类劳动过程的独有特征。

在上述基础上，马克思又从劳动过程的结果——劳动产品的角度，将劳动过程中的三个要素归结为生产资料和生产劳动两部分，其中生产资料包括劳动资料和劳动对象，劳动本身则体现为劳动活动。要言之，劳动过程可以划分为客体和主体两个方面，由此产生了二者之间的交互关系。一方面，就客体层面而言，劳动产品在劳动过程中的地位会随着劳动的进行发生改变。马克思指出，劳动产品不仅是劳动过程的结果，还是劳动过程的条件，因为当劳动产品进入劳动过程中可以充当生产资料。不仅如此，在生产部门中，之前的劳动产品多是现在进行的劳动的手段和原料。可见，"一个使用价值究竟表现为原料、劳动资料还是产品，完全取决于它在劳动过程中所起的特定的作用，取决于它在劳动过程中所处的地位，随着地位的改变，它的规定也就改变"②。另一方面，与活劳动相结合是保存劳动产品、生产资料的唯一手段。在马克思看来，劳动产品作为生产资料一旦进入劳动过程也就丧失了产品的性质，仅仅作为活劳动的物质因素。机器亦是如此，它必须在与活劳动的结合中形成新的使用价值、创造新的产品。因此，在劳动过程中，人的劳动、活劳动是保存价值、创造价值的关键性因素。

① 《马克思恩格斯文集》第5卷，人民出版社，2009，第209页。
② 《马克思恩格斯文集》第5卷，人民出版社，2009，第213页。

　　到此为止，马克思已经详尽阐述完作为简单的、抽象的劳动过程的要素，即作为非历史的劳动过程的内在规定。进入资本主义社会后，也就是当劳动从属于资本时，劳动过程会转变为资本主义生产过程，进而会产生两个特殊现象。第一，工人的劳动属于资本家，并且在资本家的监督下劳动。资本家通过监督劳动的方式推进劳动的同时，还得确保原料不浪费、劳动工具的小心使用等，使得生产损耗控制在合理的程度。第二，劳动产品与工人丧失直接关联，全盘为资本家占有。马克思以酵母比喻工人的劳动，指出工人的劳动加入死劳动之中能够"发酵"出新的产品，而且能确保所有劳动产品归资本家所有。马克思强调："从他进入资本家的工场时起，他的劳动力的使用价值，即劳动力的使用，劳动，就属于资本家了。"① 在此意义上，劳动过程不仅具有了一般意义，而且具有了价值增殖的性质，表现为在资本主义生产关系下被异化。

二　价值生成的演变与异化

　　资本主义生产方式虽然首先表现为生产劳动产品的劳动过程，但是资本家的目的并不在于使用价值，而是获取价值，尤其是实现更大的价值。因此，资本主义生产方式除了是劳动过程外，还表现为价值增殖过程，即形成价值乃至剩余价值的过程。

　　马克思首先分析了生产过程中价值的形成过程。作为分析前提，马克思指出，商品的价值是由物化其中的劳动量决定的，更是由生产该商品的社会必要劳动时间决定的。资本主义社会下生产出来的商品的价值是由两方面构成的。一方面是过去的劳动，指的是已经固化在生产资料中的过去的劳动。在生产过程中，这部分生产资料要构成产品价值还需要两个条件：一是必须具备某种使用价值，有承担使用价值的载体；二是所用的劳动时间只能是一定社会生产条件下的必要劳动时间。这部分生产资料的价值在劳动过程中会被转

---

　　① 《马克思恩格斯文集》第 5 卷，人民出版社，2009，第 216 页。

移到劳动产品中去，而且是在价值量不会变化的情况下被转移过去。另一方面是现在的劳动，指的是工人在劳动过程中实现的劳动。马克思在分析这部分的劳动时特别强调必须抛开劳动的具体形态，仅仅关注作为抽象的人类劳动的属性。此时将不再涉及劳动的性质和内容，只关注到劳动量的变化和差异。在劳动过程中，工人将一定量的劳动、一定量的生命力对象化在劳动产品之中。因此，价值形成过程下的劳动产品不仅包括了生产资料转移而来的物化劳动，还包括工人在生产中凝结的劳动。在形成价值的过程中，"产品的价值等于预付资本的价值。预付的价值没有增殖，没有产生剩余价值，因此，货币没有转化为资本"①。附加值与产品的价值相等意味着不存在剩余价值，整个生产仅仅是简单的价值形成过程，丝毫不会形成所谓价值增殖。因此，价值增殖过程必有与简单的价值形成过程相区别开来的东西。

马克思通过区分价值增殖过程与简单的价值形成过程揭示了剩余价值的来源。具体而言，简单的价值形成过程到价值增殖的转变关键在于劳动力的使用带来的价值与劳动力自身价值之间的差额。马克思指出，包含在劳动力中的过去劳动（维持劳动力的费用）与劳动力提供的活劳动（劳动力一天的耗费）是两个完全不同的量。前者体现为劳动力商品的交换价值，是劳动力商品在商品流通领域内交换时的价值；后者则是劳动力商品的使用价值，是劳动力商品在商品生产领域内所付出的劳动。二者之间可以存在明显的差额，因为维持工人一天生活所需的价值与工人劳动一天创造的价值并非一个概念，即劳动力的价值和劳动力在劳动过程中的价值增殖是两个概念、两个量，而且"劳动力一天的使用即一天的劳动就归他所有"②。资本家购买和使用劳动力正是看重了这个差额。因此，生产过程作为价值增殖的关键在于劳动力商品的特殊性质，也就是劳动力商品的独特的使用价值，即"它是价值的源泉，并且是大于它自

① 《马克思恩格斯文集》第5卷，人民出版社，2009，第222页。
② 《马克思恩格斯文集》第5卷，人民出版社，2009，第226页。

身的价值的源泉"①。在资本主义生产中，劳动者实现了劳动力的交换价值，却也让渡了劳动力的使用价值，使得货币占有者直接占有了他的劳动力的日价值。在工作日中，劳动者往往能够创造出比劳动力自身价值大很多的价值。由此，货币通过既在流通领域又不在流通领域的方式，即以流通为中介实现了价值增殖，转化为了资本。比较而言，价值形成过程与价值增殖过程的差异在于"价值增殖过程不外是超过一定点而延长了的价值形成过程"②。这个点正是资本所支付的劳动力的价值与通过劳动形成的价值相等的时刻，在这个价值量内的生产过程就是单纯的价值形成过程，如果超过了这个点则是价值增殖过程。

价值形成过程与劳动过程有着区别与联系。价值形成过程与劳动过程实际上凸显了劳动的两个方面。一方面，劳动过程实质在于生产使用价值的有用劳动。劳动过程的一般性与具体劳动相对应，强调的是劳动的质，即运用特殊的劳动方式和方法创造出了满足人类某种需求的劳动产品。另一方面，价值形成过程的特殊性实际上与抽象劳动相对应。在价值的形成过程中，劳动的具体形式被抽象，凸显的是劳动的量、劳动的时间，强调了劳动力被有用地消耗的时间长度。在此过程中，商品被注入了劳动时间、劳动价值，并且可以被当作一定量的对象化劳动来计算，也可以按照时间尺度计算劳动时间等。

不仅如此，劳动过程与价值形成过程在资本主义生产条件下有着紧密的关联。劳动生产的使用价值所耗费的时间必须是在社会必要劳动时间的限度内，而不能从个体劳动时间简单计算商品的劳动时间和价值。为了确保价值形成过程的顺利，资本家必须时刻紧盯劳动过程的推进，确保劳动构成的各个环节的有序进行，如保证劳动原料的质量、劳动以平均的紧张程度进行、劳动原料和劳动不能浪费等。可见，为了确保价值的形成乃至剩余价值的产出，劳动力

---

① 《马克思恩格斯文集》第 5 卷，人民出版社，2009，第 226 页。
② 《马克思恩格斯文集》第 5 卷，人民出版社，2009，第 227 页。

的使用必然会在资本的监督下使用，进而影响到劳动过程的推进。

马克思曾经总结道："作为劳动过程和价值形成过程的统一，生产过程是商品生产过程；作为劳动过程和价值增殖过程的统一，生产过程是资本主义生产过程，是商品生产的资本主义形式。"① 这句话实际上反映了劳动过程的发展阶段。

如表 4 - 1 所示，马克思首先通过对商品的分析，指出了形成商品二因素的劳动二重性，即创造使用价值的具体劳动和创造价值的抽象劳动。与具体劳动相对应的则是一般的劳动过程。马克思认为，无论在何种生产关系下，作为物质生产承担者的劳动过程都是一般性的存在。但是，与抽象劳动相对应的价值创造过程则会随着生产关系的改变而改变：在商品生产过程中表现为价值形成过程，在资本主义生产过程中则与价值增殖过程相对应。可见，劳动过程与价值形成过程最终在资本主义生产下演化发展为资本主义生产过程的二重性，成为劳动过程和价值增殖过程的统一体。此时的资本主义生产过程不仅是劳动过程，更是表现为价值增殖过程。在此过程中，劳动过程表现为手段，价值增殖过程则是直接的目的。因此，资本主义生产过程突出表现为追求剩余价值的劳动过程。可见，一旦劳动过程演化为资本主义生产过程，异化劳动的产生将无可避免，而异化劳动的产生正是由于资本主义生产过程追求剩余价值进而造成了对象化劳动和活劳动之间的异化——正是价值增殖的特性使得劳动过程被异化，表现为异化的劳动。

表 4 - 1

	物质生产 - 使用价值	价值生成 - 价值
劳动二重性	具体劳动	抽象劳动
商品生产过程	劳动过程	价值形成过程
资本主义生产过程	劳动过程	价值增殖过程

---

① 《马克思恩格斯文集》第 5 卷，人民出版社，2009，第 229～230 页。

三 资本主义生产过程从绝对剩余价值到相对剩余价值生产的发展

如上文所述，与劳动二重性的具体劳动和抽象劳动相对应，资本主义生产过程表现为劳动过程和价值增殖过程的统一。在此阶段，资本与劳动彻底对立，从而导致异化劳动的产生。不仅如此，随着资本的发展，资本主义生产过程愈加无止境地追求剩余价值，并实现了从绝对剩余价值到相对剩余价值生产的发展。在此过程中，劳动异化在双重维度上不断加深。由此，马克思确认了资本与劳动对立后资本主义生产过程的发展对异化劳动加深的影响。

工作日为工人进入生产领域之中的劳动时间。马克思指出，工作日是可分的，它由必要劳动时间和剩余劳动时间共同组成，二者对立统一共同构成了工作日的全部内容。其中，必要劳动时间指的是劳动力的价值，也就是维持劳动力再生产所需要的劳动时间；剩余劳动时间则是超过了必要劳动时间后无偿为资本家提供的劳动时间。由于工作日的长度为二者相加的时间之和，工作日的时间可以被确定，但是工作日并不是不变量而是可变量，取决于组成部分的时间变化，并且主要取决于剩余劳动的长度和持续时间。工作日必有最低限度，它由必要劳动时间确定，但是由于资本主义生产方式对剩余价值的追求，工作日绝不可能降低至必要劳动时间的限度。工作日亦有最高限度，主要取决于：一是劳动力的身体界限，即作为人在 24 小时的自然日内的生命力；二是劳动力的道德界限，也就是为了满足工人的精神需要和社会需要所需的时间。可见，工作日是弹性的，具有上下可调节的流动特质。马克思指出，虽然工作日是弹性的，但是资本家与工人阶级之间呈现出了"二律背反"，即权利和权利的对抗——资本家坚持作为买者的权利，尽量延长工作日；工人坚持卖者的权利，限制工作日于正常量内。可见，资本家与工人阶级之间的"权利斗争"直接反映在关于工作日界限的斗争，而工作日的变化凸显了生产方式的变化。

一方面，就劳动过程的异化而言，具体劳动在从绝对剩余价值到相对剩余价值生产的发展中不断改变劳动的方式和形态，使得劳动逐渐成为生产资料的组成部分。

首先，在绝对剩余价值生产阶段，工人的工作日被迫延长，劳动的时长和强度不断增大。马克思强调，对剩余价值的追求欲望是资本的本性。回顾历史，英国工业的发展史极好地展示了资本如何追求绝对剩余价值的生产。马克思指出，从陶器业看，由于劳动时间过长，陶器业的工人有着各种职业病。从火柴制造业看，工人工作时间长达 15 个小时，夜间也必须劳动，并且没有固定吃饭时间。从壁纸工厂看，劳动往往从早上持续到深夜，中间几乎无休。苏格兰的农业工人则要在极寒的天气中劳动 13 ~ 14 个小时。铁路工人连续工作 14 个、18 个甚至 20 个小时，在旅行季节往往要不间断劳动 40 ~ 50 个小时。总而言之，19 世纪中叶的英国产业部门呈现出无休止的劳动状况，不仅引发工人的各种职业病，并且导致了一大批工人的过劳死。除了强制性延长劳动时间，资本主义还采取了换班制度，确保生产日夜不间断地进行。马克思指出，生产资料是活劳动的吸收器，而且它必须通过吸收劳动力才能保存自己，否则生产资料的任何闲置将对资本家造成损失。因此，"在一昼夜 24 小时内都占有劳动，是资本主义生产的内在要求"①。日夜不停的工作对于单一劳动是不可能的，这客观上推动了换班制度的产生。通过换班制度，工人的劳动便被分为日工和夜工，日夜不停的工作确保了劳动的不间断进行。可以看出，换班制度是资本主义生产要求冲破工作日生理界限的必然结果，体现了资本主义生产关系发展的必然要求。不止于此，换班制度给工人带来了一系列严重后果。一方面，24 小时连续不断的生产打破了名义上的工作日的界限。另一方面，换班制度客观上有利于资本家延长工人的劳动时间，迫使工人加班加点地劳动。

---

① 《马克思恩格斯文集》第 5 卷，人民出版社，2009，第 297 页。

　　可见，在生产方式既定的情况下，强行延长生产剩余价值的劳动时间是获取绝对剩余价值的必然途径。无论是直接延长工作时间，还是采取换班制度，资本主义通过延长劳动时间、加大劳动强度直接加深了工人劳动异化的程度，使得工人的劳动绝不可能是创造性的发挥，而是劳动过度乃至劳动致死。

　　其次，在相对剩余价值生产阶段，组织劳动的方式以及生产资料的变革使得劳动规训于资本、愈加成为生产资料的组成部分。针对此问题，马克思从资本主义生产方式的变革角度出发探讨了劳动过程的变化。马克思指出，在资本主义工场手工业时期，工场手工业引入了分工又发展了劳动分工，使得分工与工场手工业结合得更加紧密，最终呈现出"一个以人为器官的生产机构"。具体而言，工场手工业改变了劳动过程，使得劳动过程分解为个别的操作，并推动了工人成为操作的"器官"，由此使得每一个工人都只能从事单一的、局部的工作。采取局部工人进行生产的方式客观上提高了劳动生产率，也增加了劳动强度，使得工人固定于单调的劳动之中。可见，工场手工业改变了个人的劳动方式，入侵了个人的劳动，马克思指出："工场手工业把工人变成畸形物，它压抑工人的多种多样的生产志趣和生产才能，人为地培植工人片面的技巧……不仅各种特殊的局部劳动分配给不同的个体，而且个体本身也被分割开来，转化为某种局部劳动的自动的工具。"① 不仅如此，"资本主义生产方式使劳动条件和劳动产品具有的与工人相独立和相异化的形态，随着机器的发展而发展成为完全的对立"②。马克思再次感叹资本主义生产方式对人的异化劳动的决定性作用，指出在机器大工业下，工人丧失了与生产资料直接接触的机会，转变为以机器为中介下的具体劳动的事实。在此情况下，工人只具备操作局部工具的技能，其他的能力则不断萎缩，最终导致了彻底的固化和片面化。

　　另一方面，就价值形成过程的异化而言，更多的通过抽象劳动

① 《马克思恩格斯文集》第 5 卷，人民出版社，2009，第 417 页。
② 《马克思恩格斯文集》第 5 卷，人民出版社，2009，第 497 页。

形成的价值被资本家榨取和占有，并且使得必要劳动时间不断缩短。

首先，在绝对剩余价值生产阶段，工作日的延长为资本家带来了更多的剩余价值，使得工人通过劳动创造的价值更多被榨取和占有。如上文所述，工作日的劳动表现为价值形成过程，客观上可以分为必要劳动时间和剩余劳动时间。为了追求更多的剩余价值，资本家必然要将工作日延长到必要劳动时间以上，以便榨取更多的剩余价值。更多的剩余价值意味着劳动创造出了更多不属于自己的价值，即更多的劳动产品虽然是劳动者产出的，但是这些劳动产品脱离了劳动者的掌控，成为"异己的存在物"，进而加深了工人的异化。在此意义上，劳动产品的生产也就是工人贫困的再生产，使得更多的剩余价值被资本家占有，并进一步用于资本的扩大再生产，并能够实现更大程度上的剩余价值的生产。

其次，在相对剩余价值生产阶段，科学技术的进步不断调节工作日中必要劳动和剩余劳动的比例，造成必要劳动价值的降低，最终导致工人自身劳动力的贬值。在假定工作日的长度和劳动强度不变的情况下，马克思考察了劳动生产力变动下劳动力价值的变化。马克思指出，一定长度的工作日总是表现为相同的价值产品，其中劳动力的价值和剩余价值的变动呈现出相反方向的变动，即剩余价值的提高必然造成劳动力价值的降低，而劳动生产力的变化会带来必要生活资料的减少，从而直接降低劳动力的价值。因此，通过生产方式变动实现的相对剩余价值的生产，必然会造成劳动力自身的贬值，这也意味着工人贫困化的加深几乎无可避免。

由上可见，劳动异化在从绝对剩余价值生产到相对剩余价值生产的发展中不断加深，即无论是具体劳动的异化下工人劳动的片面化，还是抽象劳动的异化下剩余价值被榨取，工人的劳动异化只能是有增无减。为此，马克思在《资本论》第二十三章回顾相对剩余价值生产时极好地总结了这两种生产所带来的异化："一切提高社会劳动生产力的方法都是靠牺牲工人个人来实现的；一切发展生产的手段都转变为统治和剥削生产者的手段，都使工人畸形发展，成为局部的人，把工人贬低为机器的附属品，使工人受劳动的折磨，从而使劳动失去内容，并且随着科学作为独立的力量被并入劳动过程而使劳动过程的智力与工人相异化；这些手段使工人的劳动条件变得恶劣，使工人在劳动过程中屈服于最卑鄙的可恶的专制，把工人的生活时间转化为劳动时间，并且把工人的妻子儿女都抛到资本的札格纳特车轮下。"①

第三节　资本积累与异化劳动的历史辩证法

马克思指出，劳动异化是劳动过程向资本主义生产过程转变的必然结果，也是劳动过程在资本主义社会关系下的表现形式。因此，异化的形成是一个历史性的过程，即劳动过程在资本的生产关系下被改造的过程——异化总是与资本密切相关。在资本主义发展过程中，积累不仅在异化劳动形成前发挥着重要作用，而且在异化劳动形成后与生产过程的发展相伴相生。更为重要的是，积累的发展将为扬弃异化提供各类基础。在此意义上，异化在积累的过程中形成了生动的历史辩证法，呈现出否定之否定的上升逻辑。可见，马克思在《资本论》中通过积累的历史根源、发展演变揭示了劳动过程向资本主义生产过程转变的条件、动力和结果。

一　原始积累：异化劳动形成的历史前提

在资本形成和发展之前存在一个前置性的问题，即资本是如何产生的。马克思指出，资本积累是一个首尾相连的"恶性循环"。在这个圆圈中，货币转化为资本，资本产生剩余价值后又进一步积累为更多的资本投入生产过程，以此完成了资本的扩大再生产。在此意义上，资本一旦产生了剩余价值便可以与剩余价值互为前提，实

---

① 《马克思恩格斯文集》第 5 卷，人民出版社，2009，第 743 页。

现资本与剩余价值的相伴增长。针对于此，马克思提出的资本原始
积累，正是从资本主义早期历史出发对资本形成过程的历史性诊断，
也是从经济史的角度对资产阶级使用各类手段剥夺生产者的控诉。
因此，资本的原始积累正是资本主义生产方式的起点，隐藏着资本
起源的秘密。

就原始积累的实质而言，马克思指出，货币和商品最初并不是
资本，而是经历了转化为资本的过程。这种转化是有条件的，即
"两种极不相同的商品占有者必须互相对立和发生接触；一方面是货
币、生产资料和生活资料的所有者，他们要购买他人的劳动力来增
殖自己所占有的价值总额；另一方面是自由劳动者，自己劳动力的
出卖者，也就是劳动的出卖者"①。要言之，这个条件即为劳动者和
劳动条件的分离。一方面，社会上的生活资料、生产资料为资本家
所占有，并且转化为资本，成为购买使用劳动力的基础。另一方面，
市场上形成了自由的劳动者。自由劳动者意味着他既不隶属于强制
性的社会关系，也不直接属于生产资料。这种自由的劳动者在市场
中由各类资料所支配，逐渐转化为雇佣工人。在此意义上，"所谓原
始积累只不过是生产者和生产资料分离的历史过程。这个过程所以表
现为'原始的'，因为它形成资本及与之相适应的生产方式的前史"②。

历史而言，资本主义社会经济结构是从封建社会的经济结构中
孕育而生。首先，劳动者在资本主义社会中不再像在封建社会那样
束缚于土地或者从属于他人。其次，劳动者摆脱了行会的控制，克
服了行会对人的控制。最后，这些劳动者还被剥夺了一切生产资料
和生活资料，成为自由的一无所有的个人。马克思指出，资本主义
萌芽虽然已经于十四五世纪在地中海沿岸零散地出现，但是从 16 世
纪开始才是真正的资本主义时代。

不仅从理论维度对原始积累进行分析，马克思还以最典型的英
国为例，从原始积累的历史进程中分析了生产资料被剥夺的历史和

---

① 《马克思恩格斯文集》第 5 卷，人民出版社，2009，第 821 页。
② 《马克思恩格斯文集》第 5 卷，人民出版社，2009，第 822 页。

手段。首先，在英国历史上，对农村居民土地的剥夺占据着突出位置。马克思指出，英国历史上采取了立法、宗教改革等方式消灭了自耕农，使得农民公有地退出了历史舞台。在这一过程中，暴力手段如影相随。英国的土地被以赠送、拍卖、直接掠夺等方式合并到私人地产中，将农民彻底从土地上赶走。马克思称这种行为是"清扫领地"，是"英国的一切剥夺方法的顶点"①。这些方法使得土地从原属所有者之中"解放"出来并与资本合并，共同为城市工业奠定了重要基础。其次，资产阶级利用国家政权强迫无产阶级投身于资本生产之中，并通过立法规定工作日和工资、禁止工人集会和罢工等。一方面，欧洲多国在 15 世纪末和整个 16 世纪通过立法惩罚了工人阶级的祖先——流浪者和贫民，让他们不得流浪乞讨，强迫他们必须从事劳动并且遵守劳动纪律。另一方面，资产阶级通过立法规定了工资的最高限度，强制延长工人的工作日，并且禁止工人结社、罢工等。最后，农业资本家和工业资本家逐渐形成。在其形成过程中，资产阶级通过暴力手段、对世界市场的掠夺、殖民制度、国债制度、现代税收以及关税政策等方式，大大加速了资本原始积累的进程。

马克思在从理论和历史维度对原始积累进行分析后感叹："资本来到世间，从头到脚，每个毛孔都滴着血和肮脏的东西。"② 正是通过这些暴力、血腥和肮脏的方式，资本主义实现了早期的原始积累，为资本主义生产方式的确立做出了全方位的准备。在这一过程中，原始积累推动了异化劳动的形成，为资本吞并劳动做出了全面准备，也为异化劳动的加深奠定了重要基础，因而成为异化劳动形成的历史前提。

二 资本积累：异化劳动在积累中加深

在《资本论》第一卷的第七篇，马克思转入对资本积累过程的

---

① 《马克思恩格斯文集》第 5 卷，人民出版社，2009，第 837 页。
② 《马克思恩格斯文集》第 5 卷，人民出版社，2009，第 871 页。

讨论。对积累过程的分析，实质上为马克思所提出的资本主义生产概念注入了更加复杂的规定性，即扩大了资本主义生产过程的内涵和外延，进一步解析资本逻辑的内在发展机制。

首先，马克思扩大了生产概念，即从孤立生产过程上升至直接生产过程，再到简单再生产。马克思指出，资本的一次循环实际上由三个阶段构成：第一阶段是货币在流通领域内购买生产资料和劳动力；第二阶段是生产过程，实现了生产资料和劳动力到包含着剩余价值的商品的转变；第三阶段是商品在流通领域内的出售，即剩余价值的货币化，进一步转化为资本。在这一过程中，孤立生产过程实则指向了第二阶段，也就是资本转化为生产资料和劳动力后在生产领域内所进行的劳动过程和价值增殖过程。孤立生产过程显然不足以支撑资本主义生产过程的内涵，为此马克思引入了直接生产过程的概念。虽然直接生产过程已经涉及了流通领域，包括生产资料、劳动力和商品的买卖，但是马克思此时抽象出资本流通的条件，假定资本家能够顺利买到生产资料和劳动力，并且顺利卖出商品，也就是不研究流通领域的新形式及其所包含的再生产的具体条件；同时，视生产者为剩余价值的全部占有者，即不考虑剩余价值的瓜分问题。可见，直接生产过程是对孤立生产过程内涵的扩大，实际上已经涉及了简单再生产的概念，即"任何一个社会，如果不是不断地把它的一部分产品再转化为生产资料或新生产的要素，就不能不断地生产，即再生产"①。从劳动过程看，再生产过程所消费的生产资料必须为数量相等的实物所替代才能进行。这也是再生产所能顺利进行的基本条件。从价值增殖的角度，马克思深入分析了再生产过程的特点，指出"在资本主义生产方式下，劳动过程只表现为价值增殖过程的一种手段，同样，再生产也只表现为把预付价值作为资本即作为自行增殖的价值来再生产的一种手段"②。可见，从价值增殖的角度更能够探究再生产的本质规定，即资本主义生产关系

---

① 《马克思恩格斯文集》第 5 卷，人民出版社，2009，第 653 页。
② 《马克思恩格斯文集》第 5 卷，人民出版社，2009，第 653 页。

的再生产，尤其是异化关系的再生产。

在简单再生产中，工人不断再生产着可变资本与不变资本，进而实现了全部资本的再生产，这也实际表明它是资本主义生产关系的再生产。马克思指出，劳动产品和劳动的分离，即劳动客观和主观条件的分离是资本主义生产过程的起点。简单再生产使得这种分离重新生产出来并且确立下来，成为永久化的生产基础，并且彻底将物质财富与工人分割开来。这直接导致"他自己的劳动就同他相异化而为资本家所占有，并入资本中了，所以在过程中这种劳动不断对象化在为他人所有的产品中"①。换言之，工人通过劳动不断生产着与自己相异化的客观财富，这种财富成为资本后进一步成为统治和剥削工人阶级的权力，即实现了资本主义异化的生产关系的再生产。

其次，马克思从资本积累与扩大再生产的角度，突出了资本有机构成的重要性。马克思进一步将积累纳入生产过程的考量之中："我们首先抽象地来考察积累，也就是把积累只看做直接生产过程的一个要素。"②从剩余价值转化为资本角度看，包含着积累过程的直接生产过程也就是扩大再生产范畴。

为了实现再生产领域的扩大，剩余价值转化为资本成为关键因素。通过剩余价值转化为资本，资本实现了积累。在此基础上，要实现生产的扩大还需要追加更多的劳动力。通过生产资料和劳动力的追加，"具体说来，积累就是资本以不断扩大的规模进行的再生产。简单再生产的循环改变了，按照西斯蒙第的说法，变成螺旋形了"③。可见，从简单再生产到扩大再生产的关键在于资本的追加："对过去无酬劳动的所有权，成为现今以日益扩大的规模占有活的无酬劳动的唯一条件。资本家积累得越多，他就越能更多地积累。"④

---

① 《马克思恩格斯文集》第5卷，人民出版社，2009，第658页。
② 《马克思恩格斯文集》第5卷，人民出版社，2009，第652页。
③ 《马克思恩格斯文集》第5卷，人民出版社，2009，第671页。
④ 《马克思恩格斯文集》第5卷，人民出版社，2009，第673页。

其中的奥秘正是在于资本家总是没有付出等价物、却占有了他人的对象化劳动，并且通过这种占有实现更大规模上的占有，即量上的扩大及再扩大。马克思指出，劳动力的剥削程度、劳动生产力、所使用的资本和所消费的资本之间差额的扩大、预付资本的量等都是决定资本积累量的重要因素，并且成为实现积累量的增大的重要途径。可见，资本在追求量的扩大时必然会加强对劳动力的剥削程度，并进一步加深了劳动的异化，这也将积累与劳动异化的程度直接相关联。不仅如此，在劳动剥削程度已定的情况下，为了获取更多的剩余价值量就必须扩大工人人数，客观上增加了异化的范围，使得更多人被迫纳入异化劳动体系。可见，积累量上的变化与劳动异化的程度直接相关联。

最后，马克思从资本主义积累的一般规律出发，从积累的量的研究转入积累的质的考察，也就是从资本有机构成变化的角度探讨对工人阶级命运的影响，进而得出了资本的积累就是无产阶级贫困的积累的结论。

马克思指出，资本的构成可以从两个角度进行考察：从价值构成的方面表现为不变资本和可变资本的比例；从技术构成的方面表现为生产资料和劳动力的比例关系。结合二者便可以得到资本有机构成的内涵，即由资本技术构成决定并且反映技术构成变化的价值构成，简称为资本构成。与早期单纯量的积累不同，随着资本主义的发展，尤其是劳动生产率的提高，资本积累的有机构成必然产生变化。劳动生产率的提高意味着同样的劳动力所推动的生产资料大幅增加，意味着同样的劳动能够使用更多的生产资料，这必然会导致有机构成的变化。有机构成的变化凸显的是不变资本的增多、可变资本的相对减少。不止于此，资本的积累会进一步推动资本的积聚，并通过竞争与信用两大杠杆实现资本的集中。资本的积聚与集中反过来又引起了可变资本的进一步减少，形成了相对过剩人口，即所谓"产业后备军"。因此，相对过剩人口是资本主义生产方式所必然带来的结果，也是资本积累的必然产物，反过来也可以成为资本主义积累的杠杆，即通过产业后备军的方式使得部分工人不断被"游离"出来，进而迫使工人阶级绝对从属于资本。可以看出，资本主义积累的一般规律实际体现为量上资本的增大，质上有机构成的变化，最终导致可变资本的相对减少与相对过剩人口的产生。进一步而言，积累在量和质方面的矛盾客观上造成了资本主义生产方式的矛盾。

从简单再生产到扩大再生产的关键在于资本主义的积累。马克思已经注意到，"一切生产剩余价值的方法同时就是积累的方法，而积累的每一次扩大又反过来成为发展这些方法的手段"[1]。积累的过程就是追求剩余价值的过程，必然会导致工人的牺牲，从而使得劳动失去内容，工人沦为机器的附属——工人的劳动过程使得工人受折磨和感觉被异化："于是，那种以生产资料的形式参与活劳动过程的过去劳动所取得的不断增长的重要性，就被归功于这种劳动的同工人本身相异化的形态，即它的资本的形态，虽然这种劳动是工人的过去的和无酬的劳动。"[2] 总结而言，资本越积累，生产资料越以资本的形态出现支配和占有着工人的活劳动，最终只能是导致生产资料与工人相异化。

三　扬弃积累：异化劳动的否定

在探究完资本原始积累的秘密、分析了资本积累的奥秘后，马克思转入对资本主义积累历史趋势的思考，即研究积累究竟将资本主义引向何处，以及资本主义发展的历史趋势究竟为何。具体而言，马克思从生产方式发展的三个历史阶段论述了资本主义矛盾的形成、发展和激化过程，指出了资本主义积累的历史趋势和前进方向。生产发展的所有制阶段呈现如下。

第一，建立在生产资料私有权基础上的小生产。如上文所述，资本原始积累是对直接生产者的剥夺，这里的直接生产者即是以自

---

① 《马克思恩格斯文集》第5卷，人民出版社，2009，第743页。
② 《马克思恩格斯文集》第5卷，人民出版社，2009，第702页。

己劳动为基础的小生产者。这类小生产者占有一定的生产资料，使用着一定的劳动资料和劳动的外部条件，因而是与社会和集体对立的生产资料个人占有的私有制。这种私有制表现为农民作为土地的私有者在土地上劳作、手工业者使用着自己的工具生产产品——劳动条件的自由私有是其历史性特征和典型形式。以生产资料私有权为基础的小生产是以分散的土地及其他生产资料为前提。它拒斥协作与分工，呈现出个体化、孤立的生产特征。这种生产方式的界限在于自然以及社会生产发展的限度，也就是小生产所能触及的自然界限，以及社会生产发展所产生的消灭它的物质基础。换言之，当生产发展至需要更广泛的社会协作与分工时，即与这种狭隘的生产关系所不能相容的地步时，这种生产方式必然走向消亡。在那时，"个人的分散的生产资料转化为社会的积聚的生产资料，从而多数人的小财产转化为少数人的大财产，广大人民群众被剥夺土地、生活资料、劳动工具，——人民群众遭受的这种可怕的残酷的剥夺，形成资本的前史"[1]。

第二，在对小生产的剥夺基础上必然导致的资本主义私有制，即以剥削劳动力为基础的私有制。第二阶段的生产方式也就是资本主义生产过程，它建立在资本与劳动对立的基础上，其重要表现是将劳动者转化为无产者以及劳动条件转化为资本。资本主义生产方式的确立标志着生产社会化的进一步推进。一方面，资本不断集中，少数资本家剥夺了多数资本家，资本在集中过程中最终实现了垄断。另一方面，科学自觉地应用于技术方面，劳动过程协作的社会程度不断扩大，并逐渐从单个国家扩大到国际社会，成为世界性质的生产。可见，资本主义私有制产生了与其所有制性质相矛盾的"社会化"属性，这也意味着资本愈加成为社会发展的桎梏。不仅如此，资本主义使得工人阶级在被压迫和剥削过程中不断训练和组织起来，成为资本主义生产方式的掘墓人。在此意义上，社会化大生产与资

---

① 《马克思恩格斯文集》第 5 卷，人民出版社，2009，第 873 页。

本主义私有制之间的内在矛盾将激发工人阶级推翻资本主义，否定资本主义生产方式。

第三，否定私有制之后所实现的在生产资料共同占有的个人所有制。马克思指出，所有制在其发展过程中的第一个否定是对以自己劳动为基础的私有制的第一个否定；第二个否定是对资本主义私有制的否定。虽然都是否定，但是这两种否定具有截然不同的性质："前者是少数掠夺者剥夺人民群众，后者是人民群众剥夺少数掠夺者。"① 通过这种否定之否定，社会将在资本主义成就基础上，"在协作和对土地及靠劳动本身生产的生产资料的共同占有的基础上，重新建立个人所有制"②。值得注意的是，这里的重建个人所有制并不是要恢复到小生产的私有制，而是在生产资料社会所有基础上重新实现个人与生产资料的结合，因而是对私人所有制的否定。

马克思通过否定之否定的历史辩证法，论证了资本积累过程中私有制的发展阶段。与私有制相对应的则是不同的生产方式，以及不同生产方式之下的劳动过程。可以说，马克思将生产关系推至所有制的研究，将所有制与劳动过程的发展阶段联系在了一起，指出扬弃私有制终将扬弃异化劳动，并在个人所有制基础上实现每个人自由自觉的劳动。

综上所述，与经济学手稿时期的理论相比，《资本论》反映了马克思已经改变了写作逻辑，即从商品入手，揭示了商品生产过程发展至资本主义生产过程的历史与现实相统一的逻辑发展过程。在此过程中，马克思仍然使用了异化概念，但是异化已经让位于劳动过程理论，也就是将异化劳动视为劳动过程发展的特殊阶段。具体而言，马克思从一般的劳动过程出发，指出了在资本主义社会下劳动过程的特殊性，即作为资本主义生产过程本质和历史特征的价值增殖的特性。马克思还从生产过程的发展中考察了异化的加深问题，即从绝对剩余价值生产到相对剩余价值生产的演变过程中考察了具

① 《马克思恩格斯文集》第5卷，人民出版社，2009，第874~875页。
② 《马克思恩格斯文集》第5卷，人民出版社，2009，第874页。

体劳动的异化和由抽象劳动创造的价值的异化问题。商品拜物教正是价值异化的重要产物，也是笼罩在人类社会之上的普遍的商品异化问题，而这一切都根源于劳动过程的生产关系。不止于此，马克思以私有制的历史发展阶段为背景，考察了积累过程中异化劳动如何形成乃至最终被扬弃的可能路径。可以说，劳动过程从一般到资本主义特殊的发展是马克思的理论主轴，表现为从商品生产过程到资本主义生产过程再到直接生产过程的演化。因此，异化劳动在《资本论》中并非缺失，而是呈现于完整的劳动过程的理论逻辑：异化在商品生产过程阶段逐渐形成，在资本主义生产过程中伴随着资本积累不断加深，乃至最后积累也就扬弃异化、扬弃资本主义生产过程的条件。可见，基于劳动过程理论的异化劳动具有了不同以往的理论逻辑，从而焕发出崭新的理论生命力。

第五章

异化劳动与劳动过程的历史演变

马克思指出:"各种经济时代的区别,不在于生产什么,而在于怎样生产,用什么劳动资料生产。劳动资料不仅是人类劳动力发展的测量器,而且是劳动借以进行的社会关系的指示器。在劳动资料本身中,机械性的劳动资料(其总和可称为生产的骨骼系统和肌肉系统)远比只是充当劳动对象的容器的劳动资料(如管、桶、篮、罐等,其总和一般可称为生产的脉管系统)更能显示一个社会生产时代的具有决定意义的特征。"① 从劳动过程理论关于劳动资料的讨论把握时代差异应是重要路径,但是劳动过程理论在马克思去世后几乎未被完整地讨论。直到哈里·布雷弗曼的《劳动与垄断资本——二十世纪中劳动的退化》出版后,劳动过程理论才逐渐引起了人们的关注。巴兰和斯威齐在《垄断资本——论美国的经济和社会秩序》中承认,他们的工作"结果几乎是完全忽视了在马克思的资本主义研究中占据中心地位的一个题目:劳动过程"②。为此,本章试图回顾劳动过程从福特制到后福特制的发展过程,基于劳动过程理论发展形成的代表性观点与现实的比较,探讨劳动过程理论的当代发展在何种程度上坚持了马克思的劳动过程理论、在哪些地方

① 《马克思恩格斯文集》第5卷,人民出版社,2009,第210页。
② 〔美〕保罗·巴兰、〔美〕保罗·斯威齐:《垄断资本——论美国的经济和社会秩序》,南开大学政治经济学系译,商务印书馆,1977,第14页。

发展了劳动过程理论，以及劳动过程在 20 世纪的变革与异化劳动的新形式的内在联系。

在劳动过程从福特制到后福特制的演化过程中，资本主义生产过程仍然占据着主导地位，并且通过采取更加先进的科学技术不断推动劳动生产力的发展。进入 20 世纪，科学技术与劳动生产力发展的重要原因在于第二次和第三次工业革命的推进。这两次工业革命彻底改变了第一次工业革命以来的能源动力结构，推动了机器产生一系列重要变革。由此，机器的变革成为影响资本主义生产过程、改变劳动过程的核心要素。在此意义上，科技革命推动下的机器发展引发的劳动过程变革和异化劳动形式的变化即为本章的线索。

需要指出的是，本章主要考察的是发达资本主义国家中的劳动过程的演变及其所带来的异化劳动问题。其中，发达资本主义国家自 19 世纪 70 年代以来经历了三次大的转变：自由资本主义向私人垄断资本主义转变，私人垄断资本主义向国家垄断资本主义转变，国家垄断资本主义向国际垄断资本主义转变。这些转变实际上反映的是生产力和生产关系的发展与调整。基于上述背景，本章试图从马克思劳动过程理论中有关对象化劳动的理论，即机器理论出发，考察随着资本主义生产方式不断演化的劳动过程的演变及其对异化劳动的影响。

第一节 福特制与异化劳动的客体向度

马克思在《政治经济学批判（1857—1858 年手稿）》中分析劳动过程时指出，科学技术的进步与机器的发展在资本与劳动对立的情况下只会增大资本对劳动的支配权力。马克思特别注意到，资本一般在其发展过程中会演化为流动资本和固定资本，而且"固定资本的发展也表明财富一般发展的程度，或者说资本发展的程度"①。

---

① 《马克思恩格斯文集》第 8 卷，人民出版社，2009，第 198 页。

更重要的是，固定资本采取的"最后的形态"就是机器。马克思在《资本论》中指出任何机器都是由发动机、传动机和工具机所组成。因此，科技进步在推动机器发展时必然会使机器的某些组成部分发生变革。要言之，在本部分内容中，对劳动过程理论的分析最终落脚于探讨生产过程中机器的变革，即从机器的发展引发的劳动过程的变化探讨对异化劳动的影响。总体而言，布雷弗曼的理论对应于第二次工业革命所造成的资本变革与劳动过程的改变，这种改变首先反映在垄断资本主义的兴起。

一　垄断资本主义发展的新状况

垄断是资本发展的必然结果。虽然在写作《资本论》时处于自由竞争的资本主义时代，但是马克思已预见了资本集中的趋势。马克思从资本积累的角度出发，分析了资本在竞争中不断积聚乃至最终实现大规模集中的过程。恩格斯沿着马克思的思路，在《反杜林论》及《社会主义从空想到科学的发展》中，探讨了股份公司对垄断形成的重要意义，指出了生产社会化下垄断组织出现的必然性。

确实如马克思和恩格斯预言的那样，伴随着第二次工业革命，资本主义在 19 世纪末 20 世纪初逐渐转变为私人垄断资本主义。在此过程中，生产的集中和垄断程度不断提高，表现为制造业的不断合并，形成了多种垄断组织，从而控制了不同领域的生产组织。就此段历史而言，列宁和希法亭的理论极好地揭示了垄断的形成和发展实质。

伴随着资本主义发展，金融资本在垄断形成中的作用被凸显。希法亭的《金融资本》针对金融资本与垄断的问题作了较好的阐释。希法亭对金融资本的研究的突出特征在于从流通领域入手，以流通中的货币为研究金融资本的起点。希法亭认为货币是信用产生的基础，更是信用之后的股份公司和银行的逻辑起点。在此基础上，希法亭分析了产业资本的垄断，指出垄断的直接动因是克服利润率平均化的障碍。为了克服这种障碍和提高利润率，"联合制"使得企业可以较好地克服这种利润率的差异。联合制也就是工厂之间实行的联合，分为由原材料引起的企业联合、不同产业领域的联合以及同一产业部分企业的联合。另外，银行在垄断的形成中发挥着巨大作用。由于银行获取利润的方式是与工厂和企业分享利润，但是只要企业之间存在相互竞争，银行从中获得的利润必然会有所损失。因此，银行希冀通过消除竞争从而最大限度地获取利润。换言之，银行资本与产业资本在消除竞争方面有着一致的要求，二者形成的紧密的利益关系进一步推动了垄断的发展。最终，工业资本和银行资本日益联合，形成了所谓"金融资本"。

针对希法亭从流通领域探讨垄断问题的错误出发点，列宁在《帝国主义论》中批判了希法亭并提出了包含新的因素的垄断理论。在关于金融资本的定义方面，列宁指出金融资本应该还包括大资本的发展、银行的作用以及垄断资本的形成、瓜分世界等因素。列宁认为，只有从生产的集中、集中引起的垄断以及银行和工业的融合三个方面才能说明金融资本的历史源头，其中的重点在于生产和资本集中对于金融资本形成的决定性作用。由此，列宁直接从生产集中，尤其是工业资本的垄断形成开始，探讨了生产垄断的发展过程，强调了私人垄断—国家垄断—国际垄断的发展趋势。可见，列宁旗帜鲜明地从"生产集中和垄断"出发，站在资本主义工业生产集中的角度阐述了垄断组织的形成历史，指出了垄断是资本主义发展的最新状况。在此基础上，列宁又分析了银行对于垄断组织形成的重要推动作用，指出了银行业的集中和垄断使得工业资本与银行资本日益融合而形成金融资本的事实。在整个过程中，列宁始终认为生产集中带来的垄断是其中的根本动力。

无论是希法亭还是列宁的论述事实上已经注意到了资本主义发展的新变化，反映了从自由竞争资本主义到垄断资本主义的特征变化。在这一历史阶段，垄断资本主义纷纷在各国建立起来，突出表现为私人垄断资本的盛行、金融资本发挥的重要作用。然而，1929年美国资本主义经济危机爆发并迅速传导至世界各国，世界性的经济危机愈演愈烈。此次危机中，私人垄断资本主义的弊端暴露无遗，即垄断资本家利用经济优势激化了资本主义基本矛盾，使得生产无序化愈加严重。由此开始，资本主义私人垄断逐步退出历史舞台，开始了从私人垄断向国家垄断的过渡。

垄断资本主义的发展不仅体现在政治秩序的变化上，而且反映在生产力与生产关系的变革中。这种政治和经济关系的变化对劳动过程产生了多方面影响，如政治领域内工会的兴起、经济领域内生产模式的变革。20世纪资本主义的主轴是垄断资本主义。要考察劳动过程的变革以及异化劳动的新形式，必须结合垄断资本主义的最新发展来理解。在此背景下，布雷弗曼注意到了早期垄断资本的发展情况，从垄断资本主义下的劳动过程出发，揭示了工人劳动的新特征。

二　泰罗制与劳动主体的科学管理

劳动过程按照要素可以分为劳动的主体和客体，前者指向劳动者的活劳动，后者则指向劳动过程中的劳动资料和劳动对象。在马克思看来，异化劳动正是源于死劳动对活劳动的统治，也就是对象化劳动对劳动主体的统治。布雷弗曼的《劳动与垄断资本——二十世纪中劳动的退化》中的第一部分和第二部分事实上分别考察了活劳动和对象化劳动的变革问题，以此展示了垄断资本主义下的异化劳动的具体表现。具体而言，布雷弗曼从劳动的分工与管理的角度，探讨了以泰罗制（译泰勒制）为代表的科学管理对活劳动的影响。

布雷弗曼从劳动和劳动力的区别谈起，指出人的劳动与动物的劳动的区别在于后者是本能的、先天的活动，前者则是自觉的、有目的的活动。在人类劳动中，人的概念思维能力在指挥劳动方面发挥着重要作用。因此，"超越本能活动的劳动是创造人类的力量，又是人类用以创造我们熟悉的这个世界的力量"①。与劳动相关的概念

---

① 〔美〕哈里·布雷弗曼：《劳动与垄断资本——二十世纪中劳动的退化》，方生等译，商务印书馆，1979，第46页。

则是劳动力。布雷弗曼指出，劳动力被马克思称作人类进行劳动的能力。劳动力不可与人起作用的力量相混淆，因为劳动力是一个特殊范畴，是经济领域的关键概念，即买卖劳动力是资本主义的特征。劳动力的买卖完成后向资本家提出了很大的挑战，这是因为"资本家在购买能做许多事情的劳动力的同时，也买得了很不确定的质和量。他所买的东西的潜力是无限的，但是实现这种潜力时却受到工人的主观情况、工人以往的历史、工人工作的一般社会条件、企业的特殊条件，以及工人劳动的技术环境等等方面的限制"①。为了最大限度地使用劳动力，发挥最大限度的潜能，劳动过程的组织和监督有其必要。因此，劳动能力从工人让渡到资本家便产生了对活劳动的管理问题。由此可见，布雷弗曼坚持了马克思劳动过程理论中的核心概念——劳动力概念，明确指向劳动过程的主体方面。与马克思不同的是，布雷弗曼从其所处时代出发，关注到了活劳动的使用问题，由此进入了劳动管理的讨论。

布雷弗曼认为，生产者聚拢在一个生产领域便出现了最初形式的劳动管理问题。虽然在古代已经有了劳动管理问题，但是资本主义的管理方式是近代以来才日益普遍化，表现为更加完善和精细的管理。与管理相关的概念则是分工。布雷弗曼在这里主要讨论的是生产分工而非社会分工。在他看来，社会分工是社会范围内部门的分工，作为个别分工的生产分工是把"制造产品的各过程划分为由不同工人完成的许多工序"②。这种生产分工是企业内部的分工，是对各行各业和工业过程的分解，尤其是对劳动过程的分解，即将生产劳动划分为各个组成部分。

劳动管理在资本主义社会下逐步演化为科学管理的学问，泰罗制的产生和运用是其重要代表。布雷弗曼指出，科学管理就是要帮

① 〔美〕哈里·布雷弗曼：《劳动与垄断资本——二十世纪中劳动的退化》，方生等译，商务印书馆，1979，第53页。

② 〔美〕哈里·布雷弗曼：《劳动与垄断资本——二十世纪中劳动的退化》，方生等译，商务印书馆，1979，第67页。

助资本主义企业实现更加复杂的劳动控制。泰罗则是科学管理的代表人物，他首次系统论述了组织和控制劳动过程的基本原则。布雷弗曼将这套原则概括为三个重要特征。第一，劳动过程和工人技术的分离。劳动过程的进行不再是依靠工人的知识、手艺和传统等，而是由管理层经理部门来决定，即劳动的去技术化和简单化。第二，概念和执行的分离。布雷弗曼指出，概念和执行的分离类似于脑力劳动与体力劳动的分离，使经理部门承担脑力劳动，而工人仅仅负责体力部分，即执行经理部门所设计的工业步骤。由此，工人不仅丧失了对生产工具的支配权，而且丧失了对劳动方式的支配权，只是需要不假思索地执行简化的指示和工作任务。第三，通过对知识的垄断控制劳动过程的具体步骤和执行方式。在第一条和第二条原则起作用后，资产阶级垄断了劳动过程所运用的知识，使得工人愈加难以理解劳动过程，直接造成了工人与劳动的疏离。通过这些原则的实践，劳动过程分为在两种场所由不同劳动者完成的劳动，即体力的生产与脑力的设计，而这直接造成了人类体力与脑力劳动的对立。不仅如此，劳动者与科学之间的纽带也被彻底割裂，科学不再直接与劳动者相关联，而是成为专人研究的部门。

由上可知，布雷弗曼实际上推进了马克思关于劳动过程中对劳动主体的研究。在马克思所处时代，异化劳动主要表现为死劳动对活劳动的统治，即"对他人劳动的过去的占有，现在表现为对他人劳动的新占有的简单条件"①。布雷弗曼推进了这一观点，重点考察了活劳动对活劳动的统治及其与异化劳动的关系。活劳动对活劳动的统治就是通过科学管理实现对劳动者劳动的精确设计，最终达到最大限度地使用劳动力的目的。

三　福特制与对象化劳动的机械化

布雷弗曼在《劳动与垄断资本——二十世纪中劳动的退化》的

---

① 《马克思恩格斯文集》第 8 卷，人民出版社，2009，第 106 页。

第二部分考察了科学和机械化变革对劳动过程的影响。布雷弗曼指出，资本主义下的劳动实现了从以技能为基础到以科学为基础的转变，即结合科技革命的成果与科学管理的设计对劳动过程加以规划。因此，"科学乃是变成资本附属品的最后——也是仅次于劳动的最重要的——一项社会财产"①。在资本主义制度下，科学成为资本主义公司及其组织的附庸，而这一趋势是从德国开始的，即德国首先培育了科学与工业共生的状态。不仅在德国，美国亦是如此。美国在二战之后加强了对于科技的资助，通过政府力量推动科技革命，发挥了国家垄断资本主义的重要力量，进而使得科学本身转化为资本，资本成为科技革命的关键推动力。实际上，布雷弗曼的理论与世界各国的历史都印证了马克思对科技的判断，也就是科学并入生产的冲动，这也是资本追求剩余价值的必然举措。

随着科技革命的发展，劳动过程中的客体方面——生产资料也不断发生改变，表现为由简单工具到机器的发展史。布雷弗曼指出，从简单的机器到自动机器体系变革的第一步即为"把工具从工人手里转移到机构上去"②。布雷弗曼承认，这是马克思论述技术特点的起点。紧接着，布雷弗曼借用布莱特的观点指出，"机器演变的关键性因素不是机器的大小、机器的复杂性或机器的运转速度，而是对机器运转的控制方式"③。进一步而言，机器一旦有了确定不变的运动路线，便可按照预定的程序操作，进而成为"机床"。在该阶段，机器的运动方式都是由机械内部装置决定的，这时还称不上自动的，只能说是预先决定的轨迹。机器发展的下一阶段便是"根据来自直接作业机械装置以外的信息对机器进行控制"④。外部装置的控制使

① 〔美〕哈里·布雷弗曼：《劳动与垄断资本——二十世纪中劳动的退化》，方生等译，商务印书馆，1979，第 138 页。
② 〔美〕哈里·布雷弗曼：《劳动与垄断资本——二十世纪中劳动的退化》，方生等译，商务印书馆，1979，第 165 页。
③ 〔美〕哈里·布雷弗曼：《劳动与垄断资本——二十世纪中劳动的退化》，方生等译，商务印书馆，1979，第 167 页。
④ 〔美〕哈里·布雷弗曼：《劳动与垄断资本——二十世纪中劳动的退化》，方生等译，商务印书馆，1979，第 169 页。

各台机器能够相互适应，进而产生了机器的布局以及相应的传送和接续工作的问题，这样使得生产线更加"自动"。在此意义上，机器成为机器体系，是多台机器的连续生产。

机器的使用对人类的劳动过程产生了重要影响。布雷弗曼指出，机器的演化过程凸显了人类能力的发展，尤其是人类对环境的控制力的增强。但是，机器在资本主义使用下成了类似自然灾害破坏的事物。机器的使用对劳动过程同样造成重大影响，使得"如何围绕着机器部署劳动——从设计、建造、修理和控制机器所需要的劳动到给机器进料和操纵机器所需要的劳动——这不能按照生产者凡人皆有的需要来决定，而要按照既占有机器又占有劳动力、其利益所在是要以特殊方式把机器和劳动力结合起来的那些人的特殊需要来决定"[①]。换言之，机器在资本主义下由资本家所占有，而这导致了工人与劳动过程的疏离，劳动过程转而由机器和劳动力的占有者规划决定。布雷弗曼认为，以机器为中心组织劳动的方式是由资本主义生产方式所决定的，也是资本主义为提高劳动生产率的必然选择。同时，这种生产方式尽可能地消除了工人对劳动的控制，将劳动控制能力转移到可控的外在装置上。以此方式，资本家便可通过外在装置轻松操纵工人的劳动。在此意义上，布雷弗曼坚持了马克思关于活劳动和死劳动的观点，认为过去的劳动或死劳动成了资本，而资本力求实现死劳动对活劳动的支配，即"利用机器的每一个合适的技术特点来为它自己的目的服务，它就造成了这种死劳动支配活劳动的制度"[②]。劳动资料的变革，也就是机器的发展造就一个"二律背反"：一方面是机器的改进、效率的提高等；另一方面则是工人地位的削弱。产生如此现象的原因正在于，资本站在机器的背后吸收着活劳动，进而导致工人与机器的疏远，根本上还是源于资本与

---

① 〔美〕哈里·布雷弗曼：《劳动与垄断资本——二十世纪中劳动的退化》，方生等译，商务印书馆，1979，第173页。

② 〔美〕哈里·布雷弗曼：《劳动与垄断资本——二十世纪中劳动的退化》，方生等译，商务印书馆，1979，第205页。

劳动的对立。在此意义上，布雷弗曼感叹道："只要工人依旧是资本的奴隶，而不是掌握自己的劳动与命运的自由合伙的生产者，工人确实就一天一天地劳动，给自己建监更加'现代的'、更加'科学的'、更加使人失去人性的劳动监狱。"① 可见，对象化劳动的机械化为工人建造了各类"劳动监狱"。

不仅如此，劳动分工的进一步发展使得工人愈加适应资本主义生产方式。布雷弗曼认为福特制的运用是其突出代表。他指出，福特制通过传送带的变革直接影响了劳动过程。福特制通过流水线的方式使得工人在生产过程中无须走动，即工人仅需处于固定工作位置接收由传送带送来的劳动对象并完成简单操作即可。以此方式，"加快生产速度不仅在于劳动组织的改变，而且也在于管理部门一下子取得了对装配速度的控制权，使操作速度提高了两、三倍，从而使工人的劳动强度达到非常高的程度"② 。福特制不仅使得生产效率极大提升，还为资本家压平工资结构、降低成本提供了便利，进而造成工人阶级愈加屈服于资本。

可见，布雷弗曼实际上从科学的发展入手，指出了科学并入资本的历史事实。资本依托科学技术，不断实现着生产资料的变革，突出表现为机器的演化以及生产过程的机械化发展。在此背景下，生产资料的每次变革即机器的演化都会对劳动过程产生重要影响，也就是不断强化劳动从属于资本的事实，凸显了劳动过程中控制权的逐渐丧失。伴随着劳动过程在机器生产线下的分解，一方面部分工人被排挤出生产，另一方面工人内部的职业产生了重要分化，形成了不直接从事生产的劳动者，即办公室中工作的人员。这些现象是垄断资本发展的结果，更为资本的进一步发展奠定了基础。

由上，布雷弗曼观察到了与活劳动相对应的科学管理以及与死

---

① 〔美〕哈里·布雷弗曼：《劳动与垄断资本——二十世纪中劳动的退化》，方生等译，商务印书馆，1979，第210页。
② 〔美〕哈里·布雷弗曼：《劳动与垄断资本——二十世纪中劳动的退化》，方生等译，商务印书馆，1979，第133页。

劳动相对应的科学机械化对劳动异化的重要影响，指出了资本主义确立的死劳动对活劳动统治的制度化特征。其中，泰罗制和福特制对活劳动与死劳动的变革产生了重要影响，在以泰罗制为代表的科学管理和以福特制为代表的流水线生产的共同作用下，工人的生产劳动变得愈加机械和单调，逐渐演变为重复的简单动作，由此导致了工人与劳动异化感的加强，即工人对劳动的厌倦。

实际上，布雷弗曼的判断反映了作为生产资料的机器的变革对劳动过程的影响。马克思曾在《资本论》中指出："所有发达的机器都由三个本质上不同的部分组成：发动机，传动机构，工具机或工作机。"① 因此，任何机器的变革必然都会指向这几个组成部分。马克思认为，第一次工业革命实现了从工场手工业到机器生产的过渡，其中工具机是"18 世纪工业革命的起点"②。布雷弗曼的分析则对应于第二次工业革命，突出表现为发动机和传动机构的变革。具体而言，产生动力的发动机发展至电磁机，使得工厂在生产中能使用稳定均匀的电力，而"电动机的出现让工厂进行符合其工作性质的操作成为可能"③。另外，电动机提供的稳定和均匀的动力克服了蒸汽机提供动力下的中心－放射的工作结构，实现了动力均匀分布的长距离、稳定的动力传输，为传动机构的变革奠定了重要基础。在此背景下，流水线才能够产生。换言之，福特制的重要基础在于马克思所提及的机器三要素中发动机和传动机构的变革，也就是通过对象化劳动的变革实现对劳动主体的进一步剥削。

在此背景下，劳动过程的改变突出表现为劳动主体规训的"科学化"和对象化劳动的"机械化"。一方面，机器的革命，尤其是机器中的发动机和传动机的变革推动了对象化劳动的极大变化，使得机器在推动生产资料方面有了质的提升，这一过程也就是所谓对

① 《马克思恩格斯文集》第 5 卷，人民出版社，2009，第 429 页。
② 《马克思恩格斯文集》第 5 卷，人民出版社，2009，第 429 页。
③ 〔美〕大卫·E. 奈：《百年流水线：一部工业技术进步史》，史雷译，机械工业出版社，2017，第 16 页。

象化劳动的"机械化"。另一方面，"传动机构"的变革引发了劳动过程的变革，使得劳动者必须固定于生产线之上，接受由传送带传至面前的劳动对象。因此，劳动可以被进一步划分为细致的步骤，劳动个体在流水线下的劳动愈加均质化和空洞化，这些表现为劳动主体规训的"科学化"。借助于劳动过程中劳动力和劳动资料的变革，劳动过程与工人的异化愈加深入，工人对劳动过程控制的丧失表现为面对生产的无力感，劳动与工人之间的鸿沟愈加明显。总而言之，马克思对于异化劳动产生根源的判断仍然适用于第二次工业革命后的劳动状况，而且随着劳动过程的改变，劳动的异化感在主客体方面都得到了增强。

第二节　同意机制与异化劳动的主体向度

《劳动与垄断资本——二十世纪中劳动的退化》的出版引发了国际学界对劳动过程理论的持续关注。布雷弗曼达到了他在书中所希冀的"开辟讨论路径"的目的，并以此获得了广泛称赞。尽管他收获了学界的赞誉，却也引发了理论界对其理论的批评。这些批判的重点之一在于指责布雷弗曼忽视了工人的主体性维度，即将工人视为丧失主体意志的简单执行者。针对于此，美国的马克思主义社会学家布若威从劳动中"同意"的生产机制入手，试图探究劳动者在福特制下主体性的消解与认同意识产生的过程，即从劳动过程的演化揭示劳动异化从外在劳动异化到意识异化的诞生机制。要言之，与布雷弗曼从资本主义生产过程中的机器变革入手不同，布若威通过考察生产过程变革引发的生产关系的改变探讨劳动过程的变化。

布若威讨论劳动过程理论的背景正是基于资本主义由私人垄断资本主义转变为国家垄断资本主义的过程。国家垄断资本主义是垄断资本与国家政权结合的形式。1933年罗斯福新政实施后强调政府在经济运行中的作用，之后的第二次世界大战更是直接加强了国家对经济的管制。第二次世界大战之后，国家垄断资本主义发展并未停止，伴随着科技的进步和社会生产的发展，各国普遍实现了国家垄断资本主义，即1945年后资本主义国家普遍进入了国家垄断资本主义阶段。在此阶段，资产阶级政府频繁出手干预市场，积极调节资本主义市场。资本主义国家普遍建立了资本主义国有企业，将银行、航空、能源等领域内的重要企业收归国有。不仅如此，资本主义国家还使用国民经济计划的方式调节生产。第二次世界大战后，法国和日本着重通过制订经济计划的方式恢复和发展生产，它们采取了诸如"五年计划"等规划机制促进工业发展。此外，使用财政和货币政策调节经济成为资本主义国家的普遍共识。通过财政政策的运作，资本主义国家实现了收入的再分配，并以社会保险的方式构筑社会福利。可见，垄断资本主义实现了新发展，政府通过积极措施实现了更高程度的垄断，呈现出国家与垄断相结合的态势。

在此阶段，企业提高效率和获取利润的方式不再是简单通过压榨工人，而是注重研发投入，实现生产技术的更迭，即实现了进一步向相对剩余价值的生产的发展——科学技术在改变劳动过程、影响异化劳动方面的作用愈加凸显。在此背景下，劳动者与资本家的关系得到缓和，国家通过介入经济生活的方式直接影响微观企业的劳动管理。不仅如此，工会的兴起为保护劳动者利益、提高劳动者收入做出了重要贡献。在此背景下，以美国为首的发达国家提出了现代管理论，它融合了科学管理法和人际关系理论，既注重劳动过程的管理效率，又开始关注工人作为劳动者的人际关系，也就是从"强制"的劳动转变为"同意"的劳动，这就是布若威讨论劳动过程中的同意机制的重要背景。

一 封建主义与资本主义劳动过程的比较

布若威从历史唯物主义角度指出，劳动过程内在分为两个方面：一方面是生产关系，另一方面是实践。生产关系指的是生产中人与人的关系，实践则是指借助生产工具将原材料转变为成品或半成品

的活动。生产关系与实践有区别但是密不可分，即"生产关系塑造
了劳动过程的形式和发展，而劳动过程反过来为生产模式的转型设
定了限度"①。在此意义上，布若威指出剥削剩余劳动的模式的延续
必然包含实践活动的延续，以及其中蕴含的社会关系的再生产。为
了保证生产关系的再生产，必须有一套"机制"，即政治结构或政治
模式。通过关系的再生产，人们又在生产时创造了"表象的世界"。
在这个表象的世界里承载着意识形态，即布若威所认为的由社会机
构阐释和系统化的生活经验。

　　基于上述概念，布若威以封建主义的劳动过程为起点探讨了资
本主义劳动过程的特殊性。在布若威看来，"封建主义的生产关系的
一个确定特征是以租金的形式占有剩余劳动"②，即农奴以实物、金
钱或者劳务的方式向土地领主交纳租金。因此，农奴的劳动就可以
分为必要劳动和剩余劳动：前者是为了自我生存所需的劳动；后者
是为地主耕种所付出的劳动。封建主义劳动关系具有五个特性：第
一，在时间和空间维度上，必要劳动和剩余劳动相互分开，即农奴
在租用的土地上的劳动为必要劳动，在地主的领地上的劳动则是剩
余劳动；第二，农奴可以直接拥有和消费自己生产的成果；第三，
农奴拥有自己的生产工具，这些生产工具的使用可以不受封建领主
的干涉；第四，农奴提供剩余劳动的生产活动是由政治和法律规定
所保障；第五，权力机关、意识形态以及军事保护等体制为农奴的
劳动服务提供强有力的保障。由上可知，封建社会下的剩余劳动的
生产是由强制力所保障。农奴在完成必要劳动之后，剩余劳动的产
生和占有并不是自动完成的，而是在政治、经济和意识形态等多方
面的共同作用下保证其运行。

　　布若威指出，与封建主义生产方式不同，资本主义下的剩余劳

---

① 〔美〕布若威：《制造同意：垄断资本主义劳动过程的变迁》，李荣荣译，商务印
　　书馆，2008，第37页。
② 〔美〕布若威：《制造同意：垄断资本主义劳动过程的变迁》，李荣荣译，商务印
　　书馆，2008，第43页。

动以剩余价值为表现形式，呈现出更加隐蔽的特征。第一，必要劳动和剩余劳动在时间上和空间上不可分开。在资本主义生产方式下，必要劳动和剩余劳动产生于工厂之中，二者都蕴藏于工人的劳动产品中，资本家通过工资的形式实现了对劳动产品的占有，也就是对必要劳动和剩余劳动的双重占有。第二，工人与他们在工厂中通过劳动创造的产品没有直接关系。封建社会下，农奴对在自己土地上生产的产品拥有所有权。资本主义社会下，工人获取生活资料的唯一途径就是出卖自己的劳动力换得工资再购买消费品。对资本家而言，资本家必须出售劳动产品换得货币并进一步购买劳动力及生产资料。因此，市场的存在是资本主义的必要特征，只有通过在市场中的买和卖才能实现生产资料和生活资料、劳动力和资本的交换。第三，工人们既无法拥有生产工具，也无法自主使用生产工具。生产资料为资本家所占有和使用，并由他们指挥劳动的进行。因此，工人与生产工具的结合必须听命于资本家及其经理。第四，资本主义对劳动过程的规范分为控制和协调两个方面，二者是同一过程的两个方面。与此相对，关于生产活动的斗争发生在车间里而不是封建社会下的庄园法庭。第五，工人与资本家之间的生产保障是由经济力量所决定的。封建社会下，领主和农奴的关系很大程度上依赖于政治和法律等超经济因素的强制性保证，即通过权力的方式保证生产的运行。资本主义社会下，工人与资本家之间的关系表现为经济上的相互依赖。商品的生产一方面生产了劳动者，即必要劳动——工资的形式，另一方面生产了资本家，即剩余劳动——利润的形式。这意味着商品的生产不仅是物质生产，而且是生产关系的再生产，并通过经济关系推进了资本主义生产。

基于封建主义和资本主义劳动过程的比较，布若威得出了有关资本主义劳动过程本质的结论，认为资本主义劳动过程是获取并掩饰剩余价值的过程。布若威指出，在这一过程中明显存在着赢得、实现和掩饰剩余价值的困境。首先，在赢得剩余价值方面，布若威认为马克思的劳动过程理论大体上是基于"强迫"的付出的假设，即工人完全受资本家支配，工作强度可以任意增加，而这种强迫的假定没有为"同意的组织"留出空间。在布若威看来，同意的组织是对强迫的补充，意味着通过个体的明确意识和选择在劳动过程中保持合作。因此，剩余价值的生产方面应是强制和同意的组合。其次，在实现剩余价值方面，资本家所追求的利润实现在市场中存在价格与劳动时间之间的模糊关系。因此，获取的剩余劳动在其转化为剩余价值的过程中存在明显间隔。最后，在掩饰剩余价值方面，布若威认为工人对利润来源的认知存在多重遮蔽，即工人们未能将劳动视为利润的来源，而是关注到了投资风险、价格操纵等问题。由此，布若威认为马克思的劳动过程理论中有关掩饰和赢得剩余价值的方面有待补充，尤其需要从强制和同意相结合的两个方面考察对劳动过程的认同问题。

由上可见，在对劳动过程理论复述的部分，布若威坚持了从劳动二重性角度对劳动过程加以划分，尤其是关注到了必要劳动和剩余劳动的差异。同时，布若威在历史发展脉络中解析了封建主义和资本主义劳动过程的不同之处，并通过这种比较得出了关于资本主义劳动过程本质的结论。以此为路径，布若威将对劳动过程的关注聚焦于生产关系的再生产方面，即工人对生产的"同意"的问题，由此展开了对制造同意方式的批判。

二　作为"超额游戏"的劳动过程

与传统的劳动过程理论者研究不同，布若威视劳动过程为"游戏"过程，将其理解为"超额游戏"，即通过超额游戏的手法掩饰剩余价值，使得工人心甘情愿投身于生产的游戏之中。

布若威通过吉尔公司的变迁，尤其是 1945～1975 年 30 年的变化刻画了联合公司的改变对劳动过程的影响。首先，布若威在考察社会驱动对劳动的影响时假定了技术保持恒定。布若威指出，在其观察的时代中，除了计算机技术的发展外，机器工具技术的原理相对稳定不变。其次，在机械车间里计件工资制度普遍实行。在每个车间里都设定了以每小时多少件表示的工作基准，低于这个基准只有基本工资，高于这个基准不仅可以拿到基本工资，还有奖金或奖励。这里的基准不再是以 1945 年的单纯"价格"计算，而是表现为"比率"。换言之，1945 年内的收入仅仅是简单的小时内生产的件数乘以价格；1975 年则采取了更加复杂的计算方式，如工资为基本收入×高出基准的产率＋酬金＋班次差额＋生活费津贴。收入成分调整后，为提高收入，工人从对单件价格的关注转移到对福利金、劳动等级的关注。通过这种手段，企业能够将工人置于更高等级的劳动。同时，工人与资方的冲突转移出了车间、进入了会议室，并在一定程度上减少了冲突，提高了工作中的个人主义。再次，生产的车间里形成了特定文化。布若威指出，车间中的工人会融入车间的文化，形成一套独特的行为和语言。这种文化系统的构建为劳动过程转变为游戏过程奠定了基础。最后，车间冲突的形式变化减少了资方与工人的冲突，转而增加了工人和工人之间的冲突。布若威将车间的冲突分为两种：一种是新的机器与周围技术不合导致的资方与工人的冲突，另一种则是操作工对新机器的垄断导致的车间管理者与中层管理者之间的冲突。这些冲突共同转嫁了工人与资方的矛盾，使之变为主要由引用新机器而造成的、工人与工人在劳动配合方面的冲突。通过以上措施的调整，车间内的生产成为追逐超额的游戏。这种"游戏"凸显了两类变化。第一类是个人主义的加强，工人获得了更多自主权，更加注重个人绩效以及管理上获得放松等。第二类是等级性冲突的减少：工人与资方冲突的缓和，减少了工人与管理者的对抗，即纵向冲突的削弱。同时，横向冲突提升，表现为工人团体间的冲突。

通过对现实劳动过程变迁的观察，布若威强调了作为游戏的劳动过程必须更加重视主体性的研究，而不能将劳动力简单视为受操纵的客体和商品。工人在劳动过程的游戏中积极地参与，游戏也成为获得"相对满意"的一部分。因此，布若威称有必要关注到工作游戏是如何有助于资本主义关系的再生产以及剩余价值的扩张。具体而言，布若威认为参与劳动的游戏产生了双重后果：一方面遮蔽了构建游戏的生产关系，另一方面产生了对于游戏规则所体现的社会关系的同意。首先，作为游戏的劳动过程赋予了个人极大的自主性。工人作为个体而不是阶级成员参与生产、投入劳动过程。工人能够操控自己的机器完成生产，并以一定的成果为激励目标，即生产过程的个人化有助于消解成为劳动力商品的表象。不仅如此，工人之间的竞争与冲突也转移了与资方的矛盾，掩饰了作为被剥削阶级一员的属性。其次，个体违反游戏规则会受到例行的惩罚。惩罚意味着违反规则后会加强对于生产关系的认知。不仅如此，公司还会解雇不能达到生产目标的工人，通过强化雇佣关系确保游戏的进行。再次，除了收入和货币刺激外，超额游戏会带来许多特定的收益。布若威指出，"超额的报酬是按照直接与劳动过程相关的因素——减少劳累、消磨时间、减轻厌倦等等——以及从劳动过程中显现出来的因素——在艰苦的工作中超额的社会的和心理上的报偿感，以及搞砸一份有油水的工作而带来的社会耻辱和心理挫败——而界定的"①。可见，在实际的收入外，社会性因素在制造同意的过程中扮演了重要角色：努力工作可以消磨时间和实现心理补偿、工作不力带来挫败感。最后，不确定性和危机确保了工人的合作。作为生产过程的游戏有两个最小的不确定性：一方面，工人有一个最低限度的可接受的工资；另一方面，资本家可获得最低水平的利润。前者带来了系统危机，后者可以造成合法化危机。

由上可知，劳动过程作为游戏过程的建构有助于获取并掩饰剩余价值。这里的游戏被布若威称为"揭示工具"和"批判工具"。游戏概念的借用首先暗示了生产是具有规则的历史产物，但是它超出了人们所能控制的范围，是个体理性与资本主义理性的连接物。其次，游戏意指整个生产是有规则的，且参与其中的人必须认同规则，不仅同意规则还默认了规则的不可改变性。再次，游戏还暗示

---

① 〔美〕布若威：《制造同意：垄断资本主义劳动过程的变迁》，李荣荣译，商务印书馆，2008，第92页。

了生产具有目标和任务。最后，游戏暗含着获胜的可能性，这种可能性诱使参与者按照规则深度参与。可见，布若威用超额游戏的概念刻画了劳动过程中存在的规则、对目标的追求以及伴随其中的主体性游戏精神的塑造，为理解劳动过程中同意的产生做出了形象阐释。

三　内部劳动市场与内部国家的双重作用

在劳动"游戏"基础上，布若威通过深入企业内部的生态环境，研究了企业内的运转机制以及工会在协调工人与资本家关系的方式，指出了所谓"内部劳动市场"和"内部国家"对于制造同意的重要作用。

"内部劳动市场"是与外部劳动市场相对的组织，它凸显了企业内部微观环境对于劳动者认同的影响。布若威指出，无论是外部劳动市场还是内部劳动市场，它们都会涉及个体的位置分配问题，因而总是涉及三方面内容：一是职位的总数；二是工人的数量；三是人员调动的规则。与外部劳动市场的差别在于，内部劳动市场有一定工人数量、工作职位的限定。具体而言，内部劳动市场可以对应到企业中的雇员和职务，涉及的是企业内基于资历与能力对雇员和职务的调配。因此，内部劳动市场首先要确保个体的不流失以及劳动者在企业内安置的问题。

布若威指出，内部劳动市场可以分为六种情况："分化的职务结构、传布空缺信息和递交空缺申请的制度化方式、为空职选择雇员的非独裁标准、一套工作培训系统、使雇员对企业产生承诺从而使别的企业的工作缺乏吸引力的方式，最后，在雇员暂时离职后维持他们对企业的忠诚的方式。"[1] 这六种情况对从事劳动的工人产生了重要影响。布若威举例，企业内部实行岗位分类，并以此确定不同的劳动级别；设立成熟的竞争体系、申请空缺体系以及选择申请人

---

① 〔美〕布若威：《制造同意：垄断资本主义劳动过程的变迁》，李荣荣译，商务印书馆，2008，第103页。

的体系；通过培训系统减少不合格的操作工；设法使雇员在公司工作越长获取越多的机会以及设立与工作年限有关的假期和薪金；等等。以上方式共同构成了内部劳动市场的主要内容，并对工人与公司的关系产生了重要影响。

在布若威看来，内部劳动市场带来了如下结果。第一，内部劳动市场在推动企业内部的流动时，减少了企业之间的流动，进而提高了雇员的忠诚度使其不易流失。第二，内部劳动市场内化了外部市场一些特征，推动了竞争性的个体主义的提升。举例而言，内部劳动市场的岗位培训瓦解了以技能为基础的集体性，提高了个体的主体性。第三，内部劳动市场中岗位的流动缓和了工人与基层管理人员之间的冲突，但同时增加了工人之间横向的紧张关系。以上这些结果共同为遮蔽剩余价值问题奠定了重要基础，并且"恰恰是利益将工人吸引到竞标体系中，并产生了对其规则和所代表的情形——即抽空了技能的劳动过程——的同意"①。

"内部国家"指的是"一套在企业层面上，组织、改造或压制生产中的关系与生产关系所引起的斗争的制度"②，主要表现为通过工会组织、专制工头等对工人与资方进行协调。布若威指出，内部国家制度在其发展中不断与资方脱轨，并形成了通过申诉和讨价还价影响劳动过程的机制，并且"新兴的内部国家通过限制资方的任意决断，以及赋予工人权利与义务，保护了资方塑造和引导劳动过程的特权"③。

在内部国家的作用下，劳动者不再是简单的阶级成员，而是所谓"工业公民"，即在工业生产中拥有合同规定的权利与义务的个体，拥有了包括养老金、失业福利以及申诉机制等权利。针对于此，

---

① 〔美〕布若威：《制造同意：垄断资本主义劳动过程的变迁》，李荣荣译，商务印书馆，2008，第111页。
② 〔美〕布若威：《制造同意：垄断资本主义劳动过程的变迁》，李荣荣译，商务印书馆，2008，第112页。
③ 〔美〕布若威：《制造同意：垄断资本主义劳动过程的变迁》，李荣荣译，商务印书馆，2008，第112页。

工会充当仲裁人的角色，负责保护工业公民的权利以及惩处违反合同等各类情况。除了仲裁者的角色外，工会还起到利益协调的作用。工会通过集体讨价还价转移了车间内的冲突，并且代理工人与资方协调。这种协调被布若威视为另一种游戏，即关于游戏规则和结果的游戏。布若威认为，这种集体讨价还价是建立在与企业共兴亡的共同利益之上，而这种利益依托于一定物质条件，即必须建立在利润的增长基础之上。由于利益的相关性，布若威指出，虽然集体讨价还价是阶级斗争的一种形式，但是这种形式的阶级斗争紧紧围绕和解决边缘性的问题，并未对资本与劳动的实质性关系产生重要影响，甚至产生了对于拥有所有权的资本主义关系的同意。可见，内部国家通过申诉机制和集体讨价还价调整了在利益稳步增长前提下工人与企业的利益，使得资方为工人的福利和工资做出诸多让步。毫无疑问，这种将工人视为具有权利与义务的工业公民的做法掩盖了工人作为阶级成员的事实，进而遮蔽了劳动过程中所体现的资本主义生产关系。

布若威指出，内部劳动市场和内部国家在生产同意的机制中互为补充，二者密不可分，共同构筑了"同意"的基础。一方面，内部劳动市场构筑了游戏的界限，为劳动过程确立了内部流动的规则。另一方面，通过内部国家的方式实现了企业内部的调整，对违反合同规则者予以惩罚。在此意义上，二者共同促进了工人的个体主义并成功掩饰和赢取了剩余价值。

由上可知，布若威的研究涉及了作为劳动过程结果的生产关系再生产的问题，实际上突出了劳动过程中的生产关系在资本主义社会的转变，尤其凸显了国家垄断资本主义时期生产关系的调整。布若威探讨该问题的方式是通过社会学经验观察勾勒出生产同意的制度化体制，指出了生产劳动游戏化背后的内部劳动市场和内部国家的重要作用。可以说，布若威观察到了异化关系不断深入的现实。这意味着异化已经从劳动的外部深入劳动的内部，进而引发了劳动者主体异化的问题。此时的劳动异化已经表现为人与人之间的异化，也就是在企业内部合作竞争时工人之间所引发的矛盾，而这直接转移了工人阶级与资产阶级的矛盾。不仅如此，异化还进入了人的主体领域，在相关认同机制的共同作用下，劳动者忽视了剩余价值被剥削的现实。布若威的研究确实推进了劳动过程理论的研究，一定程度上丰富和发展了劳动过程理论中关于劳动主体性的理论。实际上，这也暗示了劳动过程从福特制到后福特制转变过程中，工人主体性问题的凸显，即工人抗争意识的增强，以及对工人抵抗的压制促使福特制模式转向了后福特制模式。后福特制试图采取更加弹性化的管理方式消解工人在生产之中的不满，最终达到遮蔽和实现剩余价值的目的。

第三节　后福特制与异化劳动的
历史特征

第二次世界大战后，资本主义国家普遍实现了快速和稳定的经济发展。二十余年的"黄金时代"极大地恢复了二战时被破坏的经济体系，并建立了以美国为中心的世界资本主义体系。然而，伴随着 20 世纪 70 年代"石油危机"的到来，资本主义国家普遍陷入了"经济滞胀"。在此背景下，资本主义国家借助第三次工业革命的科学技术成果进行了经济调整，实现了向新自由主义的转向。具体而言，由于福特制的弊端不断凸显，后福特制逐步在资本主义国家的企业中实行。日本的经济转型与"丰田模式"的崛起正是其中的重要代表，也是运用后福特制的典型事例，并且深刻影响了欧美国家企业的组织管理。通过后福特制的变革，"日本在 1950～1990 年的生产率已经是美国的 2 倍，而且还把整个汽车产业向前推进了一大步"①。

就整体而言，战后两次严重的资本主义经济危机促使国家垄断

①　〔美〕大卫·E. 奈：《百年流水线：一部工业技术进步史》，史雷译，机械工业出版社，2017，第 174 页。

资本主义向国际垄断资本主义转变。国家对于经济调控和管制的作用不断减少,自由化的资本在世界范围内迅速扩张,并借助科学技术的进步实现了在全世界范围内的生产配置。在发达国家的制造业中,劳动密集型和资本密集型让位于知识和技术密集型产业——科学技术成为推动生产发展的核心因素。在此背景下,劳动的组织方式也从大批量标准化的生产向小批量多样式的生产转化,进而依托科学技术的进步在全世界范围内组建产业链和供应链。

需要指出的是,迈向小批量多样式生产的后福特制的秘诀正是机器在第三次工业革命下实现的信息化和微电子化,由此使得机器在生产时更加精准以及可调节。换言之,第三次工业革命后,作为对象化劳动产物的机器在自动化领域获得了较大突破,即能够通过机械装置外的信息控制器实现对机器的操纵和控制。以此方式,机器的工具机能够满足更加精准、多样的要求,从而在生产上实现精益化。由此可见,第三次工业革命下的劳动过程的变革正是源于机器加装的"控制器"。控制器的加入也发展和完善了马克思主义对机器的分析。

一　世界经济危机与日本的转变

后福特制实际上是应对危机的调整,而这个危机正是源于 20 世纪 70 年代的"经济滞胀"。日本经济学家伊藤诚认为,1973 年由石油危机引爆的经济危机是世界经济发展的转折点。在此之后,世界经济转入了长期萧条的状态,而此前的五六十年代是世界经济高速成长的时代。在此背景下,伊藤诚从经济发展的动因入手,分析了经济由盛转衰的原因,并对世界格局进行了划分,进而较为准确地描述了世界经济现状。

伊藤诚指出,二战后资本主义经济快速发展的背后有四个因素起着重要作用。第一,以美国为中心的世界资本主义经济体系的确立为各国资本主义的发展提供了重要支持。经过第二次世界大战,美国的经济实力和工业水平大为增长与提高,成为世界资本主义国家中的头号强国，并通过一系列体制和机制成功将美元转为"世界货币"，实现了黄金和美元的直接挂钩。美国还通过一系列复兴计划直接援助了欧洲、日本等国家和地区的战后重建，确立了以美国为中心的西方阵营。至此世界资本主义政治经济体系逐渐确立，形成了一定的贸易互动、经济往来以及政治同盟关系。第二，福特式积累体制在各国的普遍实行支撑着战后经济的增长。伊藤诚认为，福特制不仅仅意味着工厂中通过传送机进行着规模化生产，还意味着为劳动力提供高薪水从而负担得起产品的购买。这种观念源于创始人福特的最初的考虑，即让工厂里的每个劳动的职工能够买得起自家工厂生产的汽车。因此，福特制不仅提高了劳动生产率、实现了大规模生产，而且提供了较高的薪资支撑了所生产的产品的消费，以此缓和了生产和消费的矛盾。美国还掀起了技术革新的浪潮，降低了单个产品的生产成本，使得各种耐用消费品的生产和消费在发达资本主义国家普及化。第三，第三世界国家的开发为工业制造提供了低廉且丰富的初级产品。第四，农村流动人口、移民以及妇女进入了劳动力市场，为资本积累提供了充分的劳动力。

　　然而，20 世纪 70 年代后以上四大动因基本消失。伊藤诚指出，伴随着德国和日本的经济成长，美国的经济霸主地位相对削弱。以美元为核心的布雷顿森林体系逐渐瓦解，各国之间普遍实行浮动汇率。随着固定汇率的取消，通货膨胀问题的浮现又进一步加剧了外汇市场的动荡。劳动力和初级产品相对不足的问题不断凸显。一方面，企业对劳动力具有大量需求却难以招到合适的工人。另一方面，初级产品价格不断上涨，直接推高了生产成本。总之，伊藤诚认为，这一切的根本矛盾在于"资本积累速度超过了劳动力和原材料的供应能力，即资本的过剩积累问题。由于资本积累过剩，引起了工资和原材料价格的上涨"①。

　　伊藤诚认为，1973 年之后，发达国家和发展中国家普遍陷入了

---

① 〔日〕伊藤诚：《世界经济当中的日本——后福特制时代》，陈建、成同社等译，中国人民大学出版社，1990，第 21～22 页。

经济泥淖。从发达资本主义国家看，伊藤诚认为 OECD（发达国家基本上都加入的经济合作与发展组织）成员国国内失业人数逐年增长，且始终未能减少。与此相关的是，经济增长率明显降低，先进工业国完全进入了低速增长时期，在 1973～1983 年平均增速降至 2.1%。从发展中国家看，许多发展中国家陷入了高利贷泥坑。发展中国家的经济发展水平是随着初级产品出口变动而变化的。在 20 世纪 60 年代末 70 年代初，初级产品稳定出口带来了发展中国家的普遍发展。后来，初级产品价格的上涨导致国际市场上的需求减少，进而造成经济发展陷入困境。此外，第三世界国家还在 20 世纪 60 年代末 70 年代初通过贷款的方式获得了大量投资，从而背负了巨额债务，最终使得本国难以偿还本金和利息而陷入债务困境。可见，由于世界经济体系的联动，发达国家的经济放缓与发展中国家的债务问题紧密相连，共同导致世界范围内的经济萧条。

在此背景下，日本开始着手调整经济结构，对"福特式积累体制"的调整是其中的重要举措。伊藤诚指出，福特式积累体制的改变有两个重要前提。一是科技的发展，尤其是微电子技术的信息化推动了生产的自动化以及办公的自动化。在科技革命的推动下，企业可以使用更廉价的劳动力，女性也可以更加容易地进入企业生产之中。此外，机器人也在日本投入生产。这些成果共同反映了第三次工业革命所带来的冲击。二是日本经济从以往的内需扩大型经济模式转变为出口依赖型经济模式。伊藤诚认为，日本在 1973 年后面临着内需停滞的困难，对外出口成为企业的必然选择。通过以上两个方面的转变，日本的企业成功转为出口型生产单位。与以往福特式积累体制不同，由于生产是直接面向国外消费者，以及国际市场上劳动产品客观上存在的竞争压力等原因，国内劳动者的"需要"变得无足轻重。为了降低产品成本，劳动者的收入增长被压制，劳动者的实际工资收入增长率远不及劳动生产率的提高，这也成为日本出口产品竞争力的重要保证。

由上可知，面对着 1973 年后世界经济形式的变化，尤其是经济危机在世界范围内的蔓延，日本企业为此做出了重要调整。日本企业通过自动化及劳动生产率的提高，不断面向国际市场大量出口产品。在此背景下，日本企业的转型直接表现为从福特制向后福特制的转变。

二　作为后福特制生产的丰田模式

面对国际市场上的竞争，日本的代表性企业丰田公司创造了一套有别于福特制的劳动组织形式。这套劳动组织形式由丰田公司的丰田英二和大野耐一共同创立，力图把生产的各个环节联系在一起，将产品的计划、制造、协调等多方面贯穿一致，实现更加精益的生产。这套精益生产方式后被称为丰田主义，也是后福特制的最初形式和典型代表形式，呈现出如下特征。

第一，生产技术基础的变革。福特制生产强调的是大规模、批量化的生产，即运用完整的流水线不停地进行商品生产。后福特制的生产则是使用了较为灵活的生产系统，使生产能够分块独立进行，以此实现差异化生产，从而达到生产流程的高度协作与连接。举例而言，随着汽车功能的发展，汽车的生产工作不是简单的设计、制造和组装相加，而是一个系统性工程，涉及了上万种零件的设计和制造，连接了多方面的协作工厂。为了减轻库存压力，提高零件的中转率，丰田公司按照所有协作工厂的功能进行层次划分，并且鼓励不同层次的协作工厂的交流。不仅如此，丰田还通过所谓"准时化生产"系统，将协作工厂和零部件工厂整合为庞大的机器，实现了多个工厂之间的深度衔接和合作。这种生产流程的协作正是依赖于第三次工业革命所实现的信息化成果。

第二，生产驱动机制的调整。福特制的生产是由生产厂家所决定的生产，即产品的数量和种类由企业所决定。但是在后福特制下，生产可以针对不同需求进行精细化生产。由于日本国内市场存在多样的汽车种类需求，以及国际市场众多国家不同的市场需求，丰田公司着眼于此实现了针对不同需求的产品设计和生产。具体而言，丰田公司按照市场需求对产品进行精细化区分，设计了针对不同需求的生产线。不同于福特制下单一的生产线，各种生产线在组合之下可以实现差异化生产。最终，整个日本公司实现了"向用户提供的车型品种，其总量相当于西方所有公司提供的品种之和"①。可见，后福特制下的生产驱动机制逐渐转变为消费层面的推动机制。

第三，劳动者的团体和小组化。在丰田公司中，生产的基本单位为一个团队或者小组。每个团队有一个组长和若干名组员，组长不仅要协调团队的工作，而且本人也得亲自参与组装任务，整个团队共同负责指定的一套组装工序。此外，团队还负责清理工作场地、工具维修和质量检查任务，实现了团队对生产流程的高度负责。在此基础上，团队还要定期集体讨论生产流程中存在的问题并提出改进意见，进而推动生产流程的不断优化。不仅如此，丰田公司还赋予工人极大的生产监督和管理权限，能在组装的流水线上发现问题时及时暂停流水线、共同解决问题。

第四，通过社团化运作减少了人员的流失。丰田公司首先精简了公司人员，完成了 1/4 的工人的裁员。留下的雇员得到了两项保证：一是终生雇佣；二是工资按照资历而不是职责划分。通过以上措施使丰田公司的员工都成为"丰田社团"的成员，享受着终身就业、企业福利等。与此相对的是员工面临着极大的跳槽成本，以及对生产负有积极主动性的责任。至此，在丰田公司，"劳动力现在已经和公司的机器一样成为短期的不变成本，而且从长远来看，工人们甚至是更为重要的固定成本"②。

由上可知，以丰田公司为代表的后福特制生产实际上表现为精细化生产：不仅是生产过程中设计和制造的精细，而且生产的目标也呈现出精准的导向。这一切的实现有赖于第三次工业革命所推动的信息化发展。第三次工业革命对劳动过程的冲击主要表现在对机器的"工具机或工作机"的变革以及"控制器"的加入。具体而

---

① 〔美〕沃麦克等：《改变世界的机器》，沈希瑾等译，商务印书馆，1999，第76页。
② 〔美〕沃麦克等：《改变世界的机器》，沈希瑾等译，商务印书馆，1999，第63页。

言，马克思曾经指出："工具机才抓住劳动对象，并按照一定的目的来改变它。机器的这一部分——工具机，是 18 世纪工业革命的起点。在今天，每当手工业或工场手工业生产过渡到机器生产时，工具机也还是起点。"① 从当代发展来看，一方面，马克思指出了工具机是工业革命的起点，而且工具机的变革实际上成为技术进步和工业革命发展的重要指标。另一方面，第三次工业革命则是明确指向了工具机的变革，即通过机器的发展实现机器对工具机的替代或者人与工具机的合体。科学技术的进步使得机器在原有工作机、发动机和传动机的结构之外，又加入了一个结构——控制机。如果说工具机的变革使机器能够在更大程度上替代人的体力劳动，控制机的加入则使人的脑力劳动得到部分解放，即人类通过电脑能够操作机器，通过智能化的操作，使机器不仅仅进行机械式重复运作。

总而言之，后福特制的生产在保证规模化生产的前提下，使用各种类型的工具机改变了具体的生产方式，最终实现了针对不同需求的精细生产。不仅如此，电脑等微电子技术的发展为信息运算、传递等提供了技术支撑，即实现了通过控制器的精细化生产。在新型工具机和控制器的共同支撑下，后福特制的生产才有可能最终实现。但是无论工具机的发展采取哪一种形式，可以预见的是对象化劳动的变革又一次改变了劳动过程，并且直接作用于异化劳动的呈现形式。

三 后福特制下异化劳动的表现形式

可以看出，随着科技的发展以及生产方式的变革，劳动过程亦发生改变。后福特制下的劳动过程呈现出与福特制下不同的新特征，以丰田主义为代表的后福特制实现了对劳动过程的改造，具体表现如下。

第一，劳动的低质化和差别化。伊藤诚指出，马克思所指出的机器对人的身体和精神的戕害在信息革命中被进一步强化了，即劳

---

① 《马克思恩格斯文集》第 5 卷，人民出版社，2009，第 429 页。

动低质化的危害逐渐显现。由于工厂和办公的自动化，劳动现场通常是人面对着机器，而不是人与人之间的协作。一方面，这种劳动过程带来了孤独感、紧张以及疲劳，破坏了劳动者的人性，并且极易带来职业病。另一方面，劳动的进一步分工造成了劳动差别的增强，不仅使劳动分工更加细致，而且使劳动分工之间的鸿沟更加难以逾越。在此背景下，科学技术虽然缩短了工人的劳动时间，但同时也剥夺了工人的工作机会。

第二，劳动的间歇减少与强度的增大。以丰田主义为代表的后福特制实现了对劳动的又一次优化。这种劳动的优化依靠两个基本要素："首先，优化不再只是运用于单个动作上，而是针对一个小组的集体工作时间。单个动作花费的时间因为太小已经不能被减少，而从一道工序向另一道工序转移的时间可以通过管理的改进而减少，从而使小组的集体工作时间得以削减。第二，通过压力管理和恢复秩序，丰田主义极大地加强了劳动强度。停顿、休息时间，所有这些都被去掉了，从而极大提高了剩余价值。"① 具体而言，团队协作的方式加速了生产步伐，使得工作负荷不断加大，从而造成工人的劳动强度愈加增大。这是因为小组模式内的压力促使小组内的每一个人必须加紧生产，不能拖累整个工作小组，从而使生产节奏始终保持着高强度。换言之，借助于新型机器的后福特制的生产虽然减轻了人们在体力上的痛苦，但是加重了工人在脑力和精神上的负担，从而使精神疾病愈加频繁地出现在当代劳动者之中。

第三，劳动力市场的扩大。新福特制与新兴的科技革命密切相关，其主要标志为微电子技术的运用和发展。得益于微电子技术的发展，工厂的自动化水平能够进一步提升，这客观上为企业雇佣女工、短工等廉价劳动力提供了技术支撑。因此，劳动力市场的进一步分化，临时工、女工比例提升。与此相对，以男性正式工为主的工会的成员数量下降，工会的力量不断削弱。再叠加失业造成的压

---

① 〔比〕亨利·霍本：《资本主义劳动优化的历史：泰勒制、福特制和丰田主义》，邢文增译，《海派经济学》2007 卷第 20 辑。

力，工人获得的实际工资增长缓慢。可见，劳动力市场的扩大形成了两方面的影响：一方面，男工面临着极大竞争压力，工资水平增长缓慢；另一方面，女工、临时工进入资本主义生产体系充当劳动力——越来越多的人被迫从事异化劳动。

第四，劳动力分层愈加明显。由于生产之中的技术含量不断增大以及生产自动化程度的提高，生产对劳动力的要求也发生了改变：一方面，自动化程度的提高减少了对于一般熟练工人的需求，使得发达国家内非知识型的蓝领工人愈加减少，进而造成了蓝领工人的失业，即蓝领工人阶级的衰落。另一方面，知识型的白领工人、技术性工程师不断增加，这意味着对劳动者的要求更高，劳动者必须时刻掌握知识才不至于被淘汰。换言之，体力劳动与脑力劳动持续对立，二者之间的鸿沟愈加明显。

在劳动过程的组织形式从福特制向后福特制的转变中，劳动异化的程度客观上被加强了。一方面，越来越多的劳动者被纳入劳动者群体，使得社会上更加广大的人群被迫从事低质化的异化劳动。另一方面，后福特制的生产进一步提高了劳动生产率，使得单个劳动者能够使用更多的生产资料。新兴科学技术的运用使资本家更加深度地榨取剩余价值成为可能。伴随着劳动过程向后福特制的演变，劳动剥削更加严重，与之相伴的则是异化从劳动向社会领域的扩散。

综上所述，异化劳动在从福特制到后福特制的变化实际上反映了第二次和第三次工业革命对劳动过程的变革。一方面，第二、第三次工业革命直接推动了机器的变革，实现了动力机、传动机构以及工具机的革新。机器的变革凸显了对象化劳动（生产资料）的变化之于异化劳动的影响，主要体现为对劳动主体剥削的加强。另一方面，随着科技进步与生产发展，生产关系也不断做出调整。这种调整主要是对劳动主体管理的加强，包括更加精细化的科学管理、对劳动过程的认同以及企业内部约束的加强等。可见，劳动过程在主客体维度上的变革都印证了马克思对于资本主义发展中异化不断加深的判断。

第六章

异化劳动与异化批判的理论发展

19世纪末20世纪初是资本主义发生重大变化的时期：第二次工业革命的发展带来了生产方式的巨大变化，伴随而来的则是社会经济关系、政治关系的深刻变革。与这些变革相一致的则是以劳动过程为基础的异化扩张。一方面，技术的发展促使技术合理性的普遍运用，人在技术运用中逐渐固化于生产线之中。异化也从外在的劳动深入内在的意识层面，表现为意识形态的异化、阶级意识的丧失等。另一方面，异化也从劳动领域扩张到社会的各个方面，带来了一系列的危机。生态环境、消费领域乃至日常生活都成为异化普遍盛行的地方，异化理论也成为社会批判理论中的显学。面对着内外交困的异化问题，东、西欧的马克思主义者从不同角度深入异化问题的内在机理，试图阐释资本主义矛盾的内在根源及其所产生的异化现象。

第一节　卢卡奇对主体异化的批判

时代的变化会在马克思主义理论中留下鲜明的烙印。19世纪和20世纪之交时，面对着新形势下工人阶级发起革命和夺取政权的重大问题，不同"马克思主义者"对此做出了不同的回答。标榜为"正统的马克思主义者"的第二国际的理论家如考茨基始终坚守着

"经济决定论"，认为马克思主义已经指明经济变革必然带来政治的变革，因此资本主义的稳定发展显然无法消除资本主义的根本矛盾，最终必然会带来资本主义的经济危机乃至崩溃。与此相对的则是伯恩施坦的"修正主义"，他在《社会主义的前提和社会民主党的任务》中公开与马克思主义决裂，提出用新康德主义指导社会主义运动。伯恩施坦以"终极目标是微不足道的，运动才是一切"① 的口号消解马克思主义的最终目标，认为由于资本主义的进步，无产阶级革命已是不可能的，因此只能在资本主义框架内采取改良主义的路径，以合法斗争的形式为工人阶级争取利益。然而，所谓正统的马克思主义与修正的马克思主义都不能真正揭示资本主义所带来的一系列深刻变革，更不能解答资本主义新变化下无产阶级的任务和目标。面对着艰难的理论挑战，西方马克思主义者以马克思主义为方法，在不同时代回应了这些理论难题。其中，作为西方马克思主义的开创者，卢卡奇从黑格尔的辩证法出发强调了人的主体性，并通过辩证法与主体性的结合揭示了发达工业社会下人的生存状况以及异化的新形式。

一　劳动过程变革与物化的产生

在《历史与阶级意识》中，卢卡奇从外在的社会关系分析至工人内在的物化意识由表及里地揭示了现代性。在他看来，马克思对于资本主义社会的揭示由商品展开并非偶然，而是因为其中蕴含了资本主义之谜。卢卡奇认定，要分析现代资本主义社会，关键就在于"商品拜物教"，因为"商品拜物教问题是我们这个时代、即现代资本主义的一个特有的问题"②。卢卡奇面对的是相较于马克思所处时代更为严重的"拜物教"，这种拜物教直达"物化"，在多个方

---

① 参见〔德〕爱德华·伯恩施坦《社会主义的历史和理论》，马元德等译，东方出版社，1989，第195页。

② 〔匈〕卢卡奇：《历史与阶级意识》，杜章智、任立、燕宏远译，商务印书馆，1999，第149页。

面产生重要影响。

卢卡奇所指出的物化突出表现于劳动之中，劳动的物化问题愈加凸显。卢卡奇首先指出，物化是指"人自己的活动，人自己的劳动，作为某种客观的东西，某种不依赖于人的东西，某种通过异于人的自律性来控制人的东西，同人相对立"①。这意味着，劳动不再是马克思所设想的自由自觉的劳动，而是一种外在的、异己的活动。卢卡奇指出，这种异己的劳动突出表现在以下几个方面。一是劳动越发抽象与破碎。工人的劳动被分割成了多个部分，致使工人以严密的、有组织的形式散布于生产线上，成为机械化的零件，而这正是现代生产流水线、泰罗制的运用所造成的结果。卢卡奇指出，工人与产品直接的关系不再存在，工作也成为一种机械性重复的部件。二是社会必要劳动时间不再作为经验意义上的时间，而成为客观的、可计算的定量时间。由于劳动被分割为多个组成部分，劳动的时间也就"失去了它的质的、可变的、流动的性质：它凝固成一个精确划定界限的、在量上可测定的、由在量上可测定的一些'物'（工人的物化的、机械地客体化的、同人的整个人格完全分离开的'成果'）充满的连续统一体，即凝固成一个空间"②。卢卡奇指出资本主义下时间的重要特征在于时间的空间化。正如施密特所指出的"马克思把人的自由问题还原为自由时间的问题"③，自由的时间意味着人能够在其中更好地实现全面发展。然而，随着时间的空间化，时间不再成为人的发展的积极的尺度，而是固定于生产线之上，成为外在的存在。劳动的持续物化客观上创造了一个由物与物之间关系构成的世界，人虽然能认识但是无力改变；主观上，人的活动客体化而逐渐成为一种商品，被迫融入异己的生产体系中。

---

① 〔匈〕卢卡奇：《历史与阶级意识》，杜章智、任立、燕宏远译，商务印书馆，1999，第 152～153 页。

② 〔匈〕卢卡奇：《历史与阶级意识》，杜章智、任立、燕宏远译，商务印书馆，1999，第 157 页。

③ 〔联邦德国〕施密特：《马克思的自然概念》，欧力同、吴仲昉译，商务印书馆，1988，第 153～154 页。

劳动物化由外及内造成了意识的物化，使得工人坠入了"商品的意识"，成为历史的客体。卢卡奇指出，"在资本主义发展过程中，物化结构越来越深入地、注定地、决定性地沉浸入人的意识里"①，物化劳动的深入不仅在肉体上牵制了工人的分工，而且直接入侵了工人的心灵。物化意识，在卢卡奇看来，就是"商品的自我意识"，即工人将自己降低为一个商品。在资本主义社会下，为了满足自身生存的需要，工人被迫出卖自己的劳动力，并逐渐意识到他们仅仅是生产线上的一部分。这种劳动力商品的出卖与他们的肉体密不可分，由此，他们自己也就置于了一种资本主义社会下看似合理的、机械的过程中，成为"一个被简化为量的数码，是一个机械化了的、合理化了的零件"②。在这样的情况下，工人彻底成为直接的、完全的社会客体，不再认识到自己是社会历史进程中的主体，而仅仅将自己视为社会劳动过程的客体，一个被操纵和出售的客体。这种建立在商品生产和商品交换基础上的商品的自我意识愈加内在化，使得工人阶级的意识由物化意识直接表现为客体的意识，从而丧失了历史的主体性和能动性，日益屈服于资产阶级社会下看似合理的、普遍的、永恒的社会秩序。

由上可知，卢卡奇所分析的物化的客观基础在于资本主义生产方式变革。在卢卡奇所处时代，资本主义生产方式带来了流水线和泰罗制，二者深刻改变了工人的劳动过程。在新的生产方式下，不仅劳动过程被异化，而且劳动者的意识也被异化，引发所谓无产阶级阶级性消解的问题。

二 总体性与无产阶级意识的唤醒

卢卡奇从资本主义社会中最简单的商品及商品关系入手，层层

---

① 〔匈〕卢卡奇：《历史与阶级意识》，杜章智、任立、燕宏远译，商务印书馆，1999，第161页。
② 〔匈〕卢卡奇：《历史与阶级意识》，杜章智、任立、燕宏远译，商务印书馆，1999，第258页。

递进、逐步分析了从物化劳动到物化意识的形成过程，指出了现代资本主义社会下无产阶级意识消失的原因以及无产阶级意识的直接表现——客体意识、商品意识的特征。卢卡奇总结道，物化使人的存在在理论和实践上都丧失了内在的、有机的、具体的总体性，总体性以及总体性图景的消失成为无产阶级面对的迫切问题。为此，卢卡奇通过设想一种总体性的辩证法来克服物化，打破物化意识的桎梏。在《历史与阶级意识》的开篇，卢卡奇便指出，"正统马克思主义并不意味着无批判地接受马克思研究的结果……恰恰相反，马克思主义问题中的正统仅仅是指方法"①，而这种方法正是马克思的革命性的辩证法，即唯物辩证法。在卢卡奇看来，以往对于辩证法的误解在于过多关注辩证法的概念运动，而忽视了辩证法最本质、最核心的内容——历史中主体和客体之间的辩证关系。

卢卡奇通过分析马克思的著作，认定这种辩证法是"总体性"的，其本质在于具体的总体的范畴。卢卡奇指出了辩证法两大重要特征：历史的具体性和总体性。一方面，卢卡奇认为，辩证法解决的是如何看待历史这一问题，它必须依据事实的历史性质，因而总是在历史长河中把握事物。进一步而言，这种历史的思路必须着眼于现实的物质基础，也就是关注到资本主义社会中生产力和生产关系的矛盾时才有意义，根本上也就是对历史过程中生产的关注。另一方面，卢卡奇更加强调的是辩证法的总体性。在他看来，"总体范畴，整体对各个部分的全面的、决定性的统治地位"②，总体性是其辩证法的核心特征。这种总体性"决不是把它的各个环节归结为无差别的统一性、同一性。只有在这些环节彼此间处于一种动态的辩证的关系，并且能被认为是一个同样动态的和辩证的整体的动态的

---

①　〔匈〕卢卡奇：《历史与阶级意识》，杜章智、任立、燕宏远译，商务印书馆，1999，第49页。

②　〔匈〕卢卡奇：《历史与阶级意识》，杜章智、任立、燕宏远译，商务印书馆1999，第79页。

辩证的环节这层意义上"①，要求的是把握到社会历史中各个要素之间的互动辩证关系，并在这种分析中达到更高层次的综合。通过辩证法的历史性和总体性的结合，历史也就被理解成一个统一的过程，这个统一的过程将社会生活中孤立的事件有机结合，并归结到一个总体的认识上，最终才能达到卢卡奇所谓"现实的认识"。

卢卡奇提出的历史中主客体的统一针对的正是上文中提到的物化现象，因为物化会导致总体性的丧失，总体性的丧失使得无产阶级失去了历史的主体性，进而在物化意识中陷入了经验主义和空想主义两个极端之中。当无产阶级掌握总体性辩证法时，便可在社会历史中认识到自己是历史的主体，同时认识到自己是历史的客体，实现在历史进程中主体和客体的统一。具体而言，卢卡奇用历史与阶级意识的统一说明了总体性辩证法的意义。在卢卡奇看来，阶级意识是"意识的对阶级历史地位的感觉"②。这种阶级意识的可能性在于，人们需要在生活之中把握生活的状况以及相伴随的利益和行动与社会结构的关系。换言之，无产阶级必须在总体之中把握历史过程的矛盾，掌握对当今历史的认识，从而认清自己的社会地位。由此，历史与无产阶级意识也就是同一个事物的两个方面，即无产阶级能够以实践打破物化结构，在实践中改造现实，创造自己的历史。卢卡奇指出，扬弃物化的首要任务，就是回想起对总体性的认识，恢复总体性原则的地位。

卢卡奇的开创之举在于对现代性认识的"内在化"。卢卡奇之前对于现代性的批判多从社会结构、社会关系等外在现象出发，揭示现代性对于社会的塑造过程。卢卡奇则在其基础之上，分析了现代性深入人的内心的过程，阐释了现代性对于无产阶级思想的禁锢过程，从而转向了主体的意识形态分析。由此，卢卡奇寄希望于无产

---

① 〔匈〕卢卡奇：《历史与阶级意识》，杜章智、任立、燕宏远译，商务印书馆1999，第63页。

② 〔匈〕卢卡奇：《历史与阶级意识》，杜章智、任立、燕宏远译，商务印书馆1999，第138页。

阶级主体性的恢复，最终消除物化，克服现代性的危机。

三　以劳动为出发点对异化的阐释

写作《历史与阶级意识》时，卢卡奇实际上没能阅读马克思的《1844 年经济学哲学手稿》，因此也无从知晓马克思对异化概念的阐释。早期的卢卡奇仅仅从马克思的"商品拜物教"理论出发，通过对韦伯"合理化"思想以及黑格尔辩证法的吸收，分析了资本主义社会下的物化现象。晚年的卢卡奇在阅读了马克思的手稿等著作后，针对时代特征与社会发展的新状况，从劳动出发再次阐释了异化现象。

首先，卢卡奇确认了以劳动作为考察异化的出发点。在卢卡奇看来，劳动是理解社会存在变化和发展的本体论，只有从劳动出发才能认清范畴是如何产生、转变为更高级别的存在。在这一点上，卢卡奇坚持了马克思关于劳动的看法，指出劳动在本质上是人与自然之间的联系，即劳动"是人以自身的活动来中介、调整和控制人和自然之间的物质变换的过程"[①]。因此，劳动首先表现为人与自然界的物质交换过程，同时这种交换过程有其目的，其内在包含了意识的作用，故是一种"目的论设定"的过程。在此基础上，卢卡奇还认为劳动是一种"社会实践模式"，因其内在包含了社会属性，表现为在社会之中由多人协调合作进行的劳动，主体所设定的劳动目的"直接就是让别人进行目的的设定"[②]。此时主体劳动的目的不仅包含了自己的目的，还包含了他人的目的，是不同目的之间协作的结果。劳动除了目的性外还具有因果性。在实现过程中，劳动仅保持自在的目的是不够的，它必须在与因果性相结合的过程中才能实现目的。此时的因果性也不再是单纯的因果关系，而是"被设定的因果性"。以此方式，卢卡奇所言的劳动过程内在包含了目的性和因果

[①]　《马克思恩格斯文集》第 5 卷，人民出版社，2009，第 207~208 页。

[②]　〔匈〕卢卡奇：《关于社会存在的本体论——社会存在本体论引论》下卷，白锡堃等译，重庆出版社，1993，第 51 页。

性的交互结构。

其次，卢卡奇通过比较对象化、外化和物化等概念得出异化范畴的内涵。卢卡奇指出，对象化和外化是人类实践的两个方面，二者是同一活动的产物，只不过是针对不同角度而言的内容。在特定历史条件下，尤其是在商品社会中，一切活动的产物都会以物的形式呈现，即人与人之间的关系也变成了物，成为商品关系，这就是物化。卢卡奇特别指出，日常生活极易物化，而且会逐渐适应并依赖物化关系，并且"物化（马克思在分析商品流通时说，人同商品流通的关系是一种非批判性的直接关系，就意识形态而言，物化乃是这种关系所必然固有的）不可避免地要导致人的自我异化，导致人的生活过程的异化，因此，这种类型的物化同前面说过的那种一般本体论形式的物化相反，它具有一种直接向异化过渡的内在趋势"①。随着经济生活关系变动而变化，物化在资本主义社会下必然转化为异化。在此意义上，异化总是与人类的社会历史发展阶段相联系，表现为人类的活动结果对人的统治。由于与社会存在相联系尤其以社会经济为基础，异化主要存在于社会的经济生活中，是由社会经济结构所决定的。在此基础上，意识形态领域内的异化是对经济领域内异化的反映与投射。

最后，卢卡奇分析了扬弃异化的路径。与《历史与阶级意识》依靠总体性与阶级意识的恢复不同，晚年的卢卡奇着眼于人类历史从两条线索探索扬弃异化的途径。一是扬弃异化从"自在的合目的性"到"自为的合目的性"的历史发展。二是个性发展从"局部性"的个人向"完整的"个人的发展。卢卡奇指出，异化的扬弃有赖于人和人之间物化关系的消除，通过完成人的能力与人的个性发展之间对立的扬弃。

可以看出，卢卡奇作为西方马克思主义的开创者及重要代表人物，他的理论实际上反映了时代变化对理论发展提出的挑战。无论

---

① 〔匈〕卢卡奇：《关于社会存在的本体论——社会存在本体论引论》下卷，白锡堃等译，重庆出版社，1993，第720页。

是基于商品拜物教的物化理论，还是基于劳动的异化批判，卢卡奇的理论指向了由劳动过程变化，特别是泰罗制、福特制所导致异化的内化问题。在此背景下，本属于劳动范畴的异化已经深入了劳动者本身，造成了阶级意识的消解。资本主义对劳动过程的改造使工人只能从事片面的劳动工作，从而使工人丧失了对社会总体，尤其是对自身所处位置的阶级意识。被肢解的阶级意识正是体现了异化已经深入主体维度，也是劳动异化向意识形态异化的发展过程。

第二节　沙夫对主客体异化的分析

20 世纪五六十年代，苏联模式在东欧社会主义国家的推广产生了极大的消极后果。"波兹南事件"等极大地敲动了东欧社会主义国家知识分子对于马克思主义的认知与理解。在此背景下，东欧的马克思主义者开始走向重新发掘青年马克思思想的道路。在波兰，沙夫扛起了复兴人道主义马克思主义的旗帜。沙夫以《人的哲学》《马克思主义与人类个体》《作为社会现象的异化》等著作试图恢复个体在马克思主义理论中的重要地位，探讨了个体在社会历史境遇之中遭遇的多种异化以及扬弃异化的历史性过程。在沙夫的理论中，劳动异化是其关切的核心问题。沙夫从马克思的劳动异化思想出发，构建了马克思异化思想的范畴体系，揭示了异化在社会层面的多种表现形式。

一　作为异化出发点的个体

以青年马克思思想为依托，沙夫力图恢复马克思的异化理论和个体理论，并从马克思的异化理论中推出个体的重要地位。在沙夫看来，异化理论毫无疑问是马克思主义的核心问题，也是马克思早年和晚年都坚持使用的概念。虽然是一以贯之的概念，异化仍然可以区分为两种异化：异化和自我异化。沙夫认为，异化主要指的是

"人与其生产活动的产物（在这个词的广义上，不仅包括物质的还包括智力的产物，以及社会制度等等）的关系"①；自我异化则指的是"人对他人、社会及他自身的态度"②。沙夫在这里直接指出了异化理论的出发点是个体，而这里的个体一方面是具体的个体，另一方面又是社会的个体——个体即为沙夫异化理论的逻辑起点。

　　在沙夫看来，一方面，个体总是具体的、有生命的个体。沙夫在对马克思著作的分析中指出，在费尔巴哈时期，马克思正是由于关注了有生命的、现实的人才得以公然向唯心主义发起挑战。在摆脱了费尔巴哈的影响之后，马克思仍然坚持个体的重要地位。沙夫举例说，马克思在《德意志意识形态》中提出："全部人类历史的第一个前提无疑是有生命的个人的存在。"③ 因此，沙夫认为历史唯物主义确证的是"有生命的人类个体就是马克思的出发点"④。

　　沙夫进一步指出，如需刻画有生命个体的全貌以及探讨个体的定义，必须进一步思考诸如人的本性、人的存在、类存在、现实的人、真正的人、完整的人等概念。沙夫以"人的本质"为例，指出马克思在早期使用的"类本质"理论能够极好地阐释个体概念的因素。具体而言，沙夫认为"类"这个词意味着"我之外的其他个体存在"，意即确认了人是时代性和历史性的个体种类，而不是某个具体个体。因此，"类"意味着"社会"，"类存在"也就成了"社会个体"。不仅如此，个人概念内含"人的本性"和"人的个性"。沙夫认为，马克思不赞同人的本性不会变化，同时也反对相对主义的人性观。马克思真正赞同的人的本性是一般性和特殊性的综合，即一般本性和历史性本性的结合。由此便有了"现实的"和"真正

---

① 〔波兰〕沙夫：《作为社会现象的异化》，衣俊卿等译，黑龙江大学出版社，2015，第73页。

② 〔波兰〕沙夫：《作为社会现象的异化》，衣俊卿等译，黑龙江大学出版社，2015，第73页。

③ 《马克思恩格斯文集》第1卷，人民出版社，2009，第519页。

④ 〔波兰〕沙夫：《马克思主义与人类个体》，杜红艳译，黑龙江大学出版社，2015，第50页。

的"人之间的区分。沙夫指出，在当代扭曲、异化的社会中生活着真正的、真实的个人。与此相对的则是理想的人，即没有被异化、限制和扭曲的真正的人。这两种人之间的差距引起了对于"非人的社会"的反抗，产生了消除异化、达到共产主义社会，从而实现"完整的人""真正的人"的目标。要言之，作为异化理论出发点的个人在沙夫那里是一个抽象又具体的个体：它的抽象性源于对作为类的人的抽象，但是它又是有个性、本质、本性的具体的个体，而这些个性、本质等又可能遭遇异化。

另一方面，个体总是社会的个体，在社会之中通过实践活动创造了人类社会。沙夫指出："个体是社会的个体，因此总是与社会条件相关。"① 人的本质是社会关系的总和凸显了人的社会性，表明个体成其所是总是受各类社会条件的制约。但是，作为社会性的个人，沙夫认为人还是历史的创造者，即"作为历史创造者的一个产物、人的实践活动的一个产物"②。可见，人的社会性突出表现为人通过对象化活动创造出各类社会产物，从而创造了社会历史。虽然人的对象化活动是社会历史的基础，在某些条件下，人的对象化活动甚至会走向异化。沙夫指出，对象化活动的异化意味着人的对象化产物脱离了人的掌控，以独立的规律运行时可能会威胁人的存在，造成人与其活动产物的异化关系。就历史现实而言，人通过实践创造了社会，生产了社会运行层面上的政治体制、经济体制、意识形态等。这些社会存在都是人类的产物，但是在产生之后便脱离了人的控制，具有了相对独立性，甚至反过来影响人的存在。在此意义上，"异化同时是人的自我异化——人这个物质世界的创造者，迷失在了这个已经统治他的客观的、非人性的世界"③。

---

① 〔波兰〕沙夫：《马克思主义与人类个体》，杜红艳译，黑龙江大学出版社，2015，第 51 页。
② 〔波兰〕沙夫：《马克思主义与人类个体》，杜红艳译，黑龙江大学出版社，2015，第 75 页。
③ 〔波兰〕沙夫：《马克思主义与人类个体》，杜红艳译，黑龙江大学出版社，2015，第 109 页。

　　综上，沙夫从个体出发，以社会的个体作为异化理论的出发点，紧接着转入了人与社会关系的分析，指出人的对象化活动在现实的历史社会领域遭遇的异化。可见，个体是关键，它连接了客观社会与主观个人。在异化关系的形成中，个体层面直面各类异化，个体活动的产物则面临着广泛的政治异化、经济异化和意识形态异化，由此构成了沙夫从客体异化和主体异化对异化的分析。

二　客体与主体的双重异化

　　沙夫认为，虽然个体是马克思主义的出发点，但是个体通过实践创造了特定的社会机制。这些社会机制一经产生，便具有了自己独特的运行方式，甚至摆脱了人的意愿，造成了人的产物与创造者之间异化的关系。这也就是沙夫所言区别于自我异化的异化，即客体关系层面的异化。

　　在客体异化层面，沙夫仅仅着眼于最重要的、在人类社会生活发挥着特定作用的几类异化进行分析，即经济的异化、政治社会结构的异化、意识形态产物的异化。第一，作为经济异化的劳动异化。沙夫指出，在马克思的思想历程中，马克思从宗教和意识形态异化的批判出发，转向了政治的异化，最后才达到了"作为基础的基础"的经济异化，实现了对经济异化的批判——经济异化是各类客体异化的基础。具体而言，沙夫指出，经济异化被马克思表述为劳动异化、异化劳动，而这在马克思的著作中被表述为雇佣劳动。因此，作为经济异化的劳动异化始终体现在马克思一生思想发展之中。沙夫进一步指出，建立在人类劳动基础上的经济异化分为两个重要维度：劳动产品和劳动过程。就劳动产品的异化而言，生产资料的私有制使得人的劳动产品脱离了创造者之手，"并使自身转变成为一种不依赖于其创造者的力量，从而阻挠人的计划，甚至威胁人的生存"①。劳动产品的异化进一步导致了社会自发性发展、经济危机以

---

　　①　〔波兰〕沙夫：《作为社会现象的异化》，衣俊卿等译，黑龙江大学出版社，2015，第119页。

及金钱经济等一系列弊端。就劳动过程的异化而言，沙夫更多的是从分工中探寻劳动的异化。在沙夫看来，劳动分工虽然是生产发展的必要因素，但它具有倒退性，直接使得劳动被限制，乃至使得工人成为机器的附属品。第二，社会政治结构异化中的国家和官僚制。立足于 20 世纪国家社会的发展进程，沙夫在社会政治领域重点分析了异化的国家和官僚制。秉承马克思主义的观点，沙夫认为，由于国家源自社会阶级分化，因而总是表现为统治阶级通过暴力压迫被统治阶级的工具——国家总是与阶级分化相伴相生。在马克思主义经典著作中，马克思、恩格斯和列宁都曾设想过国家的扬弃与消亡。但是国家的消亡并非全盘消失，而是保留了一定的社会职能。这种被保留的职能被称为"管理物"的组织管理职能，是为了使得社会正常运行，保证人民的利益而必须存在的职能。可见，虽然国家是作为异化的存在，但是沙夫区分了国家的多重含义，指出了未来社会中异化的国家扬弃后所必须保留的社会职能。第三，意识形态产物的异化。意识形态产物种类繁多，包括宗教、语言、科学和艺术等。考虑到宗教的重要性，沙夫以宗教为例具体阐释了意识形态异化的过程。沙夫认为，宗教本身关于上帝存在、宇宙起源的说法不是一种异化的意识形态，典型的异化的意识形态指的是宗教的价值体系与产生这一价值体系的社会目标之间的关系。沙夫总结了意识形态异化的两层含义：一是虚假的意识；二是意识形态与创造者相异化，成为独立的意识形态进而压迫人。在此意义上，每一种意识形态都具有异化的可能性。

在个体维度的主体异化层面，沙夫指出，人感觉到的异化主要有两点："(1) 社会以及在给定的社会中以个人或集体形式出现的其他人；(2) 人自己的'自我'。"[①] 在对自我异化的分析中，沙夫在主体异化的社会现象中揭示了自我异化的个体维度。首先，沙夫通过分析失范和自我异化的关系，提炼出了探讨自我异化的三个基

---

① 〔波兰〕沙夫：《作为社会现象的异化》，衣俊卿等译，黑龙江大学出版社，2015，第 163 页。

本点。沙夫指出，失范不能简单等同于异化，但是为异化理论提供了不同的角度。具体而言，失范解释了自我异化的根源，凸显了社会价值体系的崩溃导致的个体行为失常。在此意义上，沙夫提出了研究自我异化的三个基本点：一是将自我异化问题与其社会基础联系起来，这里的社会基础包括客体异化以及社会发展状况；二是完全呈现自我异化的特征，全面地分析异化现象；三是从广义上理解自我异化。从上述三个研究要点出发，沙夫进入了主体异化具体表现的研究。其次，沙夫分析了人与社会及他人关系的异化。沙夫从客体异化的产物出发，分析了客体异化给主体带来的三种主观异化。第一，政治异化。与上文从客体异化角度分析政治领域的国家与官僚制不同，沙夫在这里突出强调了人们异化的政治态度。一是对政治问题的逃避。二是对政治生活的否定与反叛——逃避与反叛构成了政治异化的两种特性。第二，文化异化。政治异化的进一步发展可以演化为"拒绝整个现有的规范价值体系"①，也就是对整个文化的拒斥。文化异化的直接现实表现为通过酗酒和毒品"躲进遗忘"，从而麻痹意识和良知。第三，犯罪异化。由于犯罪是对社会行为规范的违背，沙夫将犯罪问题与主体异化相联系，指出犯罪实际上是违反价值观念以实现自己的价值。最后，沙夫探讨了个体与其自我、生命和行动相关的异化。上述自我异化更多地发生在个体与社会交互时社会给个人带来的异化，沙夫紧接着将目光投向个体自身内部发生的异化现象。这里包括：一是与自我意识有关的异化，即失去自我认同感，甚至陷入精神分裂的痛苦；个人理想与现实的落差甚至是冲突；个体的能力和行为在市场关系中成为商品。二是与自己生命相关的个人异化——生存空虚。三是与其行为相关的个人异化。沙夫将个人行为划分为创造性的活动与劳动两部分进行讨论。一方面，创造性活动成为商品，坠入市场关系时便会成为异化的活动。此时的异化的活动不再能够满足人的创造性需求，甚至使人感到挫败和遗憾。

---

① 〔波兰〕沙夫：《作为社会现象的异化》，衣俊卿等译，黑龙江大学出版社，2015，第 204 页。

另一方面，沙夫指出，私有制、市场经济和分工引起了工作的异化。

三　两种异化的历史与现实关系

不止于阐述主体异化和客体异化，沙夫借助社会科学研究的方法，试图从整体上研究两种异化的关系问题，探寻两者之间的辩证关系，并在历史境遇中运用异化理论分析社会现实，找寻扬弃异化的现实之路。

就主体异化和客体异化的关系而言，一方面，主体异化和客体异化具有重要区别。沙夫指出，异化关系总是落脚于人和他的产品。客体异化凸显了从人类活动产物的角度考察异化，而主体异化强调了从人自身的异化的角度审视异化。另一方面，主体异化和客体异化紧密联系、密不可分。主体异化和客体异化具有密切的因果关系：客体异化是主体异化产生的重要根源，客体异化在人的意识中的直接作用便是主体异化——"相对于客体异化而言，主体异化具有派生性"[1]。因此，为了克服主体异化，必须从社会存在维度消除客体异化才能实现。不仅客体异化可以直接作用于主体异化，主体异化还可以反作用于客体异化，沙夫指出，"主体异化的存在以及人的意识无法克服这种异化增强了决定其存在的客体异化"[2]。举例而言，工人在生产之中的无力感会进一步加强客体异化，使得生产过程更加疏离工人。沙夫承认，"社会中的异化是一个统一体，我们只有通过抽象才能把它划分为客观的进程和这一进程在人的意识中的反映，从这一点出发，可以推导出主体异化和客体异化之间的因果关系"[3]。可见，对于主体异化和客体异化的区分更多体现为运用抽象力进行分析的过程，也是马克思所言从抽象到具体的过程，即思维

---

[1] 〔波兰〕沙夫：《作为社会现象的异化》，衣俊卿等译，黑龙江大学出版社，2015，第247页。

[2] 〔波兰〕沙夫：《作为社会现象的异化》，衣俊卿等译，黑龙江大学出版社，2015，第240页。

[3] 〔波兰〕沙夫：《作为社会现象的异化》，衣俊卿等译，黑龙江大学出版社，2015，第240页。

再现客观现实的过程。沙夫还从静态的理论分析深入社会工程领域，将异化理论用于社会主义分析，探寻社会主义的异化问题。

沙夫将异化理论应用于社会主义建设实践之前提出了一个问题，即异化理论对社会工程有何效用。沙夫指出，社会工程是社会行动和理论思考的统一体，社会规划是其中的一部分。异化理论对于社会工程的主要作用在于，它能够成为全社会克服异化的基础，而这正是因为异化理论指出了克服异化的条件、论证了扬弃异化的活动。异化理论之所以能运用于社会工程源于两个假设，即异化现象的历史性和超历史性。历史性和超历史性的共存看似矛盾，实际仅是表面上的矛盾，因为它们指向了不同内容。沙夫指出，异化的历史性是"特定的、具体的"异化现象的特征，而不是一般抽象的异化概念的特征。异化在社会生活中总是表现为具体的社会现象，异化的历史性便凸显了"异化总是与一定的社会关系相联系，这些社会关系产生于一定的条件下，它们也消失于一定的条件下，这些关系的消失意味着异化特征的消除"①。因此，"异化现象具有历史性"应该表述为"具体的异化现象都具有历史性"。另一方面，异化现象的超历史性反映的是异化现象可能发生在资本主义制度，也可能出现在其他的社会制度中。超历史性强调了异化现象在历史发生过程中的普遍性，指出了异化在各种社会制度中出现的可能性。用弗兰尼茨基的理论概括即为"迄今为止的历史进程既是种种异化形式的创造进程，同时又是一种消除异化的进程"②。因此，看似冲突的异化的历史性和超历史性并非矛盾，而是针对不同历史境遇做出的总结。

由上，沙夫提出了一般异化和具体异化的区分，指出一般异化具有超历史性的特征，具体异化则具有历史性特征。异化的这种特性自然引出一个问题，即社会主义条件下是否具有异化的可能。沙

① 〔波兰〕沙夫：《作为社会现象的异化》，衣俊卿等译，黑龙江大学出版社，2015，第248~249页。
② 〔美〕格尔森·舍尔编《马克思主义的人道主义与实践——实践派论文集》，姜海波、刘欣然、宋铁毅译，黑龙江大学出版社，2015，第44页。

夫在《作为社会主义现象的异化》的结尾回答了这个问题，指出在其所处的社会下不仅有资本主义社会残存的异化，而且产生了新的、社会主义特有的异化形式。具体而言，沙夫从人与社会制度的关系、人与自然之间的关系以及人与其社会性格之间的关系具体探讨了主客体异化理论在社会主义社会的运用，指出了它们在社会主义制度下具体的表现形式。由此，沙夫感叹道："没有哪种社会形态，包括共产主义社会在内，能摆脱异化的危险，因为人的对象化是一种超历史的现象，并且，在一定条件下，对象化会演变为异化。"① 同异化的斗争存在于任何社会之中，甚至是共产主义社会。与异化斗争的目标在于使人免于异化，以此构建人能够自由全面发展的社会制度。

可以看出，沙夫的异化理论是以马克思的异化理论为基础的理论发挥。从沙夫的客体异化理论看，它可以分为两个层次，对应于马克思早期异化理论发展的"倒叙"。首先，沙夫承认经济异化是"基础的基础"，而经济异化指向了马克思的劳动异化，因而劳动异化是各类异化的根本原因。这种思路与马克思在《1844 年经济学哲学手稿》的思路基本相同，即从劳动异化出发分析异化的各类规定。其次，在经济异化基础上展开对政治异化、宗教异化的批判对应于马克思在《黑格尔法哲学批判》《论犹太人问题》《〈黑格尔法哲学批判〉导言》中所展开的批判。如马克思在《黑格尔法哲学批判》重点批判了资产阶级民主制，指出必须通过实现真正的民主制消除政治异化；《论犹太人问题》确认了政治异化产生了宗教异化，指出"政治国家的成员信奉宗教，是由于个人生活和类生活之间、市民社会生活和政治生活之间的二元性；他们信奉宗教是由于人把处于自己的现实个性彼岸的国家生活当做他的真实生活；他们信奉宗教是由于宗教在这里是市民社会的精神，是人与人分离和疏远的表

---

① 〔波兰〕沙夫：《作为社会现象的异化》，衣俊卿等译，黑龙江大学出版社，2015，第 297 页。

现"①。可见，沙夫实际上是以"顺序"的方式勾勒了马克思异化理论的发展：马克思是在对政治异化和宗教异化的批判中发觉劳动异化的问题，进而从政治经济学领域展开对于劳动异的批判，表现为从政治异化和宗教异化到劳动异化的"研究过程"；沙夫则是从基础的经济异化（劳动异化）拓展至经济异化基础上的政治异化和宗教异化，表现为从劳动异化到政治异化和宗教异化的"叙述过程"。从沙夫的主体异化理论看，两种主体异化的形式实际指向了马克思异化劳动理论中的人与人关系的异化和类本质的异化。首先，沙夫对自我异化的分析与马克思提出的类本质异化相对应，不同的是沙夫借用涂尔干和默顿的理论强调的是"失范"；马克思则从人的类本质出发，强调劳动异化"把类生活变成维持个人生活的手段"②。其次，沙夫对政治异化、文化异化乃至犯罪异化的解析实际上涉及的是人与人在社会之中形成的社会关系，正好对应于马克思提出的人与人关系的异化，突出了人在社会与他人对立的异化状态。当然，沙夫的理论并不是简单复述马克思异化理论的逻辑与内容，而是针对时代发展和社会问题针砭时弊地探讨了异化的发展。如沙夫针对当时所存在的社会问题，尖锐地将官僚制纳入政治异化的批判。同时，沙夫还注意到了资本主义社会发展所带来的毒品、犯罪、生存空虚等问题。这些共同表明沙夫并非简单地套用理论，而是将马克思理论运用于不同时代进行分析。

由上可见，沙夫的主客体异化理论虽然一定程度上坚持了马克思的异化理论，但是更多地还是一种理论的借用与发挥。一方面，沙夫对主客体异化的分析坚持了马克思探讨异化的思路，即从客观存在的社会现实出发进而探究主体的异化问题。另一方面，沙夫是对异化劳动理论的时代性的借用。也就是说，沙夫在坚持马克思异化劳动理论的同时，将其置于历史发展进程中考察它的历史性与非历史性，甚至将异化置于社会主义背景下思考。换言之，沙夫是基

---

① 《马克思恩格斯文集》第 1 卷，人民出版社，2009，第 36～37 页。
② 《马克思恩格斯文集》第 1 卷，人民出版社，2009，第 161～162 页。

于马克思异化劳动理论，分析在其所处时代的异化问题，即从劳动异化引发至社会之中普遍存在的政治异化、主体异化等问题。可见，沙夫不再是简单复述马克思异化理论中的劳动异化、政治异化的批判理论，而是把它运用于当代社会中的异化分析与批判。

第三节　资本主义异化批判的多重发展

无论是卢卡奇作为西方马克思主义的开创者，从商品拜物教出发进而对主体异化的诊断，还是沙夫作为东欧马克思主义的代表人物对东欧社会主义国家异化现象的批判，他们的理论都共同预示着异化在现代社会的普遍扩张。异化在社会范围内的扩张不仅表现为异化程度的加深，而且体现在维度的拓展上。换言之，在劳动的异化状况明显加深，劳动者在劳动过程中感受到的压抑有增无减时，异化同时也就从劳动渗透到社会领域的各个方面，无论是生态还是文化等领域，其背后都隐藏着异化问题。在此背景下，一众理论家从异化的不同表征现象出发，构建了丰富多样的异化批判理论。

一　生态异化批判

生态问题实际上在马克思的著作中已经有所体现。早在《1844年经济学哲学手稿》中，马克思已经提出共产主义是人道主义加上自然主义："共产主义，作为完成了的自然主义，等于人道主义，而作为完成了的人道主义，等于自然主义，它是人和自然界之间、人和人之间的矛盾的真正解决。"[1] 马克思已经注意到了资本主义对自然的破坏，尤其是生产力的发展对生态环境所造成的影响，并希望通过共产主义最终实现人与自然的和解。随着 21 世纪科学技术的迅速发展，生态环境持续恶化的问题在资本主义国家愈演愈烈。在此背景下，部分马克思主义学者试图从马克思的著作中探寻生态问题

---

[1] 《马克思恩格斯文集》第 1 卷，人民出版社，2009，第 185 页。

的由来，尝试用马克思的理论批判资本主义生态异化导致的生态危机。

生态学马克思主义的概念最早由本·阿格尔在《西方马克思主义概论》中提出：在该书的第七章中专门阐述了"走向生态学马克思主义"。阿格尔明确提出，"我们需要的是按照这样一个方向去根本调整社会主义的理论，即使马克思的异化劳动理论能同对生态危机趋势的批判协调起来"①。持此想法，阿格尔从消费异化论出发展开了对于资本主义的批判。在阿格尔开创了生态学马克思主义的理论路径后，理论界从马克思主义的多样角度展开对资本主义生态环境问题的批判。其中，将马克思的劳动过程理论与生态问题相结合是理论界关注的重点，也是展开生态问题批判的理论起点。

诸多生态学马克思主义者注意到了马克思在《资本论》中对劳动过程的描述："劳动首先是人和自然之间的过程，是人以自身的活动来中介、调整和控制人和自然之间的物质变换的过程。人自身作为一种自然力与自然物质相对立。为了在对自身生活有用的形式上占有自然物质，人就使他身上的自然力——臂和腿、头和手运动起来。"② 日本学者岛琦隆据此将劳动过程划分为"人以自身的活动来中介、调整和控制"的"目的实现的对象化活动"以及"人和自然之间的物质变换"的"作为质料转换的自然过程"，从而呈现出劳动过程的双重逻辑。前者强调人的主观能动性对自然的改造和影响，简称"目的实现"，后者突出的是自然界本身所贯彻的统一，简称"新陈代谢"："劳动过程的这两个规定是异质的、对立的，正是因为如此，从生态学角度人们才可能对马克思主义做出两种完全相反的评价。"③

在《马克思的生态学：唯物主义与自然》中，福斯特认为马克

① 〔加〕本·阿格尔：《西方马克思主义概论》，慎之等译，中国人民大学出版社，1991，第507页。
② 《马克思恩格斯文集》第5卷，人民出版社，2009，第207~208页。
③ 韩立新：《马克思主义和生态学：马克思劳动过程理论的生态学问题》，《马克思主义与生态文明论论文集》，复旦大学当代国外马克思主义研究中心，2010，第77页。

思的著作展现出了浓厚的生态意识。在福斯特看来，马克思使用了"新陈代谢"这一术语进行社会分析，尤其考察了有关社会与自然的交互问题。福斯特认为，社会与自然之间的新陈代谢是通过人类具体的劳动组织形式完成的，因此新陈代谢不仅具有生态意义还具有社会意义——新陈代谢也成为马克思分析问题的中心。在新陈代谢概念基础上，马克思通过"新陈代谢断裂"提出了对于资本主义生态的批判，指出新陈代谢断裂表现为土地对资本的从属以及城乡问题等，即资本主义的生产破坏了物质变换，并强制使用这种物质变换作为调节社会生产的规律。因此，"对马克思来说，在社会层面上与城乡对立分工相联系的新陈代谢断裂，也是全球层面上新陈代谢断裂的一个证据：所有的殖民地国家眼看着他们的领土、资源和土壤被掠夺，用于支持殖民国家的工业化"[1]。通过对马克思新陈代谢概念的分析，福斯特建立了独特的生态学马克思主义理论批判路径，并完成了对资本主义环境破坏史、生态帝国主义以及生态危机等生态异化问题的批判。

二　消费异化批判

资本主义对自然资源浪费问题是生态异化关切的核心问题之一，而人类的消费是自然资源消耗的主要动力。因此，与生态异化密切联系的另外一个问题即为消费异化。

本·阿格尔在《西方马克思主义概论》中已经从劳动异化问题展开了对消费异化的批判。在他看来，异化消费指的是"人们为补偿自己那种单调乏味的、非创造性的且常常是报酬不足的劳动而致力于获得商品的一种现象"[2]。这种异化消费的根源在于：面对着资本主义下枯燥乏味的劳动，劳动者仅仅能通过消费实现对劳动的逃

---

① 〔美〕福斯特：《马克思的生态学：唯物主义与自然》，刘仁胜、肖峰译，高等教育出版社，2006，第182页。
② 〔加〕本·阿格尔：《西方马克思主义概论》，慎之等译，中国人民大学出版社，1991，第494页。

避，甚至是实现对压抑性劳动的补偿，也就是说："劳动中缺乏自我表达的自由和意图，就会使人逐渐变得越来越柔弱并依附于消费行为。"① 然而在资本主义社会下，无孔不入的广告操作使得消费也并不是自由的，而是成为受到操控的消费，进而产生了大量的非必需的"虚假的需求"。为了满足人们的消费需求甚至是制造出来的虚假的需求，社会愈加掠夺自然资源，直接激化了人与自然之间的矛盾。也就是说，当生态系统无力支撑无限度地增长时，生态危机则必然爆发。在此意义上，阿格尔提出了"期望破灭的辩证法"，认为一旦生态危机粉碎了人们已经习惯了的高消费所产生的期望后，人们便会回顾这些虚假的需求进而反思异化消费，即通过这种期望破灭的辩证法最终实现变革社会的政治冲动。

除了生态危机外，异化消费还导致了"消费社会"的形成。鲍德里亚在《消费社会》一书中指出，异化的消费实际上颠覆了传统的生产和消费的内容。就消费层面而言，鲍德里亚认为异化的消费不再是看重物品的使用价值，而是指向了物品所蕴含的符号意义。鲍德里亚指出，消费的物品"在其客观功能领域以及其外延领域之中是占有不可替代地位的，然而在内涵领域里，它便只有符号价值"②。消费社会下的消费成为抽象的象征行为，即它并非单纯指向消费品的物的属性，而是瞄准了物背后的地位、声誉等。此时的消费用鲍德里亚的话说更像是一个系统，也是一种沟通体系和交换结构，意味着并非为了满足需求和个人享受，而是建立在某种符号之上。此外，就生产层面而言，消费异化直接"在这里对生产进行了必要的逻辑性替代"③，实现了从为满足人们需要的生产转向了符号等价值意义的生产，即为了生产带有符号标志的物。

---

① 〔加〕本·阿格尔：《西方马克思主义概论》，慎之等译，中国人民大学出版社，1991，第 493 页。
② 〔法〕鲍德里亚：《消费社会》，刘成富、全志钢译，南京大学出版社，2014，第 58 页。
③ 〔法〕鲍德里亚：《消费社会》，刘成富、全志钢译，南京大学出版社，2014，第 57 页。

三　日常生活异化批判

随着异化劳动的深入，一些理论家已经注意到了异化从劳动过程中的时间扩散到劳动过程外的非劳动时间，也就是异化深入人类的休闲、闲暇时间的问题。在此意义上，日常生活中的异化问题进入了异化理论批判的视域。法国哲学家列斐伏尔在其巨著《日常生活批判》中展开了对该问题的深究。

列斐伏尔指出，对日常生活的批判必定会指向一个时代或者一个阶级，并且通过批判最终会上升到支配日常生活的层面。因此，"对日常生活的批判，过去事实上都是对其他阶级的批判"①。列斐伏尔认为，在其所处时代最重要的批判是超现实主义对现实主义的批判，这种批判在现实中落脚为对日常生活具体组成部分的批判，即通过对"闲暇活动"的批判完成对日常生活的批判。在列斐伏尔看来，闲暇和日常生活不是简单的对立关系，而是表现为对立统一的辩证关系。闲暇与工作密不可分，人总是在工作和休闲中表现为统一的人。在此意义上，"在现实的个人存在和个人发展中，'工作—闲暇'关系总是以矛盾的方式历史地表现出来"②。更为重要的是，闲暇活动反映了人在劳动分工和社会体制中的位置，因为休闲活动总是表现为工作结束后的活动。可见，日常生活总是包含三个方面：工作、私人生活和闲暇活动，三者共同组成日常生活的总体。

在明确了日常生活的要素后，列斐伏尔从日常生活与异化的连接，尤其是对马克思异化理论的发挥和改造后展开对日常生活的批判。列斐伏尔特别指出，随着劳动分工的深入，现代工业文明既创造了闲暇的一般需要，也创造了闲暇的具体需要——劳动和闲暇呈

---

① 〔法〕亨利·列斐伏尔:《日常生活批判》第一卷，叶齐茂、倪晓晖译，社会科学文献出版社，2018，第26页。
② 〔法〕亨利·列斐伏尔:《日常生活批判》第一卷，叶齐茂、倪晓晖译，社会科学文献出版社，2018，第27页。

现出一种历史关系。列斐伏尔认为，马克思在其著作中多次探讨了必然王国和自由王国的问题，以及劳动对人的生成发展的作用等，其中便涉及了自由时间问题，由此开创了一个研究领域。其中，列斐伏尔特别注意的是闲暇的问题。在他看来，"闲暇中也有异化存在，如同劳动中存在异化一样"①。分析闲暇以及闲暇和劳动的关系有助于补充对资本主义劳动问题的研究。以此方式，"闲暇、劳动和'私人生活'就组成了一个辩证统一体，一个完整的结构。通过整个完整的结构，我们可以在人和人类发展的一定阶段上——一定的异化和反异化的阶段上，重新构造一个历史的实际情景"②。具体而言，列斐伏尔指出了日常生活中存在的异化形式包括人们思想的异化、需求的异化以及关系的异化等。在这些异化的共同作用下，人与类本质相异化，人从而丧失了作为"完整的人"的属性。为此，列斐伏尔希冀通过异化理论和"完整的人"理论推动日常生活的批判，即通过连接两个理论将社会发展看作一个整体进而分析社会发展的方向。可以看出，列斐伏尔对日常生活的批判实则反映了资本主义生产对突破工作日界限的要求。马克思指出："工作日不是一个不变量，而是一个可变量。它的一部分固然是由不断再生产工人本身所必需的劳动时间决定的，但是它的总长度随着剩余劳动的长度或持续时间而变化。"③资本主义生产所提出的延长工作日的要求必然入侵至非工作日，这样才有日常生活批判的必要和可能性。

由上可见，卢卡奇开创了西方马克思主义批判理论的新视域，而后一众西方马克思主义者通过对马克思思想资源的挖掘，试图以马克思的理论为依托开展资本主义时代批判。在这些异彩纷呈的理论中，异化理论毫无疑问是进行分析时最重要的理论之一。这是由于，虽然身处不同时代、不同国家，面对着不同的主要问题，但是

---

① 〔法〕亨利·列斐伏尔：《日常生活批判》第一卷，叶齐茂、倪晓晖译，社会科学文献出版社，2018，第36页。
② 〔法〕亨利·列斐伏尔：《日常生活批判》第一卷，叶齐茂、倪晓晖译，社会科学文献出版社，2018，第37页。
③ 《马克思恩格斯文集》第5卷，人民出版社，2009，第268页。

异化在资本主义社会中呈现出不断蔓延的趋势，不仅在范围上呈现出普遍性特征，而且在表现方式上展现出多样性特征。从具体的理论来看，卢卡奇的理论反映了资本主义劳动过程变化对工人阶级的影响；沙夫从经济层面的劳动异化出发探讨了主客体异化；在对生态异化进行批判时，许多理论家都将劳动过程与生态问题联系在了一起；在对消费异化批判时，鲍德里亚虽然反对从生产而是强调从消费考察异化，但是生产和劳动问题也是其理论所必须面对的问题；在对日常生活批判方面，闲暇毫无疑问与异化劳动密不可分。此外，交往异化、微观政治异化、技术异化等同样与劳动异化有着密切的联系。可见，无论是赞成还是反对，由劳动过程展开的异化批判仍然是各类理论的重要起点。总之，21 世纪的异化呈现出异彩纷呈的样态，异化已经从劳动向社会各个领域扩张，而对劳动异化和劳动过程的分析是其中的重要基础。

第七章

异化劳动与劳动过程的当代境况

异化劳动的新形式总是与劳动过程的变革内在关联，而劳动过程的变化与科技革命有着紧密的联系。第二次世界大战后，美国掀起的新一轮科学技术的革命为劳动过程带来了极大的变化。其中，数据化、信息化和智能化毫无疑问是这次科技革命的核心。在此基础上，科学技术仍未停止脚步——虽然人们仍然在讨论着第四次工业革命到来与否，但是人工智能已经悄然融入人类生活，成为各国争相研究的科技前沿问题。在人工智能的推动下，工业的生产方式再次发生变革，进而引发了劳动过程的改变、劳动者就业结构的变革等问题。不仅如此，全球化的发展推动了"世界历史"的演进，尤其是促进了世界市场进一步拓展与融合，同时引发了世界范围内的产业延长与分工。因此，考察异化劳动的新发展必须从时间和空间双重维度进行理解。一方面，随着工业革命的推进，科学技术较发达的国家实现了劳动过程的变革，实现了时间维度上的超越，"诸如电子工业、激光技术、航空航天和计算机等新兴行业则取代了国内那些落后产业的地位"①。另一方面，在全球产业转移的背景下，为了追求更高的利润，发达国家向发展中国家转移了大量生产线，钢铁和汽车等传统制造业的转移极大地改变了发展中国家的经济结

---

① 〔美〕大卫·E. 奈：《百年流水线：一部工业技术进步史》，史雷译，机械工业出版社，2017，第204页。

构，并且深刻影响了发展中国家的劳动环境与劳动方式。可见，全球化下的劳动过程呈现出时空交错的复杂结构，也使得异化劳动呈现出多维样态。基于上述情况，本章从马克思的劳动过程理论中的对象化劳动发展以及价值异化这两个角度出发，考察当今社会劳动过程在时间维度（科技发展）和空间维度（国际分工）的发展对异化劳动的影响。

第一节　劳动过程的时代发展
与异化劳动的时间形式

一　人工智能的出现与发展

德国强调的"工业4.0"等国家级发展战略，谷歌公司的"AlphaGo"战胜了人类顶尖围棋手，人工智能助手普遍出现在人们的日常生活之中等现象都已经说明，人工智能已经出现并应用于从工业制造到生活方式的各类场景之中。虽然第四次工业革命是否到来仍然存在争议，但是前三次工业革命有着较为清晰的指向：第一次工业革命使用了机器推动了工业的机械化，第二次工业革命以电气化为基础推动了工业的自动化，第三次工业革命则以微电子技术为基础推动了工业的信息化。在此背景下，人工智能则明确指向了工业的智能化，并以数据化、自动化和网络化为基础，力图实现工业生产中更高阶的自动化。可见，人工智能所带来的将是对以往生产方式的颠覆。

人工智能在其发展过程中大体可以分为三个阶段。在1956年的美国达特茅斯学院的暑期会议上，学者们共聚一堂探讨机器自动化的问题。在此会议上，约翰·麦卡锡首先提出了"人工智能"的概念，1956年也被视为人工智能诞生的元年，并开始了第一阶段的研究。第一阶段主要是从20世纪50年代至60年代。该阶段的人工智能主要朝向机器翻译和博弈等方面发展，并取得了以计算机程序为基础的突破。但是此时的成果仍然不尽如人意，机器翻译以及机器定理等都未能达到预期效果。第二阶段主要是从 20 世纪 70 年代至 80 年代。该阶段的人工智能依靠计算机的飞速发展取得了较大突破，创造了智能机器人和计算机研制等重要成果，展示出人工智能发展的良好前景。在此阶段形成了行为学派、连接学派和符号学派三大学派，各自代表着人工智能的发展分化方向。第三阶段主要是 20 世纪 80 年代至今。该阶段的人工智能以互联网为背景，实现了基于大数据的发掘与应用，在图像和语音识别、深度学习等方面取得了一系列突破。迄今为止，人工智能已经运用于教育、医疗、金融、生产等多领域之中，展示了广阔的发展前景。

根据目前的发展水平，人工智能可以被分为弱人工智能和强人工智能，也有人称之为狭义人工智能和广义人工智能，或称一般人工智能和完全人工智能。"一般人工智能，只是简单地执行我们交给它的任务。而广义人工智能则能够思考它自己的目标，并对目标进行调整。换言之，它是拥有意志的。"① 因此，弱人工智能仍是辅助人进行工作，需要人类设定目标。强人工智能则可以根据目标及时调整自身行为，在此意义上有人称之为"机器智能"。

综上而言，人工智能可以被定义为以机器学习为基础，实现对人的智能的模拟。换言之，人工智能就是为了实现对人类的思维和行为方式的模拟，即不仅要替代人类的体力劳动，还要实现对人类脑力劳动的模拟。因此，是否具有学习能力或思考能力成为人工智能与自动化的区别。通过人工智能，人类可以创造出类似于人类的智能体系，进而在现实生活中产生多方面的应用。因此，从"智能"和"机器"两个维度能够更好地理解人工智能。一方面，智能意味着人工智能可能掌握所谓推理、记忆、学习等人类运用智力的能力。另一方面，人工智能以机器或者软件为载体，理性主体、智能主体是人工智能的核心定义，由此可以将人工智能定义为："从环境中感

---

① 〔英〕卡鲁姆·蔡斯：《人工智能革命：超级智能时代的人类命运》，张尧然译，机械工业出版社，2017，第 6 页。

知信息并执行行动的主体的研究。"① 可见，人工智能的进一步发展，尤其是所谓智能主体的出现，将对人类的生活和工作领域产生全方位的影响。

二 人工智能引发的劳动过程变革

如前文所述，马克思对异化劳动的判断主要基于劳动过程中对象化劳动与活劳动之间的关系，认为异化劳动的根源正是对象化劳动对活劳动的统治，而这种历史性关系会随着对象化劳动的发展呈现出不同的历史特征。马克思所处的年代突出地表现为机器的产生与运用对劳动过程产生了重要影响。随着工业革命的发展，机器的三要素不断发生着改变，使用机器的劳动过程也不断发生变化。以此观点来看，人工智能的产生与运用是劳动过程中对象化劳动发展的重要阶段，它意味着生产资料产生重大变革，出现了对人类脑力劳动的可能替代。因此，研究人工智能时代下的异化劳动的新形式必须从人工智能所产生的智能主体在劳动过程中的运用出发，探讨人工智能如何塑造甚至改变劳动过程，由此可以从如下方面考察当代劳动过程发展的新形式。

第一，人工智能对生产流程的控制。自动化实际是人类工业生产中不断发展的目标，也是人类在生产及制造流程中追求"去人类化"的必然结果。使用机器实现自动化是工业革命以来的长期趋势，反映在汽车工业之中则是福特制生产与后福特制生产的历史演变。福特制生产追求的是生产流程的标准化作用，它通过工作流程的精心设计成功将生产流程分解为若干环节，并将劳动者固定于特定生产环节之中。固定于特定岗位的劳动者则会专注于特定工作，进而实现劳动的标准化、熟练化作业。以此方式，福特制通过将复杂劳动分解为简单劳动降低了劳动者的资质，使得工人无须经由复杂培训即可投入生产之中。与福特制不同，后福特制呈现出精益化的生

---

① 〔美〕罗素、〔美〕诺维格：《人工智能：一种现代的方法》（第3版），殷建平等译，清华大学出版社，2013，第4页。

产。后福特制强调通过小组工作的形式，将特定员工的指示和经验结合成一个生产小组并以此完成特定工作，进而实现生产的自我改进。通过生产自主权的下放，工人能够更加积极主动地投入生产与生产的优化之中。可见，福特制和后福特制虽然都大量引入了机器，但仍然是人使用机器，利用机器提高生产率，进而推动所谓生产的自动化。

在人工智能时代，工业生产也产生了重要变化："德国联邦统计局 2014 年 2 月底针对员工数大于或等于 50 人的加工型企业进行的调查统计数据显示，从业人数近 530 万。德国的工业生产机器人数量与员工人数之比大于 270∶10000，居全球第三，在日本和韩国之后。"[①] 在此背景下，工业生产提出了代表两个发展趋势的方案："一是以技术为中心的自动化方案，人工只起弥补、辅助的作用处理剩余工作；二是互补式自动化方案，将任务分配给人和机器，使整套系统运行良好。"[②] 换言之，第一个方案强调以机器为主体，人类起着辅助机器生产的作用；第二个方案则强调人与机器的协同工作，二者共同完成生产任务。具体而言，第一个方案以技术为中心，将人工智能视为管理和控制的中枢，通过人工智能实现整体生产流程的自动化和机械化。虽然并非完全无人，但是这种工厂利用信息和通信技术，使在生产设计、生产规划乃至直接生产领域广泛使用机器人进行生产配合成为可能。这种自动化的运用，还可以实现对人的监督和管理，工人仅需要按照系统指示排除故障。第二个方案实际上强调了人类在生产中的重要作用。在此方案中，"小组作业、机床的厂内编程、其他设备以及员工参与自动化解决方案的构造及实施等理念也会发挥其作用"[③]。人机交互的生产仍然凸显了人类在生

---

① 〔德〕波特霍夫、〔德〕哈特曼主编《工业 4.0：实践版：开启未来工业的新模式、新策略和新思维》，刘欣译，机械工业出版社，2015，第 75 页。
② 〔德〕波特霍夫、〔德〕哈特曼主编《工业 4.0：实践版：开启未来工业的新模式、新策略和新思维》，刘欣译，机械工业出版社，2015，第 44 页。
③ 〔德〕波特霍夫、〔德〕哈特曼主编《工业 4.0：实践版：开启未来工业的新模式、新策略和新思维》，刘欣译，机械工业出版社，2015，第 61 页。

产之中的关键性地位，即认为人类是现在及未来生产中最灵活和智能的部分，人工智能难以在这部分超越人类。人类通过独有的认知、学习、创新能力，并通过精巧的手完成任务。人机协同工作对机器人的要求则是精准性，即能通过完全一致的标准化作业高精度、高强度完成单调的工作，而这是人类在完成工作时难以长期实现的标准。以此方式，人类和机器人可以共同完成任务：精准性要求高的工作可以交给人类，单调危险的工作交给机器人完成，从而实现机器人和人类在同一工作区域内的协调工作。但是，无论是以机器为核心的第一种方案，还是第二种方案中的人与机器的协同，都预示着人工智能在劳动生产过程中占据着日益重要的中心地位——在这两种方案中，人工智能占据着生产的控制地位，并根据机器的职能决定人类的操作的时间和方式。在此意义上，以机器为载体的人工智能将实现对生产过程的全自动控制，占据流程控制的核心地位，从而在生产中发挥着控制生产、排除错误等作用。

第二，机器与人在生产劳动中的深度融合。机器与人的融合实际上延续了上文中提及的第二种自动化方案。有学者认为，就当前的自动化情况而言，完全由机器组织和操作生产的方式难以实现。在此背景下，有人提出以动态视角考察和把握人际关系，通过人机团队的方式构建人与机器协同工作的小组进而共同完成任务。根据该视角，当前的自动化陷入了一种困境，即离开人的作用自动化便无法正常运作。举例而言，虽然以自动驾驶系统和飞行管理系统等自动控制系统逐渐实现了飞机的自动化飞行，但是飞机的自动化方案仍然离不开人，如自动化系统开发、人对自动化系统的监管与修正等。这些问题实际上仍然将人置于自动化的核心地位，但将人与操作过程疏离，造成了人的技能退化、自动化的误用、人为操作失误等问题的出现。因此，人与机器的协同工作，是在自动化离开人无法正常运作的假定下进行的。在此设定下，自动化系统综合人的长处和机器的优势，科学地分配任务：一方面发挥了人在感知、即兴发挥、综合判断等方面的优势，另一方面综合了机器在速度、力量、计算、存储等方面的优势，从而达成了两者的协同合作，以便最大限度地发挥二者的比较优势。

人机团队的协作将通过以下步骤逐渐建立合作：一是任务的确立，二是工作范围的确立，三是人的工作的确立，四是机器任务的确立，以此建立人机团队的协作基本模式。具体而言，机器人可以在如下方面与人类合作共存。一是工人指导。这意味着机器人取代并完成了许多工人的工作，但是人类不仅要监测工作，而且需要完成与机器人的交互工作，并且评估机器人的数据。二是人力交互。机器人减少工人在核心任务之外的步骤，辅助工人完成工作。三是人力协作。机器人取代原本的工人进而配合工人完成手持和移动重物等工作。四是机器人同事。工人可以在简短的训练后完成机器人的简单编程，构造出简单的人机交互的新形式。五是人与机器人之间的双向互动。机器人可以在不足以保证常规操作的情况下，将实际状况反馈给用户，用户根据反馈解决和修复问题。由此可见，随着自动化的发展，人与机器将实现在劳动过程中的深度融合。这种融合不仅是既有的人使用机器进行生产的劳动过程，而且是机器与人类在生产中互为"器官"，达到人与机器在生产中的彻底融合。

第三，机器对脑力劳动的替代。布雷弗曼在对 21 世纪劳动过程的分析中指出，概念和执行的分离成为劳动过程发展的重要趋势。概念和执行的分离实际上是脑力劳动和体力劳动分工的延续。随着人工智能的发展，脑力劳动也成为替代的对象。一方面，人工智能以大数据和云计算为基础不断融入生产过程：大数据通过处理庞大多样的数据为制造业提供重要参考；云计算通过对海量数据的计算得到更为精准的生产数据。以此为基础，企业可以实现对生产制造更加精准的控制，从而取消部分生产决策者的工作。另一方面，在教育、金融以及服务行业，人工智能开始逐步替代原有工作或其中部分工作。

三　异化劳动新形式的凸显

以机器为载体的人工智能在其发展中对劳动过程的影响更加凸

显，伴随而来的则是异化劳动新形式的凸显。具体而言，随着人工智能的发展，异化劳动新形式展现如下。

第一，人工智能的发展对劳动力就业结构产生重要影响，造成结构性的失业。马克思在《资本论》中已经指出了机器与人之间所存在的竞争关系，认为机器的发展会不断排挤劳动者，最终实现机器对工人劳动的替代。回顾历史发展，第一次工业革命冲击了劳动就业结构，之后的每一次工业革命与技术发展都对各个产业的劳动力就业情况产生重要影响。例如，工业的发展不断促使农民进入城市里的工厂中工作，从而使农民向从事工业生产工人的转变，即工业不断将农业中的劳动人口挤出。这一趋势在第三次工业革命后又发生了变化。随着发达国家劳动力价格的上涨，发达国家不断将工业生产转移至劳动力价格较低的发展中国家："美国的人口在 1970～2000 年增加了 1 亿，但是各行各业的蓝领工人的数量则下降到 2070 万人的规模，共计减少了 60000 万人。以汽车产业为例，共有 70 万个工作岗位在此期间彻底消失了。"① 以此方式，原先承载着大量就业的主导产业从第二产业转变为第三产业，并且第三产业的服务业吸收并容纳了大量劳动力，而发达国家的第二产业仅仅保留了制造业技术最复杂、利润率最高的部分。面临着人工智能以及自动化的进一步发展，麦肯锡全球研究所预测 2030 年可能有 30% 的职业被自动化取代。为保证充分就业，需要 7500 万～3.75 亿劳动者转变职业类别。② 以人工智能为代表的科技发展确实会对劳动力的就业结构产生重要影响，进而推动各生产部门就业人口的转移。

不断变动的就业结构一方面印证了马克思所说的产业后备军存在的必然性，即随着科技发展，人口相对过剩问题逐渐突出，失业大军的存在也成为结构性的必然结果，劳动者不断面临着被对象化

---

① 〔美〕大卫·E. 奈:《百年流水线：一部工业技术进步史》，史雷译，机械工业出版社，2017，第 204 页。

② McKinsey Global Institute, *Jobs Lost, Jobs Gained: Workforce Transitions in a Time of Automation*, McKinsey & Company, 2017.

劳动排挤的问题。另一方面，人工智能对体力劳动者的进一步替代，以及工人与机器人的协同工作都逐步发展为现实，这些都会对就业结构产生新的冲击。如前所述，人工智能会对脑力劳动构成重要挑战，部分脑力劳动者的工作可能被替代。可见，人工智能在某种程度上能够节约劳动，使得劳动者摆脱危险、繁重和枯燥的劳动。这种劳动的节约将达成马克思所设想的时间的节约，即社会创造财富的时间的节约。在此意义上，人工智能在生产中的使用，蕴含节约时间、实现劳动解放的可能性，但这直接取决于作为对象化劳动——人工智能的生产目的。

第二，人工智能通过对劳动者的分化对劳动者培训和教育提出了更高要求。人工智能的发展实际上会对劳动替代产生重要影响，也就是在劳动者分化的基础上实现进一步的分化。亚洲开发银行的《亚洲发展展望》2018年的报告在讨论到自动化对工作的影响时，将劳动职业大致分为如下几类（见表7-1）。

表7-1 劳动职业分类

	认知型	手动型	自动化可能性
重复型	1. 数据分析 2. 数据处理	可预测的体力劳动	高于50%
非重复型	1. 管理者 2. 应用型专家	1. 不可预测的体力劳动 2. 与顾客打交道	低于50%

注：根据 *Asian Development Outlook 2018：How Technology Affects Jobs* 2.1.9 节内容绘制而成。

这份报告指出，重复的手动型劳动者包括缝纫机操作员、流水线工人等，他们的劳动中有78%的劳动时间可以被自动化替代；重复的认知型劳动者包括银行出纳、会计、数据分析师等，他们的劳动中有64%~69%的劳动时间可以被自动化替代；非重复的手动型劳动包括厨师和理发师的工作，他们的劳动中则有20%~25%的劳动时间可以被自动化替代；非重复的认知型劳动者包括管理者和研究者，他们的劳动则仅有9%和18%的劳动时间可以被自动化替代。

可见，自动化最大的特性便是对重复工作的替代，人工智能则同时指向了重复的和非重复的劳动——人工智能及所带动的自动化发展将根据劳动性质不同对各领域的工作产生重大冲击。

面对人工智能及自动化的冲击，劳动者的教育问题日益凸显。由于很多工作可以被人工智能与自动化替代，提供人机交流教育的方案应该被重视起来。一方面，人工智能及自动化的研究成为技术发展的制高点，使得这部分的生产成本进一步提升。另一方面，部分重复的工作容易被替代，学习使用新的技术进行劳动成为科技发展的必然要求。综合而言，劳动者由于掌握知识技能的不同日益呈现两极化。

总之，与前三次工业革命不同，人工智能的发展及可能引发的第四次工业革命将给劳动过程乃至人类社会带来巨大冲击。人工智能不仅仅是对体力劳动的简单替代，更是向人类劳动的桂冠——脑力劳动发起挑战，试图通过以机器为载体的劳动完成对人类劳动的替代，最终打造自我学习、自我判断、拥有着自在目的的劳动过程。从现阶段的经济发展和科技进步视角来看，人工智能和机器的发展孕育着劳动解放的可能性，弱人工智能通过自动化将部分劳动工作转移给机器。但是在这种对象化劳动对活劳动的排挤过程背后隐藏着一个残酷现实，即达到完全人工智能的生产仍然在当前工业中占据着较小的比例。当下的自动化生产在投入使用前后仍需大量固定资本以及高昂的维护费用，而这些费用还达不到将生产转移至劳动力价格较低的国家所需成本。因此，在科技前沿的人工智能及自动化背后，存在着大量所谓低端产业转移至发展中国家的事实，造成了"不平等交换"，以及异化劳动在世界范围内的分布问题。

第二节　劳动过程的全球分布 与异化劳动的空间形式

一　资本与劳动自由流通的不对称

第二次世界大战后，随着全球化的发展，越来越多的国家被纳入资本主义世界体系之中。以跨国公司为载体的经济全球化实现了在世界范围内最优化的资源和生产的配置，而这正是利用了发达国家和不发达国家劳动力价格的差异，最终实现了世界范围内广泛的分工与积累。马克思早在《资本论》第三卷中分析了发达国家和不发达国家剥削率和利润率关系的问题，为当代研究资本和劳动的国别差异提供了重要理论参考。

首先，马克思从资本有机构成理论出发，指出了发达国家比不发达国家虽然有更高的剥削率，但是没能实现更高的利润率。马克思认为欧洲国家是发达国家的代表，而亚洲国家则为不发达国家的代表。其中，欧洲国家由于采取了更为先进的生产方式实现了更高的剥削率，达到了100%的剩余价值率，即有偿劳动和剩余劳动各占劳动时间的一半；亚洲国家由于生产力水平较落后仅有25%的剩余价值率，即劳动时间的80%为有偿劳动，20%为无偿劳动。由于发达国家在生产中采用了更多的机器，因此需要投入更多的不变资本，而不发达国家使用的机器不多，可变资本需要投入更多。在此情况下，在总资本为100的情况下，两个国家的资本有机构成分别表现为84c+16v和16c+84v。由此，发达国家可以实现16m的剩余价值，不发达国家则可以达到21m的剩余价值。产品的总价值在发达国家表现为116，在不发达国家则是121。此时发达国家的利润率为16%，不发达国家则是21%。虽然不发达国家的剥削率较低，但是由于有更多的雇佣工人，却可以实现更高的利润率。因此，"各国的不同的利润率，大多是以各国的不同的剩余价值率为基础的"[1]，但是在有机构成不同的情况下，即等量资本在不同国家推动不等量劳动的情况下，利润率可以实现对剩余价值率的超越。要言之，虽然剥削率有差异，通过雇佣更多的工人、提高资本中可变资本比例的方式仍然可以实现更高的利润率。

其次，马克思考察了在相同剥削率下，发达国家与不发达国家

---

[1] 《马克思恩格斯文集》第7卷，人民出版社，2009，第169页。

利润率的差异。马克思指出，利润率趋向下降的规律实际上体现了
一个国家在资本主义不同阶段的发展水平，但是也会体现在发展阶
段不同的国家之间。马克思假定发达国家和不发达国家具有相同的
剥削率，剩余价值都表现为100%，而且发达国家和不发达国家都使
用着相同的活劳动。发达国家在发展得更高阶段上实现了使用400c
推动的100v，而不发达国家在推动100v时仅有50c。此时，发达国
家和不发达国家虽然都实现了100的剩余价值，但是发达国家的利
润率仅仅表现为20%，不发达国家则为 $66\frac{2}{3}\%$。在此基础上，马克
思指出发达国家与不发达国家的剩余价值率实际上不尽相同，由于
不发达国家劳动生产率低，工人的必要劳动时间更长，因此只能形
成更少的剩余劳动。马克思举例指出，在不发达的国家里，工人 $\frac{2}{3}$
为自己劳动，$\frac{1}{3}$ 为资本家劳动，以此计算的劳动力报酬为 $133\frac{1}{3}$，
剩余劳动表现为 $66\frac{2}{3}$，与此相对应的不变资本则为50，利润率仍然
有36.5%。由此可见，随着有机构成的不断提高，虽然劳动生产率、
剩余价值率相应提高，但是资本所推动的活劳动在总资本中占据的
比例的下降，将不可避免地导致利润率降低，最终印证了利润率趋
向下降的规律。

最后，无论是对不同剥削率的分析，还是对资本有机构成的研
究，马克思的分析直接指向了资本所推动的活劳动在不同国家的差
异。马克思在探讨阻止利润率下降起反作用的各种原因中着重探讨
了"对外贸易"的重要作用，尤其是发达国家与殖民地的贸易对一
般利润率的影响。马克思指出，发达国家可以按照高于本国商品价
值但低于相同商品在不发达国家价值的价格出售商品从而实现超额
利润。另外，通过对殖民地的直接投资也可以实现高额利润，即
"投在殖民地等处的资本，它们能提供较高的利润率，是因为在那
里，由于发展程度较低，利润率一般较高，由于使用奴隶和苦力等

等，劳动的剥削程度也较高"①。由于不发达国家劳动力价格较低，资本即使在较低的劳动生产率的情况下，仍然可以推动更大程度上的活劳动实现较高的利润率。发达国家和不发达国家之间便存在着资本的自由流动以及劳动力的不自由流动的问题。由此，发达国家通过资本和劳动流动的不对称性完成了"不平等交换"，实现了较高的利润率，有机会阻止利润率下降的趋势。

二 不平等交换视域下的异化劳动

面对着第二次世界大战后的世界局势和经济发展动态，不发达政治经济学渐渐兴起，发达和不发达问题的研究成为研究的热点话题之一。其中，希腊经济学家伊曼纽尔从马克思的劳动价值论以及生产价格理论出发，考察了国际社会下的生产和贸易问题，指出了发达国家和不发达国家存在的不平等交换的现实，并具体分析了不平等交换所带来的后果。

第一，伊曼纽尔认为资本在世界范围内可以自由流动，而劳动不能自由流动。两种流动性的差异在不同的历史和社会因素下最终形成了发达国家与不发达国家之间巨大的工资差异。伊曼纽尔从李嘉图和马克思学说的比较开始，尤其以二者在国际分工问题以及资本和劳动是否可以流动的各类情况的理论分野为起点做出分析。伊曼纽尔认为，当资本与劳动都可以流动或者资本不可以流动、劳动可以流动时，马克思和李嘉图的学说体系并没有任何区别，因为在前一种情况下，绝对成本优势的体现会决定专业化的分工，而后一种情况下，比较成本学说完全适用。但是，当资本与劳动两种因素都不可以流动时，李嘉图认为利润率不同会引起绝对成本的不同，马克思则认为工资和利润的不同会引起绝对成本不同。可见，二人在成本形成的原因方面存在分歧。当资本可以流动、劳动不可以流动时，李嘉图和马克思体系会分道扬镳。马克思认为，当劳动要素

---

① 《马克思恩格斯文集》第 7 卷，人民出版社，2009，第 265 页。

不可流动时，工资不可能像李嘉图所说必然表现出平均化的趋势，即使在没有国际工人竞争的情况下，社会的和历史的因素会使得工资水平出现明显差异。伊曼纽尔认为，资本的流动性与劳动的不可流动性更加符合世界现实，即世界范围内资本的自由流动保证了利润在国际上的平均化，但是工资存在显著的地区差异。伊曼纽尔引用当时数据，指出美国不仅与欧洲的工资差距持续拉大，而且与亚洲、非洲、中东的国家存在巨大的差距。具体而言，伊曼纽尔认为"在黑非洲，一个城市不熟练工人的每小时工资一般是 3 ~ 6 美分（农村劳工只是这个数目的一半），而在美国，相同情况的工资差额是 1、$1\frac{1}{2}$—2 美元……最发达资本主义国家的平均工资，是整个发展中国家平均工资的二十倍"[①]。如果再加上种族差异、社会福利等因素，发达国家与不发达国家之间的工资差异则有更加大。即使考虑劳动强度的因素，发达国家的工资仍然是不发达国家的十五倍之多。

第二，发达国家与不发达国家之间存在的巨大的工资差异成为不平等交换的基础。伊曼纽尔在上述前提下分析了以上现象出现的原因，指出了国际社会中存在的不平等交换，并区分了广义的不平等交换和狭义的不平等交换。广义的不平等交换是在两个国家工资相同时，由资本有机构成差异所引起的情况。在伊曼纽尔看来，广义的不平等交换不是对外贸易特有的现象，原因在于这种交换存在于国内和国外普遍的交换之中，即资本有机构成在各个部门总是表现为不同的样式。不仅如此，广义的不平等交换不影响贸易条件，而且也符合交换价值规律。因此，真正的不平等是所谓狭义的不平等交换。狭义的不平等交换也被伊曼纽尔称为严格意义上的不平等交换："其特点在于工资和有机构成都不相等。"[②] 其中，有机构成是由不同的客观生产条件所决定的，而工资不平等是由多方面原因

---

① 〔希腊〕伊曼纽尔：《不平等交换——对帝国主义贸易的研究》，文贯中等译，中国对外经济贸易出版社，1988，第 77 页。

② 〔希腊〕伊曼纽尔：《不平等交换——对帝国主义贸易的研究》，文贯中等译，中国对外经济贸易出版社，1988，第 176 页。

所决定的。工资不平等却是引起不平等交换的唯一原因。伊曼纽尔指出，工资由一个国家的文化、历史、社会等因素共同决定，是依据习惯和传统积累而逐渐确定。此外，工资的提高与经济发展并非因果关系。伊曼纽尔指出，历史上的工业革命及其所推动的工业化完成后，工资未必会变动。工资的增长很大程度上可以归功于制度性因素。在此意义上，伊曼纽尔断言工资的增加是经济发展的重要因素，并非经济发展的必然结果。因此，发达国家的高工资可以产生更多的需求，并且达到经济发展的良性互动，使得富国能够投入更多的生产技术及固定资本等，进而提高劳动生产率，最终实现生产的进一步发展。不发达国家的低工资只会使财富通过不平等交换转移至发达国家，进而丧失经济积累的基础。不仅如此，低工资还会使生产依赖于雇佣低工资的工人，失去了技术进步与生产发展的动力。

第三，通过不平等交换，富国实现了对穷国的剥削，大量剩余价值转移至发达国家，直接导致了不发达国家的异化的普遍化。伊曼纽尔指出，在不平等交换的贸易和利润率平均化趋势的双重作用下，富国和穷国在进行剩余价值的分配时会以富国和穷国的剩余价值之和为基础进行分配。这种分配并非按照每一地区的工人总数进行分配，而是按照投放在每一个地区的资本总额的比例进行分配。发达国家由于投放了更多的资本自然比资本额较少的不发达地区享有更多的剩余价值。以此方式，发达国家的资本家在剥削发达国家的工人的同时，还占有了不发达地区工人的剩余价值。不仅如此，发达国家和不发达国家内部还形成了资本家、发达地区工人阶级和不发达地区工人阶级的分化。伊曼纽尔延续传统马克思主义理论中"工人贵族"的理论，指出富有国家的工人和资本家在事实上结成了统一战线，联合起来对不发达的国家进行剥削，即发达国家的工人阶级甚至与不发达国家的工人阶级有着尖锐的阶级对立。可见，在世界范围内这种不平等的贸易的结果只能是不发达国家的工人阶级承担着沉痛的苦难：不仅在具体劳动上遭受着资本家的残酷的压榨，忍受着沉重的异化劳动，而且在劳动结果的分配上被剥削，使得由他们创造的剩余价值不断流入发达国家。毫无疑问，这种异化劳动是多维度的，也是极为沉重的。

综合发达国家和不发达国家的情况来看，世界范围内的异化劳动问题呈现出复杂的时空交错。一方面，在生产力水平较高的国家已经出现了人工智能以及先进的自动化替代现有劳动的生产进步。这种替代不仅涉及了体力劳动，而且指向了脑力劳动，甚至孕育着彻底实现人类劳动解放的可能性。另一方面，由于对象化劳动以及固定资本需要大量的资本投入，发达国家转而选择将资本投入劳动力成本较低的不发达国家，促使所谓产业链的低端部分转移至不发达国家，使得不发达国家的工人阶级承受着重复的、繁重的异化劳动。不仅如此，剩余价值还通过不平等交换转移至发达国家，仅有少部分剩余价值留在不发达国家。在此情况下，随着全球化的发展，两极分化扩散至全球，发达国家的富裕与不发达国家的贫穷同时扩大，进而引发了一系列新的矛盾与冲突。

总而言之，伴随着 20 世纪 70 年代以来新自由主义的盛行，资本主义的固有矛盾在全世界范围内扩张，并且带来了全世界范围内的生产调整。一方面，发达国家，尤其是美国、英国等资本主义国家的经济结构，展现出不可逆转的"去工业化"趋势。数据显示，2019 年的美国 GDP 中第三产业占比高达 80.6%，服务业毫无疑问地成为支柱性产业。需要指出的是，在保留的占比 18.6% 的第二产业实则涵盖非常高端的制造业，如人工智能、芯片设计、大飞机制造、军事工业等，而这部分的工业生产享有非常可观的利润。另一方面，由于发达国家的去工业化，部分工业生产转移至新兴的发展中国家，如跨国公司通过全额投资、合资企业以及技术转让等方式在发展中国家设厂生产。这种生产转移曾经在第二次世界大战后帮助了韩国、新加坡等国家和地区实现经济转型以及生产发展。这些现象所蕴含的事实是，发达国家是收益的最大享有者。一方面，通过占据金字塔式的国际分工的顶端，发达国家的生产享有整个生产的最大利润；

另一方面，通过投资的形式在发展中国家进行生产后，发达国家又可通过国际剥削和不平等的交换方式占有大量利润。可见，发达国家毫无疑问是全球化的受益者，发展中国家仅仅能享受部分增长的成果，发展中国家的劳动者却需要承受广泛的异化劳动。这也就是资本在全世界范围内的扩张所带来的结果。

需要指出的是，马克思曾从两方面评价了资本的历史使命："资本的伟大的历史方面就是创造这种剩余劳动，即从单纯使用价值的观点，从单纯生存的观点来看的多余劳动，而一旦到了那样的时候，即一方面，需要发展到这种程度，以致超过必要劳动的剩余劳动本身成为普遍需要，成为从个人需要本身产生的东西，另一方面，普遍的勤劳，由于世世代代所经历的资本的严格纪律，发展成为新的一代的普遍财产，最后，这种普遍的勤劳，由于资本的无止境的致富欲望及其唯一能实现这种欲望的条件不断地驱使劳动生产力向前发展，而达到这样的程度，以致一方面整个社会只需用较少的劳动时间就能占有并保持普遍财富，另一方面劳动的社会将科学地对待自己的不断发展的再生产过程，对待自己的越来越丰富的再生产过程，从而，人不再从事那种可以让物来替人从事的劳动，——一旦到了那样的时候，资本的历史使命就完成了。"① 资本在追求剩余价值的同时确实推动了生产发展，推动了社会财富积累的进行。无论是前三次工业革命，还是人工智能推动下蓄势待发的第四次工业革命，资本在加深异化劳动的同时，客观上推动了社会生产的发展，创造了当下拥有丰富商品的社会，推动了物质生产的极大发展。马克思也提出，一旦社会只需要较少的劳动时间便能实现普遍的财富，并且物可以替代人从事劳动时，资本的历史使命就完成了。当人工智能及其他科学技术的发展能够实现这种可能之后，问题便成为资本的历史使命如何终结。

---

① 《马克思恩格斯全集》第30卷，人民出版社，1995，第286页。

结束语

马克思异化劳动理论的形成受到了哲学、政治学和经济学等多领域的影响。在哲学理论方面，西方哲学文化传统中蕴含着对劳动问题的关注。早在古希腊时期，亚里士多德已经关注到了所谓奴隶从事的劳动——"创制活动"，但是他认为创制活动是最低贱的活动。德国古典哲学也关注到了劳动问题，其中以黑格尔的劳动辩证法对马克思影响最深。在政治学理论方面，新自由主义鼻祖洛克探讨了劳动财产权的问题，在确立私有财产的过程中提出了"掺进劳动"的说法。卢梭则是通过对权利让渡问题的解析提出了权利异化问题。在经济学理论方面，英国古典政治经济学深入劳动的具体规定问题。斯密旗帜鲜明地提出劳动是财富的源泉，并且在价值、分工、生产劳动等问题有着开创性见解。李嘉图沿着斯密的路径，发展了劳动价值论，推进了劳动分类等问题的探讨。约翰·穆勒则综合了古典政治经济学的各类观点，形成了一个调和的经济学说。正是在哲学、政治学和经济学等多重影响下，马克思展开了异化批判，尤其是确立了异化劳动批判视域与基本问题。

回顾早期文献可知，马克思的劳动过程理论是在异化劳动理论阐发的过程中逐渐萌芽。巴黎手稿时期，马克思在《1844 年经济学哲学手稿》中从国民经济事实出发，指出了异化劳动的四个基本规定：人与劳动产品、人与劳动、人与类本质、人与人关系的异化，并建立了扬弃异化劳动与废除私有财产之间的逻辑关联。在《穆勒摘要》中，马克思突出强调了交往异化问题，展示了在社会关系异化的再生产下劳动表现为谋生劳动的事实。可见，此时的马克思虽然提到了劳动过程，但是未能区分劳动过程和生产过程。随后，《德意志意识形态》初步构建了历史唯物主义的分析框架，并在生产力和交往关系矛盾运动中考察了劳动分工问题，并提出了"消灭劳动"与向自主活动转换的可能路径，即在历史中考察异化问题。《哲学的贫困》已经形成了较为完整的生产力和生产关系辩证运动的理论，并且在对经济范畴本质的揭示中，明确了生产过程的两方面内容，即物的生产与生产关系的生产。与此同时，马克思从质疑转向赞同劳动价值论，为理解异化劳动的内在机理奠定重要基础。最终，《雇佣劳动与资本》及《工资》手稿展示了马克思理论基础转变后所构建的劳动过程理论。在该系列文献中，马克思直接分析了雇佣劳动作为具体的异化劳动的历史特征，并且明确指出雇佣劳动的形成原因正是资本主义生产关系，即源于资本确立过程中形成的资本主义生产过程。至此，马克思区分了劳动过程和生产过程，确认了异化劳动是劳动过程在资本主义生产关系下的呈现形式。实际上，马克思的思想发展进程证明，只有在接受了劳动价值论后，才能理解劳动创造价值的历史阶段性特征，进而区分生产过程与劳动过程。由此可见，异化劳动理论实为劳动过程理论的萌芽与开端。可以说，马克思在《巴黎手稿》时期的理论包含了劳动过程的因素，但是只有在确立了历史唯物主义理论框架和劳动价值论后，才能从历史中看待劳动的一般性和特殊性的问题，并对异化劳动在历史中的特殊现象——雇佣劳动进行重要分析，进而为劳动过程理论的形成奠定重要基础。

在 1848 年抵达伦敦后，马克思又开始了新一阶段的政治经济学研究。在该时期的研究成果中，马克思仍然使用了异化概念，并且形成了较为成熟的劳动过程理论，即基于劳动过程中主客体异化的异化劳动理论。首先，在《政治经济学批判（1857—1858 年手稿）》中，马克思通过对资本逻辑的回顾，从货币入手展示了从产品到商品、商品到交换价值、价值到货币、货币到资本以及最终实现的资本与劳动对立的各个发展阶段。马克思在这里表述了较为完整的劳动过程理论，准确判断出此时的异化劳动正是资本主义生产过程的结果，而且是由劳动过程中对象化劳动与活劳动异化所带来的结果。其次，在《政治经济学批判（1861—1863 年手稿）》中，马克思基本延续了《政治经济学批判（1857—1858 年手稿）》中从劳动过程分析异化劳动的思路，但是着重回顾了劳动与资本发展的历史过程。这一过程就是劳动对资本的形式从属与绝对剩余价值生产阶段、劳动对资本的实际从属与相对剩余价值生产阶段。实现两个阶段在历史和逻辑上的统一的重要概念正是"超额剩余价值"，即个别价值与社会价值之间的差额。最后，《资本论（1863—1865 年手稿）》的"第六章　直接生产过程的结果"从资本主义生产过程的结果，揭示了异化劳动的生产与再生产的根源。马克思指出，直接生产过程是抽象地考察积累和再生产的生产过程，其内在不可分地包含了劳动过程与价值增殖过程。一方面，商品作为直接生产过程的结果表现出与作为起点的商品的不同，其内在包含着剩余价值，而且表现为商品总体。另一方面，直接生产过程再生产了生产关系，使得生产过程分裂为两极，进而确保了资本主义生产过程的延续。"直接生产过程的结果"反映了马克思此时已经改变了理论思路，试图以商品开始，再以商品结束，展示从商品到商品演化过程中的劳动过程的变化，并以此分析异化劳动产生的根源。可以说，正是在马克思对异化劳动理论和现实不断深挖的过程中，劳动过程理论逐渐成形。同时，在劳动过程理论的范畴和逻辑上不断明确时，异化劳动理论也具备了更加坚实和完整的理论基础。

《资本论》从劳动过程中的价值异化问题表述了异化劳动的问题，即以商品拜物教为节点考察了拜物教的产生机制和结果，从而推进了关于异化劳动理论的研究。马克思首先从商品的价值和使用价值出发，探讨了形成这两个因素的劳动二重性理论。在此基础上，马克思通过私人劳动和社会劳动的矛盾统一性揭示了价值的形成原

因以及商品拜物教的由来。在讨论资本主义生产过程前，马克思指
出了劳动力商品在市场中出场的重要意义，也为理解价值异化奠定
基础。紧接着，马克思以生产过程中的二重性理论（劳动过程与价
值增殖过程）凸显了价值增殖过程所形成的关系为劳动过程带来的
异化。具体而言，劳动过程对应着具体劳动的异化，而价值增殖赋
予了在劳动过程中实现抽象劳动异化的可能。马克思进一步在从绝
对剩余价值生产到相对剩余价值生产的发展过程中揭示了劳动异化
的形成过程。最后，马克思通过揭示资本积累过程，展示了异化劳
动的历史辩证法，包括作为异化劳动形成历史前提的原始积累、在
资本积累中加深的异化劳动以及通过扬弃积累否定异化劳动三个历
史阶段。要言之，与伦敦时期的经济学手稿中强调劳动过程的主客
体关系不同，马克思在《资本论》中着重分析了劳动过程从商品生
产过程到资本主义生产过程的演变，特别强调了生产关系从价值形
成到价值增殖的改变对于劳动过程的意义。马克思还从资本主义生
产过程的发展考虑了异化形成后不断加深的过程。可见，马克思在
《资本论》中重点考察了价值与劳动的关系，强调在劳动过程中形成
价值的过程与异化劳动的关系，而此时的异化劳动正是劳动过程在
资本主义生产关系下的必然呈现样态。以此，马克思通过完整的理
论体系实现了以历史说明异化，而不再以异化说明历史。

　　本书对当代资本主义异化劳动与劳动过程的分析遵从了历史、
理论和现实的基本逻辑。首先，就经济历史和经济思想史而言，第
二次工业革命后，劳动过程的突出改变在于从福特制到后福特制的
变革，与此相伴的则是马克思主义劳动过程理论的发展。福特制的
出现与资本主义的最新发展——垄断资本主义密切相连。垄断资本
主义由自由竞争的资本主义发展而来，首先表现为私人垄断资本主
义在世界各国的确立。然而，世界性的资本主义经济大萧条充分暴
露了私人垄断资本主义的弊端，也促使私人垄断资本主义向国家垄
断资本主义转变，最终造就了垄断资本与国家政权相结合的垄断形
式。在此背景下，布雷弗曼对劳动过程中的主客体维度的变革做出

了重要判断和总结。从劳动主体看，科学管理在生产中的重要性不断被强调，泰罗制更是成为工厂生产中普遍运用的法则。劳动过程的新变化促使劳动主体愈加沦为生产流水线上的部件。从劳动客体看，机械化的发展推动了福特制的产生与运用，而这种机械化反映了对象化劳动（机器）的动力机与传动机的变革对劳动过程的影响。可见，布雷弗曼从马克思劳动过程理论的主客体维度出发研判了第二次工业革命后异化劳动加深的事实。第二次世界大战后，由于企业提高效率和获取利润的方式不再是通过简单压榨工人，而是通过研发投入、技术更迭创造更高的利润，即实现了进一步向相对剩余价值生产的转变。由此可见，科学技术改变劳动过程，也深刻影响了异化劳动的表现形式。在这样的背景下，生产关系的调整也就是布若威所反映的从"强制"的劳动转变为"同意"的劳动的生产关系的调整。布若威从劳动过程中的生产关系入手，深入挖掘了资本主义如何消除工人抗争的"同意机制"。在布若威看来，资本主义劳动过程实际上仍然是获取并掩饰剩余价值的过程，突出之处在于资本家从强制和同意两方面制造了工人对劳动过程的认同。具体而言，资本家将劳动过程视为"超额游戏"，在内部劳动市场和内部国家的双重作用下控制了劳动主体，最终使得劳动者认同和接受了生产的规则。21世纪70年代后，资本主义劳动过程的组织形式又面临着向后福特制的转变。后福特制首先在日本产生，以"丰田模式"为重要模板。日本的丰田模式的崛起实际上是应对世界范围内危机的结果。在这种生产模式下，精益生产得到凸显，并且强调了生产流程的高度协作与连接、劳动者的小组化生产等。在此情况下，劳动过程也发生了改变，包括劳动的低质化和差别化、劳动力市场的扩大以及劳动的间歇减少与强度的增大，这些变化客观上加强了劳动的异化。21世纪70年代后的变革反映了机器在第三次工业革命后在自动化领域获得了较大突破，即人可以通过机械装置外的信息控制器实现对机器的操纵和控制。以此方式，机器的工具机能够满足更加精准、多样的要求，从而在生产上更加精益化。可见，第三次工业革命下劳动过程的变革正是源于机器加装了"控制器"，同时也进一步印证了马克思对机器的判断。

其次，从异化的哲学理论批判来看，劳动过程中异化劳动不断加深的同时，异化在全社会范围内不断扩张，表现为多种异化的产生。为此，理论界从劳动过程出发，分析和探讨了异化在社会中的各种形式。其中，西方马克思主义的开创者卢卡奇通过分析商品拜物教的产生与发展，从劳动过程中物化意识的产生出发，阐述了通过总体性的辩证法呼唤无产阶级意识的思路。东欧马克思主义的代表人物沙夫则从个体出发，分析了社会中普遍存在的主客体异化，包括客体上经济的异化、政治社会结构的异化、意识形态产物的异化，以及主体上的自我异化。沙夫的理论实际上是对马克思早期异化理论的回应，涵盖了马克思早期批判指向的政治异化、宗教异化以及劳动异化。不仅如此，还有学者关注到了生态异化、消费异化以及日常生活的异化等问题，而这些异化问题的探讨实际上与劳动过程密切相关。

最后，就异化劳动的现实情况而言，伴随着社会发展与科学进步，劳动过程在时间和空间维度上也不断变革，为异化劳动注入了新形式。一方面，在时间维度上，在生产力水平发展较高的国家已经产生了人工智能以及先进的自动化替代现有劳动的技术发展。科学技术的发展将人工智能对于劳动过程的影响摆在了前沿位置。人工智能是对象化劳动变革的重要代表，可以分为"弱人工智能"和"强人工智能"，但是二者都试图取代人类的脑力劳动，即以独立"劳动者"姿态推动生产中机器与人的深度融合。人工智能在生产和生活的运用与发展对劳动产生重大冲击，进而对劳动力的结构、劳动者教育等都产生新的要求。同时，人工智能也孕育了扬弃异化的可能性，即通过将工作日无限缩短乃至取代人的劳动，最终实现人类的劳动解放。但是，资本的存在以及资本对利润的追求，致使这种劳动解放在资本主义社会关系中几乎不可能实现。另一方面，在空间维度上，全球化的劳动分工导致了不平等交换，进而在不同国家造成了不同的劳动过程形态，最终导致异化劳动在空间上分布的不均匀。具体而言，资本与劳动自由流通的不对称引发了工资差异，不同国家之间差别巨大的工资为国际剥削和不平等交换奠定了重要基础。随着全球化的发展，资本得以在世界范围内运作，发达国家转而选择将资本投入劳动力成本较低的不发达国家，推动了所谓产业链的低端部分转移至不发达国家，使得不发达国家的工人阶级承受着重复的、繁重的异化劳动。不仅如此，剩余价值还通过不平等交换转移至发达国家，仅有少部分剩余价值留在不发达国家。在此情况下，随着全球化的发展，"分裂为两极"扩散至全球，发达国家的富裕与不发达国家的贫穷同时扩大，进而引发了一系列新的矛盾与冲突。

总而言之，基于劳动过程理论的异化劳动批判仍然富有生命力，在当代资本主义批判中应该予以拓展。马克思对异化劳动的剖析扎根于对资本主义生产过程的批判，尤其关注到了更为根本的劳动过程在历史发展中的演变。劳动过程以及生产过程的改变与社会发展、科技进步紧密相连，因此，在探究异化劳动问题时必须以历史的眼光审视生产方式的变革。当今社会急剧变革、科技飞速发展，我们有必要认真考察科技进步与劳动解放的关系，以马克思异化劳动理论的不断发展，批判资本主义下劳动的不自由、异化的状态，为扬弃异化、实现解放探寻可能路径。

参考文献

《马克思恩格斯文集》第 1～10 卷，人民出版社，2009。

《马克思恩格斯全集》第 4 卷，人民出版社，1958。

《马克思恩格斯全集》第 13 卷，人民出版社，1962。

《马克思恩格斯全集》第 42 卷，人民出版社，1979。

《马克思恩格斯全集》第 30 卷，人民出版社，1995。

《马克思恩格斯全集》第 31 卷，人民出版社，1998。

《马克思恩格斯全集》第 32 卷，人民出版社，1998。

《马克思恩格斯全集》第 42 卷，人民出版社，2016。

《马恩列斯研究资料汇编（1980）》，书目文献出版社，1982。

陈宝森：《剖析美国"新经济"》，社会科学文献出版社，2007。

陈岱孙：《从古典经济学派到马克思——若干主要学说发展论略》，
　　北京大学出版社，1996。

樊亢：《资本主义兴衰史》，北京出版社，1991。

顾海良：《马克思"不惑之年"的思考》，中国人民大学出版社，
　　1993。

顾海良：《马克思经济思想史论》，经济科学出版社，2015。

顾海良、张雷声：《20 世纪国外马克思主义经济思想史》，经济科学
　　出版社，2006。

顾海良、张雷声：《马克思劳动价值论的历史与现实》，人民出版

社，2002。

顾海良主编《马克思主义发展史》，中国人民大学出版社，2009。

《关于人道主义和异化问题论文集》，人民出版社，1984。

韩立新：《〈巴黎手稿〉研究》，北京师范大学出版社，2014。

韩立新主编《当代学者视野中的马克思主义哲学——日本学者卷》，
　　北京师范大学出版社，2014。

胡键：《资本的全球治理》，上海人民出版社，2016。

黄素庵：《重评当代资本主义经济》，世界知识出版社，1996。

李仲生：《西方劳动经济学说史》，中国人事出版社，2015。

刘崇仪：《当代资本主义结构性经济危机》，商务印书馆1997。

刘英骥：《政治经济学与当代资本主义经济研究》，经济日报出版
　　社，2007。

刘永佶：《劳动人道主义——马克思主义的原则》，河南人民出版
　　社，1997。

刘元琪：《当代资本主义经济新变化与结构性危机》，中央编译出版
　　社，2015。

陆钟祥：《当代资本主义经济》，重庆大学出版社，1995。

《人道主义和异化问题研究》，北京大学出版社，1985。

史妍嵋：《经济全球化与当代资本主义的新变化》，广东人民出版
　　社，2004。

孙伯鍨：《探索者道路的探索》，南京大学出版社，2002。

孙广振：《劳动分工经济学说史》，格致出版社，2015。

孙寿涛：《发达国家工人阶级的演变》，经济管理出版社，2007。

唐正东：《斯密到马克思》，南京大学出版社，2002。

王思鸿：《马克思异化理论的历史生成与当代价值》，中国社会科学
　　出版社，2016。

王元璋：《政治经济学从古典学派到马克思的发展》，求实出版社，
　　1989。

吴学东：《马克思的劳动思想研究》，中国社会科学出版社，2018。

徐崇温：《当代资本主义新变化》，重庆出版社，2004。

张严：《"异化"着的"异化"——现代性视阈中黑格尔与马克思的
异化理论研究》，山东人民出版社，2013。

张一兵：《回到马克思》，江苏人民出版社，2005。

〔法〕阿尔都塞：《保卫马克思》，顾良译，商务印书馆，2010。

〔法〕奥古斯特·科尔纽：《马克思恩格斯传》，刘丕坤、王以铸、
杨静远译，生活·读书·新知三联书店，1965。

〔美〕保罗·巴兰、〔美〕保罗·斯威齐：《垄断资本——论美国的
经济和社会秩序》，南开大学政治经济学系译，商务印书馆，
1977。

〔法〕鲍德里亚：《消费社会》，刘成富、全志钢译，南京大学出版
社，2014。

〔英〕鲍曼：《工作、消费、新穷人》，仇子明、李兰译，吉林出版
集团，2010。

〔加〕本·阿格尔：《西方马克思主义概论》，慎之等译，中国人民
大学出版社，1991。

〔英〕彼罗·斯拉法主编《李嘉图著作和通信集》第 1 卷，郭大力、
王亚南译，商务印书馆，1962。

〔德〕波特霍夫、〔德〕哈特曼主编《工业 4.0：实践版：开启未来
工业的新模式、新策略和新思维》，刘欣译，机械工业出版
社，2015。

〔美〕布若威：《制造同意：垄断资本主义劳动过程的变迁》，李荣
荣译，商务印书馆，2008。

〔美〕大卫·E. 奈：《百年流水线：一部工业技术进步史》，史雷译，
机械工业出版社，2017。

〔英〕戴维·麦克莱伦：《马克思思想导论》，郑一明、陈喜贵译，
中国人民大学出版社，2016。

〔比利时〕厄尔奈斯特·曼德尔：《晚期资本主义》，马清文译，黑

龙江人民出版社，1983。

〔美〕福斯特：《马克思的生态学：唯物主义与自然》，刘仁胜、肖峰译，高等教育出版社，2006。

〔美〕格尔森·舍尔编《马克思主义的人道主义与实践——实践派论文集》，姜海波、刘欣然、宋铁毅译，黑龙江大学出版社，2015。

〔美〕哈里·布雷弗曼：《劳动与垄断资本——二十世纪中劳动的退化》，方生等译，商务印书馆，1979。

〔美〕哈罗德·R. 克博：《社会分层与不平等：历史、比较、全球视角下的阶级冲突》，蒋超等译，上海人民出版社，2012。

〔德〕黑格尔：《精神现象学》（上、下卷），贺麟、王玖兴译，商务印书馆，1979。

〔法〕亨利·列斐伏尔：《日常生活批判》第一、二卷，叶齐茂、倪晓晖译，社会科学文献出版社，2018。

〔美〕霍华德·谢尔曼：《激进政治经济学基础》，云岭译，商务印书馆，1993。

〔美〕吉尔平：《国际关系政治经济学》，杨宇光等译，上海人民出版社，2006。

〔美〕杰里米·里夫金：《工作的终结：后市场时代的来临》，王寅通等译，上海译文出版社，1998。

〔英〕卡鲁姆·蔡斯：《人工智能革命：超级智能时代的人类命运》，张尧然译，机械工业出版社，2017。

〔美〕赖特：《后工业社会中的阶级》，陈心想等译，辽宁教育出版社，2004。

〔匈〕卢卡奇：《关于社会存在的本体论——社会存在本体论引论》（上、下卷），白锡堃等译，重庆出版社，1993。

〔匈〕卢卡奇：《历史与阶级意识》，杜章智、任立、燕宏远译，商务印书馆，1999。

〔法〕卢梭：《论人类不平等的起源和基础》，李常山译，商务印书馆，1962。

〔法〕卢梭：《社会契约论》，何兆武译，商务印书馆，2003。

〔美〕罗素、〔美〕诺维格：《人工智能：一种现代的方法》（第 3 版），殷建平等译，清华大学出版社，2013。

〔英〕洛克：《政府论》（上、下篇），瞿菊农、叶启芳译，商务印书馆，1996。

〔德〕洛维特：《从黑格尔到尼采》，李秋零译，生活·读书·新知三联书店，2014。

〔美〕马尔库塞：《爱欲与文明：对弗洛伊德思想的哲学探讨》，黄勇、薛民译，上海译文出版社，2005。

〔美〕马尔库塞：《单向度的人：发达工业社会意识形态研究》，刘继译，上海译文出版社，2008。

〔德〕马克斯·霍克海默、〔德〕西奥多·阿道尔诺：《启蒙辩证法——哲学断片》，渠敬东、曹卫东译，上海人民出版社，2006。

〔意〕马塞罗·默斯托主编《马克思的〈大纲〉：〈政治经济学批判大纲〉150 年》，闫月梅等译，中国人民大学出版社，2016。

〔加〕莫伊舍·普殊同：《时间、劳动与社会统治：马克思的批判理论再阐释》，康凌译，北京大学出版社，2019。

〔埃及〕萨米尔·阿明：《不平等的发展：论外围资本主义的社会形态》，高铦译，社会科学文献出版社，2017。

〔波兰〕沙夫：《马克思主义与人类个体》，杜红艳译，黑龙江大学出版社，2015。

〔波兰〕沙夫：《作为社会现象的异化》，衣俊卿等译，黑龙江大学出版社，2015。

〔联邦德国〕施密特：《马克思的自然概念》，欧力同、吴仲昉译，商务印书馆，1988。

〔苏〕图加林诺夫：《马克思主义中的价值论》，齐友、王霁、安启念译，中国人民大学出版社，1989。

〔美〕沃麦克等：《改变世界的机器》，沈希瑾等译，商务印书馆，

1999。

〔英〕亚当·斯密：《国民财富的性质和原因的研究》上卷，郭大
　　力、王亚南译，商务印书馆，1972。

〔古希腊〕亚里士多德：《形而上学》，苗力田译，中国人民大学出
　　版社，2003。

〔希腊〕伊曼纽尔：《不平等交换：对帝国主义贸易的研究》，文贯
　　中等译，中国对外经济贸易出版社，1988。

〔日〕伊藤诚：《世界经济当中的日本——后福特制时代》，陈建、
　　成同社等译，中国人民大学出版社，1990。

〔美〕约瑟夫·熊彼特：《经济分析史》，朱泱等译，商务印书馆，
　　2017。

白刚：《劳动的张力：从斯密、黑格尔到马克思》，《哲学研究》
　　2018 年第 7 期。

陈仕伟：《从异化理论到异化现象》，《湖南社会科学》2004 年第
　　5 期。

陈先达：《马克思异化理论的两次转折》，《中国社会科学》1982 年
　　第 2 期。

段忠桥：《马克思的异化概念与历史唯物主义——与俞吾金教授商
　　榷》，《江海学刊》2009 年第 3 期。

顾海良：《通向〈资本论〉的思想驿站——读〈政治经济学批判
　　（1857—1858 年手稿)〉》，《高校理论战线》2012 年第 3 期。

顾海良：《马克思经济思想的“历史路标”——读马克思〈1861—
　　1863 年经济学手稿〉》，《中国高校社会科学》2013 年第 2 期。

韩立新：《〈穆勒评注〉中的交往异化：马克思的转折点——马克思
　　〈詹姆斯·穆勒《政治经济学原理》一书摘要〉研究》，《现代
　　哲学》2007 年第 5 期。

韩立新：《马克思主义和生态学：马克思劳动过程理论的生态学问
　　题》，《马克思主义与生态文明论文集》，复旦大学当代国外马

克思主义研究中心，2010。

〔比〕亨利·霍本：《资本主义劳动优化的历史：泰勒制、福特制和
　　丰田主义》，邢文增译，《海派经济学》2007 卷第 20 辑。

姜海波：《私有财产的外化与交往异化——解读〈詹姆斯·穆勒
　　《政治经济学原理》〉一书摘要》，《现代哲学》2008 年第 3 期。

王东、林锋：《〈资本论〉第一手稿的五大哲学创新——〈1857—
　　1858 年经济学手稿〉的重新定位》，《江汉论坛》2017 年第
　　6 期。

王思鸿：《马克思异化理论的历史生成与当代价值》，南开大学博士
　　学位论文，2014。

谢富胜：《马克思主义经济学中生产组织及其变迁理论的演进》，
　　《政治经济学评论》2005 年第 1 期。

谢富胜：《资本主义的劳动过程：从福特主义向后福特主义转变》，
　　《中国人民大学学报》2007 年第 2 期。

谢富胜：《资本主义劳动过程与马克思主义经济学》，《教学与研究》
　　2007 年第 5 期。

邢贲思：《关于异化的几个问题》，《思想政治课教学》1984 年第
　　1 期。

姚顺良：《从"异化劳动"到"谋生劳动"：青年马克思人本主义范
　　式解构的开始——兼与张一兵教授的"穆勒笔记"解读商榷》，
　　《马克思主义研究》2010 年第 7 期。

叶汝贤：《剖析"社会主义异化论"》，《学术研究》1984 年第 1 期。

俞吾金：《从"道德评价优先"到"历史评价优先"——马克思异
　　化理论发展中的视角转换》，《中国社会科学》2003 年第 2 期。

俞吾金：《再论异化理论在马克思哲学中的地位和作用》，《哲学研
　　究》2009 年第 2 期。

张一兵：《马克思劳动异化理论的逻辑建构与解构》，《南京社会科
　　学》1994 年第 1 期。

张一兵：《重新遭遇异化：马克思历史现象学的最后逻辑层面——

〈1857—1858 年经济学手稿〉"资本章"的哲学研究》,《马克思主义与现实》1999 年第 5 期。

张一兵、沈丽国:《经典异化理论与唯物史观关系的历史界说》,《南京社会科学》1992 年第 1 期。

Bowles, S., "The Production Process in a Competitive Economy: Walrasian, Neo-Hobbesian, and Marxian Models," *American Economic Review* 75: 1 (1985): 16 – 36.

Edwards, R., *Contested Terrain: The Transformation of the Workplace in the Twentieth Century*, New York: Basic Books, 1979.

Fine, Ben and Alfredo Saad-Filho, *Marx's "Capital"*, London: Pluto Press, 2010.

Flank, Lenny, *Contradictions of Capitalism: An Introduction to Marxist Economics*, St. Petersburg: Red and Black Publishers, 2007.

Friedman, A., *Industry and Labor*, London: MacMillan, 1979.

Goldmann, Lucien, *Recherches Dialectiques*, Paris: Gallimard, 1959.

Gordon, David M., Richard Edwards, and Michael Reich, *Segmented Work, Divided Workers: The Historical Transformation of Labor in the United States*, Cambridge: Cambridge University Press, 1982.

Gouldner, Alvin W., *The Two Marxisms*, London: Macmillan, 1982.

Harvey, David, *The New Imperialism*, Oxford: Oxford University Press, 2003.

Heinrich, Michael, "Capital in General and the Structure of Marx's Capital: New Insights from Marx's Economic Manuscripts of 1861 – 63," *Science & Society* 13: 2 (1989): 63 – 79.

Hughes, Thomas P., *American Genesis: A Century of Invention and Technological Enthusiasm*, New York: Penguin Books, 1989.

Kellner, Douglas, *Jean Baudrillard: From Marxism to Postmodernism and Beyond*, Oxford: Polity Press, 1989.

Kliman, Andrew, *Reclaiming Marx's "Capital"*: *A Refutation of the Myth of Inconsistency*, Lanham: Lexington Books, 2007.

Mandel, Ernest, *The Formation of the Economic Thought of Karl Marx*: *1843 to Capital*, New York: Monthly Review Press, 1971.

McKinsey Global Institute, *Jobs Lost, Jobs Gained*: *Workforce Transitions in a Time of Automation*, 2017.

Mészáros, István, *Marx's Theory of Alienation*, London: Merlin Press, 1970.

Ollman, Bertell, *Alienation*: *Marx's Conception of Man in Capitalist Society*, Cambridge: Cambridge University Press, 1971.

Seddon, David, ed. , *Relations of Production*: *Marxist Approaches to Economic Anthropology*, London: Frank Cass, 1978.

Sohn-Rethel, Alfred, *Intellectual and Manual Labour*: *A Critique of Philosophical Epistemology*, London: MacMillan, 1978.

Tomba, Massimiliano, "Accumulation and Time: Marx's Historiography from the *Grundrisse* to *Capital*," *Capital & Class* 37: 3 (2013): 355 – 372.

中共中央党校（国家行政学院）
马克思主义理论研究丛书书目

第一批（11 册）

探求中国道路密码	张占斌/著
对外开放与中国经济发展	陈江生/著
国家治理现代化的唯物史观基础	牛先锋/著
中国道路的哲学自觉	辛　鸣/著
历史唯物主义的"名"与"实"	王虎学/著
马克思主义中国化的理论逻辑	李海青/著
发展：在人与自然之间	邱耕田/著
马克思主义基本原理若干问题研究	王中汝/著
马克思人学的存在论阐释	陈曙光/著
新时代中国特色新型城镇化道路	黄　锟/著
比较视野下的中国道路	张　严/著

第二批（12 册）

马克思主义经典著作与当代中国	赵　培/著
马克思主义政治经济学与当代中国经济发展	蒋　茜/著
马克思早期思想文本分析	李彬彬/著
出场语境中的马克思话语	李双套/著
当代资本主义新变化	张雪琴/编译
当代马克思主义若干问题研究	崔丽华/著
中国道路与中国话语	唐爱军/著
历史唯物主义的返本开新	王　巍/著
新时代中国乡村振兴问题研究	王海燕/著
被遮蔽的马克思精神哲学	王海滨/著
论现代性与现代化	刘莹珠/著
青年马克思与施泰因	王淑娟/著

第三批（6 册）

异化劳动与劳动过程	毕照卿/著
政党治理的逻辑	柳宝军/著
身份政治的历史演进研究	张丽丝/著
西方马克思主义文化批判理论研究	张楠楠/著
马克思利润率趋向下降规律研究	周钊宇/著
马克思对黑格尔历史观的超越	朱正平/著

图书在版编目（CIP）数据

异化劳动与劳动过程：理论、历史与现实／毕照卿
著．-- 北京：社会科学文献出版社，2022.12（2024.1重印）
（中共中央党校（国家行政学院）马克思主义理论研
究丛书）
ISBN 978-7-5228-0618-1

Ⅰ.①异… Ⅱ.①毕… Ⅲ.①马克思主义-劳动价值
论-研究 Ⅳ.①A811.66

中国版本图书馆 CIP 数据核字（2022）第 159992 号

中共中央党校（国家行政学院）马克思主义理论研究丛书
异化劳动与劳动过程：理论、历史与现实

著　　者／毕照卿

出 版 人／冀祥德
责任编辑／袁卫华
责任印制／王京美

出　　版／社会科学文献出版社
　　　　　　地址：北京市北三环中路甲 29 号院华龙大厦　邮编：100029
　　　　　　网址：www.ssap.com.cn
发　　行／社会科学文献出版社（010）59367028
印　　装／唐山玺诚印务有限公司

规　　格／开　本：787mm×1092mm　1/16
　　　　　　印　张：14.25　字　数：196 千字
版　　次／2022 年 12 月第 1 版　2024 年 1 月第 2 次印刷
书　　号／ISBN 978-7-5228-0618-1
定　　价／98.00 元

读者服务电话：4008918866